Alles beginnt mit Sehnsucht und Suche

Brigitte Dorst

Alles beginnt mit Sehnsucht und Suche

Herzensbildung auf dem Sufi-Weg

Patmos Verlag

Wichtiger Hinweis:
Die in diesem Buch enthaltenen Informationen, Hinweise und Übungen wurden nach bestem Wissen der Autorin erstellt und sorgfältig geprüft. Sie ersetzen jedoch nicht psychotherapeutische oder medizinische Hilfen und Maßnahmen. Verlag und Autorin können für Irrtümer oder etwaige Schäden, die aus der Anwendung der dargestellten Informationen, Hinweise oder Übungen resultieren, keine Haftung übernehmen. Deren Nutzung bzw. Durchführung erfolgt auf eigene Verantwortung der Leserinnen und Leser.

FSC www.fsc.org
MIX
Papier aus verantwortungsvollen Quellen
FSC® C014496

Für die Verlagsgruppe Patmos ist Nachhaltigkeit ein wichtiger Maßstab ihres Handelns. Wir achten daher auf den Einsatz umweltschonender Ressourcen und Materialien.

Bibliografische Information der Deutschen Nationalbibliothek
Die Deutsche Nationalbibliothek verzeichnet diese Publikation in der Deutschen Nationalbibliografie; detaillierte bibliografische Daten sind im Internet über http://dnb.d-nb.de abrufbar.

ein Unternehmen der Verlagsgruppe Patmos
in der Schwabenverlag AG, Ostfildern
www.patmos.de

Umschlaggestaltung: Finken & Bumiller, Stuttgart
Umschlagabbildung: © iStock/tr3gi
Gestaltung, Satz und Repro: Schwabenverlag AG, Ostfildern
Druck: GGP Media GmbH, Pößneck
Hergestellt in Deutschland
ISBN 978-3-8436-0922-7

Was haben wir dem Leid und Terror der Welt entgegenzusetzen? Revolution und Terror beginnen nicht auf den Barrikaden und bei den Bomben, sondern in einem Energiefeld, das Menschen durch Hass und Aggression erzeugen. Und umgekehrt: Deswegen können wir Terror, Hass und Aggression auch nur durch entgegengesetzte Felder des Friedens und der Liebe aus der Welt schaffen.

WILLIGIS JÄGER[1]

Inhalt

Einleitung

Was hat Sie wohl dazu gebracht, dieses Buch in die Hand zu nehmen? Vielleicht werden Sie es erst wissen, wenn Sie sich näher auf es einlassen – ein Buch, in dem es um einen spirituellen Weg geht, zu dem man nur durch eine Sehnsucht im Herzen gezogen wird.

Für mich ist der Sufismus die entscheidende Orientierung meines Lebens geworden, und das Grundgefühl ist: Dankbarkeit. Ich bin von ganzem Herzen Irina Tweedie, meiner spirituellen Lehrerin, dankbar. Sie hat mich auf diesen Weg gebracht, durch das, was sie lehrte und uns vermittelte, vor allem durch ihr überzeugendes Beispiel, dass wir alle dazu da sind, mehr Liebe in die Welt zu bringen.

Begleitet fühle ich mich auf meinem Weg von verschiedenen Lehrerinnen und Lehrern, denen ich nie persönlich begegnen konnte – begleitet durch das, was sie an schriftlichen Zeugnissen hinterlassen haben. Immer wieder fand ich bei ihnen durch »Zufall«, an den ich nicht glaube, notwendige Hinweise für meine Situation, passend im Hier und Jetzt, echte Wegweisung.

Diese Lehrerinnen und Lehrer werden im Allgemeinen der christlichen Mystik zugeordnet, aber Heilige und Mystikerinnen sind entwickelte Seelen, die keiner Religion allein zugeordnet werden können: Meister Eckehart, Teresa von Avila, Mechtild von Magdeburg, Johannes vom Kreuz, Rabia. Und vor allem Rumi, der große Sufi-Mystiker, der Feuerfunken ins Herz wirft, seit Jahrhunderten, und mir die Scheu vor der Gottesliebe, dem Seelenfreund genommen hat. Für das, was sie spirituell Suchenden weitergeben, ist nicht das Datum der Lebenszeit ausschlaggebend, sondern das über Zeit- und Raumgrenzen hinweg wirkende lebendige Wort, das zu eigenen spirituellen Erfahrungen auffordert, dazu, »ganz normale Mystiker« (Ulli Olvedi) zu sein.

Heutige spirituelle Lehrer und Mystikerinnen wie Willigis Jäger, Dorothee Sölle und Jörg Zink haben den Wagemut gehabt, ihr Inneres und ihre Erkenntnisse öffentlich zu machen, und damit gezeigt, dass das Licht mystischer Erfahrungen seine Leuchtkraft auch weiter im 21. Jahrhundert hat.

Den Impuls, mich in meinem Fachgebiet, der Psychologie, auf die Analytische Psychologie C. G. Jungs einzulassen, habe ich auch von Irina Tweedie erhalten. »Brigitte, you have to study Jung«, sagte sie zu mir bei meinem ersten Besuch bei ihr in London. Das war nicht leicht und nicht selbstverständlich für eine Psychologin, Hochschullehrerin und engagierte Feministin, die alle entsprechenden Vorurteile gegen die Tiefenpsychologie gelernt hatte. Aber mein Selbst – so wie Jung das Selbst als numinoses Zentrum der Person versteht – half meinem kleinen Ich dabei und eröffnete auch hier meiner sehnsüchtig suchenden Seele den Zugang.

Besondere Inspirationen kamen für mich aus dem, was man den Geist der Sophia nennen kann: Strömungen und Erscheinungsformen der Weisheit, der Philosophia perennis, seit sich das menschliche Bewusstsein als Geist der Erkenntnissuche und Weisheit bei unseren Vorfahren zu entwickeln begann. Auch Sufismus ist für mich Sophia-Geist. Daher heißt die Gruppe und das Zentrum, in dem ich mit anderen auf der spirituellen Lebensreise unterwegs bin: SOPHIA-ZENTRUM.

Viele Tätigkeiten meines Lebens waren und sind geprägt von Lernen und Lehren, vor allem auch von Lernen durch Lehren. Das scheint eine der Bestimmungen meines Lebens zu sein. Hier und in diesem Buch gebe ich gerne weiter, was ich selbst erfahren durfte: die Schätze des Sufismus, die ich über Irina Tweedie kennengelernt habe und mit denen sie mich vertraut gemacht hat.

Eine andere Bestimmung meines Lebens war und ist meine Arbeit als Psychotherapeutin. Wege der Heilung und Selbstveränderung mit Menschen zu suchen, hat aber auch viel mit Lernprozessen zu tun. Menschen auf diesen Wegen zu begleiten – das bedeutet Therapie.

Ich habe keine besondere Zugehörigkeit zu einem der verschiedenen Sufi-Tariqats oder -Orden, ich bin dankbar für alles, was ich von Irina Tweedie erhalten habe und was sie selbst in ihrer Schulung bei ihrem indischen Meister des Naqshbandi-Zweigs des Sufismus vermittelt bekam und mir und vielen anderen weitergegeben hat.

Sufismus hängt nicht an Traditionen. Er ist nur lebendig in dem, was sich je nach den zeitlichen, räumlichen und gesellschaftlichen Rahmenbedingungen immer wieder neu gestaltet, nur lebendig, wenn er den Raum einer freien, transkonfessionellen Spiritualität aufspannt, die ins 21. Jahrhundert passt. Es geht darum, Hilfe anzubieten für Menschen, deren Seelen suchend und sehnsüchtig sind, mehr zu erwachen und die angeborenen Herzensqualitäten des Mitgefühls, der Verbundenheit, der Liebe weiter zu entfalten – der Liebe in all ihren Formen der Zuneigung, Fürsorglichkeit und Wärme. Dies und die Suche nach Erkenntnis stecken in dem Begriff der Herzensbildung. Der Satz von Willigis Jäger, den ich als Motto diesem Buch vorangestellt habe, gibt den Sinn und die Aufgabe vor: dem Elend, der Gewalt und den Kräften des Hasses und der Zerstörung Energiefelder von Frieden und Liebe entgegenzusetzen.

Bevor Sie mit dem Lesen beginnen, noch zwei Anmerkungen, die mir als Autorin wichtig sind:

Zum einen: Ich ringe immer wieder damit, wie schwierig es im Deutschen ist, eine schöne, geschlechtergerechte, flüssige Sprache zu finden: Das »große I«, z. B. in »LehrerIn«, hat sich leider nicht durchgesetzt; andere Schreibweisen wie mit Gender-Sternchen * oder Unterstrich _ (Gender-Gap) empfinde ich als störend. Es bleibt daher für mich die Mühe, nach möglichen Alternativen zu suchen: beide Formen zu nennen, wo dies keine komplizierten Dopplungen (»sie/er«, »ihr/sein«) nach sich zieht, ab und an weibliche und männliche Schreibweisen abzuwechseln und manchmal eben auch die vertraute nicht geschlechtergerechte Sprache zu verwenden. Allen, denen ein Übergewicht der geläufigen männlichen Formen Unbehagen macht, kann ich nur sagen, dass ich es teile.

Zum anderen: Im Miteinander von Menschen, die über »innere Dinge, die ihr Herz angehen«, sprechen, wirkt das distanzierte »Sie« der deutschen Sprache als Anrede unpassend und das »Du« stimmiger. Deshalb habe ich in den Übungen und dort, wo ich die Leserin oder den Leser direkt anrede, durchgängig das Du gewählt.

Und jetzt: Sei herzlich eingeladen. Vielleicht klingt durch die Seiten dieses Buches auch der Ruf Rumis hindurch:

Komm, komm nur,
wer immer du auch bist,
komm, bei uns lebt die Hoffnung.[2]

I. Sehnsucht und Herzensbildung

Alles beginnt mit der Sehnsucht

Alles beginnt mit der Sehnsucht,
immer ist im Herzen Raum für mehr,
für Schöneres, für Größeres.
Das ist des Menschen Größe und Not:
Sehnsucht nach Stille, nach
Freundschaft und Liebe.
Und wo Sehnsucht sich erfüllt,
dort bricht sie noch stärker auf.
NELLY SACHS[3]

»Alles beginnt mit der Sehnsucht« – ich weiß keinen schöneren Beginn für ein Buch über Sufismus als diese Gedichtzeile von Nelly Sachs. Doch ist Sehnsucht nicht ein altmodisches Gefühl? Was ist Sehnsucht?

Sehnsucht nach etwas zu haben, ist zunächst einfach ein vitaler Lebensimpuls und häufig Ausdruck sehr konkreter Wünsche. Sehnsucht richtet sich jedoch häufig auch auf Grundlegendes aus, auf Frieden, Freiheit, Geborgenheit, Wahrheit. In ihrem Kern zielt Sehnsucht zumeist auf Absolutes, auf Ideale. Es ist die »Sehnsucht nach Stille, nach Freundschaft und Liebe«[4]. Diese Sehnsucht ist uns ins Herz gelegt, als ein tiefes Begehren, das die Ebene konkreter erfüllbarer Wünsche und Bedürfnisse weit hinter sich lässt – so klingt es an in dem Gedicht von Nelly Sachs. Sehnsucht ist die Unruhe, dass ein Mensch nach mehr verlangt, als er hat: »Immer ist im Herzen Raum für mehr, für Schöneres, für Größeres.«[5] Auf dem Weg der Sehnsucht drängt es den Menschen über sich selbst hinaus, und wo Sehnsucht sich erfüllt, geschieht Verwandlung. Deshalb warnt Nietzsche im *Zarathustra*: »Wehe! Es kommt die

Zeit, wo der Mensch nicht mehr den Pfeil seiner Sehnsucht über den Menschen hinauswirft und die Sehne seines Bogens verlernt hat zu schwirren!«[6]

Die Psychologie der Emotionen weiß nicht allzu viel über Sehnsucht und verweist schnell auf den Suchtteil in diesem Wort. Neben »Sucht« steckt aber vor allem auch »Suche« in »Sehnsucht«: Es ist ein intensives, schmerzhaftes Verlangen, das sich manchmal als eine Art Nostalgie oder Erinnerung an gelebtes Glück auf etwas Vergangenes richten kann oder auf etwas Ersehntes und Begehrtes, das zum Glücklichsein fehlt und hoffnungsvoll erwartet wird.

Sehnsucht ist ein drängender Wunsch, eine Begierde nach dem, was zum Glück fehlt. Sehnsucht verweist auf die geheimen Wünsche und Hoffnungen des Herzens und kann sich auf sehr Unterschiedliches richten:

- Sehnsucht nach Liebe, nach einem Du,
- Sehnsucht nach Harmonie und Frieden,
- Sehnsucht nach einem anderen Leben,
- Sehnsucht, gesehen, erkannt und geliebt zu werden,
- Sehnsucht nach Heilung und Erlösung, besonders in der Todessehnsucht,
- Sehnsucht nach Ganzheit, wenn das Leben selbst als brüchig, zerbrochen erlebt wird.

Sehnsucht kann sich auch in destruktiven Formen zeigen, z. B. als

- verdinglichte Sehnsucht, etwas unbedingt haben zu wollen,
- Sehnsucht als zerstörerische Sucht, oder
- regressive, rückwärtsgerichtete Sehnsucht nach einem Paradies.

Sehnsucht ist eine tiefe, bewegende Kraft, die uns zieht und nicht zur Ruhe kommen lässt: »Wo Sehnsucht sich erfüllt, dort bricht sie noch stärker auf«[7], schreibt Nelly Sachs. Die Sehnsucht liegt nahe beim Unsagbaren und scheint etwas Geheimnisvolles, Verborgenes zu sein. Sehnsucht ist ein Urwort, etwas, das uns antreibt.

Sehnsucht ist etwas Ursprüngliches, ein archetypisches Phänomen.
Sehnsucht will oft das, was unmöglich scheint.
Sehnsucht lässt sich nicht billig abspeisen, verlangt nach mehr.
Sehnsucht richtet sich auf die Schönheit in Kunst, Musik, Natur und Dichtung.
Sehnsucht ist ein schmerzhaftes Vermissen des Wesentlichen.
Sehnsucht ist ein Verlangen nach Entgrenzung.

Sehnsucht ist eine starke seelische Energie, gleichzeitig etwas sehr Intimes und Zartes, etwas vom Innersten der Seele, das besonders geschützt werden muss. Sie ist beides, wie Nelly Sachs schreibt, »des Menschen Größe und Not«[8].

Wir sprechen nicht leicht über die Sehnsucht, denn wir befürchten, beschämt und ausgelacht zu werden. Es gibt eine Scheu, sich mit seiner Sehnsucht zu zeigen, zu nahe scheint sie an der Sentimentalität, zu verletzlich sind für viele die geheimen Wünsche und Hoffnungen des Herzens, zu leicht wird man verdächtigt, nostalgisch, romantisch, unzeitgemäß zu sein. Die Angst vor Pathos, Gefühlsüberschwang und Schwärmerei ist groß, und man schämt sich, das tiefe Leiden an dem, was einem fehlt, zu offenbaren. Daher formuliert Goethe in *Wilhelm Meister* (1795/96) den Hinweis: »Nur, wer die Sehnsucht kennt, weiß, was ich leide ...«[9] So gibt es bei diesem intimen Gefühl ein großes Schutzbedürfnis. Manche Menschen wehren ihr sehnsüchtiges Verlangen ab – dann hungert die Seele. Die Sinne mögen satt sein, nicht aber die Seele.

Die Scheu vor der Sehnsucht gilt besonders für den Bereich der Spiritualität. »Denn das eigene Herz übersteigt uns«[10], heißt es dazu in den *Duineser Elegien* von Rainer Maria Rilke, der zur Sehnsucht einen unverstellten Zugang hatte. Für viele Menschen braucht es dagegen Mut, zu ihrer Sehnsucht zu stehen, wider die Vernunft. Manchen Mystikerinnen und Mystikern gelang es, ihre sehnsüchtige Suche nach dem Göttlichen in der Sprache der Poesie aufscheinen zu lassen. Bei Novalis heißt es ermutigend: »Hätten die Nüchternen einmal gekostet, alles verließen sie und setzten sich zu uns an den Tisch der Sehnsucht. Der niemals leer wird.«[11]

Die spirituelle Sehnsucht

Unsere Sehnsucht ist unser Pfad.
TANIA BLIXEN[12]

Das Licht wird durch die Sehnsucht
zu dir kommen.
DARYA KHAN[13]

Es gibt eine besondere Sehnsucht, die nicht auf ein bestimmtes, konkretes Du gerichtet ist. Da ist *Etwas*, das daran erinnert, dass es noch mehr und anderes gibt als die bisherigen Bilder und Erfahrungen, etwas, das die Seele bewirkt, um uns aus festen Gewohnheiten des Wissens, Denkens und Fühlens zu befreien, ein Suchen und Streben über das Vorhandene, Erreichte, Bekannte hinaus. Von irgendwoher meldet sich eine tiefe Sehnsucht, schleicht sich ein, und wir können nicht einmal sagen, wonach wir uns sehnen, es ist nicht klar benennbar. Vielleicht ist es so: Diese Art von Sehnsucht meldet sich dann, wenn ein Mensch spürt, dass ihm bei allem, was er kennt und hat, doch etwas fehlt, und er beginnt, sich über seine bisherigen Lebensweisen und Erfahrungen hinauszusehnen. Im Kern vieler äußerer Sehnsüchte verbirgt sich die Suche nach etwas Absoluten. Diese Sehnsucht lässt sich nicht verdinglichen in Form von zu befriedigenden Wünschen. Sie ist Wegweiserin zu den tiefen Anfragen an das Leben. Die Seele meldet sich in dieser Sehnsucht, weil sie zu sich *selbst* kommen möchte.

Im Geheimnis der Sehnsucht liegen die Ursprungs- und Zukunftsfragen nach dem Woher und Wohin des Lebens. Diese spirituelle Sehnsucht, die auf der Suche bleibt, keine Ruhe im Vorläufigen findet und immer »mehr als alles« will, ist eine Art Gottesbeweis, wie Heinrich Böll zu sagen gewagt hat. Er bringt seine tiefe Religiosität so zum Ausdruck: »Die Tatsache, dass wir alle eigentlich wissen – auch wenn wir es nicht zugeben –, dass wir hier auf der Erde nicht zu Hause sind, nicht ganz zu Hause sind. Daß wir also noch woanders hingehören und von woanders herkommen. Ich kann mir keinen Menschen vorstellen, der sich nicht – jedenfalls zeitweise, stundenweise, tageweise oder auch nur augenblicksweise klar darüber wird, daß er nicht ganz auf diese Erde gehört.«[14] Sehnsucht dieser Art zielt ins Absolute, sucht nach dem Sinn des Lebens und lässt sich mit Geringerem nicht abspeisen. »Geh bis an deiner Sehnsucht Rand«[15], lautet der Ruf des Göttlichen an die Seele. Rilke, den man nur als einen mystischen Dichter verstehen kann, findet immer wieder Worte dafür.

Spirituelle Sehnsucht ist rational nicht fassbar, es ist ein schmerzliches Sehnen und Verlangen, ein Begehren, das über Grenzen geht, eine transzendente Sehnsucht nach der Wirklichkeit hinter der Wirklichkeit. Für Ernesto Cardenal, einen mystischen Dichter unserer Zeit, ist es Sehnsucht nach Gott, die in allen Menschen vorhanden ist:

»In den Augen aller Menschen wohnt eine unstillbare Sehnsucht. In den Pupillen der Menschen aller Rassen, in den Blicken der Kinder und Greise, der Mütter und liebenden Frauen, in den Augen des Polizisten und des Angestellten, des Abenteurers und des Mörders, des Revolutionärs und des Diktators und in denen des Heiligen: in allen wohnt der gleiche Funke unstillbaren Verlangens, das gleiche heimliche Feuer, der gleiche tiefe Abgrund, der gleiche unendliche Durst nach Glück und Freude und Besitz ohne Ende. Dieser Durst, den alle Wesen spüren [...], ist die Liebe zu Gott.
Um dieser Liebe willen werden alle Verbrechen begangen und alle Kriege gekämpft, ihretwegen lieben und hassen sich die Menschen. Um dieser Liebe willen werden Berge bestiegen und die Tiefen der Meere erforscht, für sie wird geherrscht und intrigiert, gebaut und geschrieben, gesungen, geweint und geliebt. [...]
Überall suchen wir Gott, auf Festen und Orgien und Reisen, in Kinos und Bars, und doch finden wir Ihn einzig und allein in uns selbst.«[16]

Die spirituelle Sehnsucht ist ein Begehren, das sich richtet auf das, was zu Antworten auf die Fragen nach dem Sinn des Lebens führt. Diese in allen Menschen wohnende Sehnsucht hat zu tun mit dem

Geheimnis, das jeder in sich hat – Ernesto Cardenal nennt es Gott. Die Theologin und Mystikerin Dorothee Sölle sagt: Die Sehnsucht nach Gott ist eine Übersetzung des Wortes Mystik.[17]

Die spirituelle Sehnsucht
ist auf den Bogen des eigenen Lebens
gespannt
und wird von dort aus
ins Unendliche
abgeschickt.

Bei ihrer Suche nach ihrem Ursprung und ihrem Ziel hat die spirituelle Sehnsucht ihren Ort im Innersten der Seele. Für den Theologen und Philosophen Friedrich Schleiermacher ist Sehnsucht der Ursprung aller Religionen.

Sehnsucht zieht ins Unendliche, sie ist ein Begehren, das ausgerichtet ist auf den göttlichen Urgrund. Bei Rilke heißt es: »Unser Herz ist tief, aber wenn wir nicht hineingedrückt werden, gehen wir nie bis auf den Grund. Und doch, man muß auf dem Grund gewesen sein. Darum handelt sich's.«[18] In der Sehnsucht liegen die Ursprungs- und Zukunftsfragen nach dem Woher und Wohin des Menschen – und Antworten, die ihn aus dieser Welt herausrufen. Dorothee Sölle formuliert dies so: »Mystische Erfahrung ist Glück – und sie macht zugleich heimatlos. Sie führt Menschen aus dem Haus, in dem sie sich eingerichtet haben, in die die Hauslosigkeit.«[19] Und so heißt es auch von den Sufis, den sehnsüchtig Suchenden auf dem spirituellen Weg, dass sie »mitten *in* der Welt leben, aber nicht *von* der Welt sind«. Sufis sind in dieser Welt unterwegs, auf einer Reise; ihre Heimat ist die Liebe, der göttliche Urgrund, wohin es sie zieht und von wo sie gerufen werden.

Vielleicht ist die Sehnsucht selbst die Antwort auf diesen Ruf? In einem alten anonymen Sufi-Text klingt dieser Ruf so:

Ich rufe nach dir aus der Ferne,
rufe nach dir seit dem Urbeginn aller Tage.
Rufe nach dir über Jahrtausende hin,
seit Ewigkeiten.
Ich rufe – rufe … Seit immer.
Sie ist Teil deines Wesens, meine Stimme,
doch sie kommt leise zu dir, und du hörst sie nur manchmal.
»Ich weiß nicht«, magst du sagen.
Doch irgendwo weißt du.
»Ich kann nichts hören«, sagst du, »was ist es und wo?«
Doch irgendwo hörst du, und im Innersten weißt du.
Denn ich bin das in dir, was immer schon war.
Ich bin das in dir, was niemals enden wird.
Auch wenn du sagst: »Wer ruft da?«
Auch wenn du sagst: »Wer ist das?«
Wohin willst du rennen? Sag es mir nur.
Kannst du vor dir selbst davonlaufen?
Denn ich bin das Einzige für dich.
Es gibt niemand anderen.
Deine Hoffnung, dein Lohn bin ich allein –
dein Leiden, deine Sehnsucht
und dein Ziel.[20]

Sehnsucht und Suche

Die Sehnsucht schleicht sich manchmal ganz heimlich ins Bewusstsein ein, macht unruhig und unzufrieden, lässt uns fragen: Was ist es nur, was mich so ruhelos macht? Was fehlt mir? Die Antwort von Willigis Jäger, einem der bedeutendsten spirituellen Lehrer unserer Zeit, ist: »Das Göttliche selbst sucht in uns den Weg. Es möchte in uns und durch uns zur Entfaltung kommen. Das Suchen Gottes ist der Prozess der Evolution, der sich in uns als Sehnsucht äußert.«[21] Jäger greift damit eine Aussage von Augustinus auf: »Der Mensch ist die Sehnsucht Gottes.« In der menschlichen Sehnsucht und Suche kommt Gottes eigene Suche nach uns zum Ausdruck.

Die bewusste und erwachende spirituelle Suche kann überall etwas finden und erkennen, was in jedem Augenblick enthalten ist. »Die Welt ist Gottes so voll. Aus allen Poren der Dinge quillt er gleichsam uns entgegen«, so Alfred Delp. »Wir aber sind oft blind«, fährt er fort. »Wir bleiben in den schönen und in den bösen Stunden hängen und erleben sie nicht durch bis an den Brunnenpunkt, an dem sie aus Gott herausströmen.«[22] Mystik, so kann man sagen, ist der Weg, dieser inneren, beunruhigenden Suche immer wieder nachzugehen.

Dabei gibt es einen geheimnisvollen Zusammenhang von Suchen und Finden: »Du würdest mich nicht suchen, wenn du mich nicht gefunden hättest«[23], lässt Blaise Pascal Gott sprechen. Der Mensch erfährt sich als derjenige, der gesucht, gemeint, von ETWAS erwartet wird. »Liebe, wenn ich nach dir Ausschau halte, merke ich, dass du mich suchst«[24], schreibt Rumi, einer der bedeutendsten Sufi-Mystiker, der große persische Dichter des 13. Jahrhunderts.

Die Schwierigkeiten der spirituellen Suche werden auch in Rumis Geschichte vom nächtlichen Beter deutlich, dem Chidr, ein Bote Gottes, im Traum erscheint:

»O Gott!« rief einer viele Nächte lang,
Und süß ward ihm sein Mund von diesem Klang.
»Viel rufst du wohl«, sprach Satan voller Spott,
»Wo bleibt die Antwort ›Hier bin Ich!‹ von Gott?
Nein, keine Antwort kommt vom Thron herab!
Wie lange schreist du noch ›O Gott!‹? Laß' ab!«
Als er betrübt, gesenkten Hauptes, schwieg,
Sah er im Traum, wie Chidr niederstieg
Und sprach: »Warum nennst du Ihn denn nicht mehr?
Was du ersehnt – bereust du es so sehr?«
Er sprach: »Nie kommt die Antwort ›Ich bin hier!‹
So fürchte ich, Er weist die Türe mir!«
»Dein Ruf ›O Gott!‹ ist Mein Ruf: ›Ich bin hier!‹
Dein Schmerz und Flehn ist Botschaft doch von Mir,

Und all dein Streben, um Mich zu erreichen –
Daß Ich zu Mir dich ziehe, ist's ein Zeichen!
Dein Liebesschmerz ist Meine Huld für dich –
Im Ruf ›O Gott!‹ sind hundert ›Hier bin Ich!‹«[25]

Das Geheimnis der spirituellen Suche ist: Der/die/das Göttliche, das Unnennbare, kann uns in allem – auch im Schmerz der Sehnsucht – erreichen und ansprechen. Die Voraussetzung ist, offen genug zu sein, sich erreichen zu lassen, wie und wodurch auch immer.

Ein besonderer Pfad der Sehnsucht und Suche im Bereich der Spiritualität ist der Sufismus. Er ist ein Weg des Herzens, der Hingabe und der Liebe. Die schönste Umschreibung des Sufismus habe ich von Irina Tweedie gehört. Als ich sie das erste Mal traf, sagte sie: »Sufismus, das ist die Sehnsucht der Küste, den ganzen Ozean zu umarmen.«

Herzensbildung auf dem Sufi-Weg

Das Leben ist eine Reise,
auf der wir sehen lernen,
wie weit unser Herz sein kann.
Jason Shulman[26]

Sufismus, so wie ich ihn kennengelernt habe und hier vorstelle, ist ein Weg des Herzens. Was aber ist mit »Herzensbildung« gemeint?

»Herzensbildung« ist im Bereich der Bildung ein wiederentdeckter Begriff. Gemeint ist die Haltung, sich von allem, was einem begegnet, anrühren zu lassen, es sich zu Herzen gehen zu lassen. Es geht um eine Bildung, die mehr ist als nur Wissen, um Einfühlungsvermögen, Verständnis und Mitgefühl als soziale Fähigkeiten.

Der Begriff Bildung als Formung der geistigen, seelischen, sozialen und kulturellen Fähigkeiten hat seine Wurzeln in der griechischen Philosophie und trat in der Folge der Aufklärung und des Humanismus neben die Vorstellungen von Erziehung. Bildung gilt heute, unabhängig von den politischen Debatten um Bildungsziele und Bildungsinhalte, als eine lebenslange, selbstverantwortliche Aktivität des Einzelnen.

Herzensbildung war Teil des humanistischen Bildungsideals von Wilhelm von Humboldt, das neben der klassischen Bildung mit ihrem Anknüpfen an griechische und lateinische Ideale auch die Pflege künstlerischer Fähigkeiten und die Entwicklung eines geistig-seelischen Innenlebens zum Ziel hatte. Aus spiritueller Sicht kann man sagen: Herzensbildung ist das Wichtigste für Menschen, um das in ihnen vorhandene Liebespotential entfalten zu können – im täglichen Leben.

Im Juni 2016 tauchte der Begriff Herzensbildung überraschend als Kritik an der vor allem auf technische Fertigkeiten im IT-Bereich ausgerichteten Bildung auf: Der Autor, Journalist und Blogger Sascha Lobo hatte bei einem Vortrag an der Universität Tübingen mehr Herzensbildung gefordert: »Bildung ohne Herzensbildung ist nichts wert. Im Gegenteil, sie stellt den direkten Weg in die Entzivilisierung der Gesellschaft dar.«[27] Bereits vier Jahre zuvor hatte Lobo eine Kolumne in *Spiegel Online* zum Thema »Netzhass« mit der Zeile überschrieben: »Wir brauchen eine digitale Herzensbildung.«[28] Herzensbildung als emotionale Intelligenz und Entwicklung eines mitfühlenden Herzens versteht er als Weg, der Unkultur der Beschimpfung, Beleidigung, Verleumdung und dem erschreckenden Maß an Häme und Hass in den sogenannten sozialen Medien etwas entgegenzusetzen.

Auch der Dalai Lama hatte in einem Interview geäußert: »Meine Hoffnung und Wunsch sind es, dass sich formale Bildung mehr der, ich nenne es Herzensbildung, widmet.« Auf die Frage, was Herzensbildung sei, antwortete er im Januar 2018: »In wenigen Worten: Liebe, Mitgefühl, Gerechtigkeit, Vergebung, Sorgfalt, Toleranz und Frieden.«[29]

Mitgefühl als Herzensqualität

In vielen spirituellen Schulungswegen geht es um das Entwickeln von Achtsamkeit und Mitgefühl. Echtes Mitgefühl ist nach buddhistischer Auffassung abhängig vom Entwicklungsstand des Bewusstseins. Mitgefühl setzt Einsicht in die Natur der Wirklichkeit voraus, es ist eine grundlegende Anerkennung von Gleichheit und gesteht allen Mitlebewesen das gleiche Recht auf Leben, Glück und Entfaltung zu. Mitgefühl ist ein Reifegrad eines sich weitenden geöffneten Herzens.

Es gehört zu den Abwehrformen erkalteter Herzen, Mitgefühl so zu diffamieren und zu sentimentalisieren, dass sein Ausschluss bei Entscheidungsprozessen in der Wirtschaft, der Medizin, der Bildung, im Verkehr und in der Landwirtschaft zugunsten zweckrationaler Gewinnmaximierung selbstverständlich erscheint. Echtes Mitgefühl ist aber keine Sentimentalität, es zielt auf die Beseitigung von Unrecht und will gerechtere Verhältnisse. Es gibt sich nicht damit zufrieden, nur um Leid und Schmerz anderer zu wissen, sondern Schmerz zu teilen als ein »Fühlen des fremden Gefühls«[30] (Max Scheler). Mitleid in Form von Sentimentalität entspringt einem »getrübten oder ranzig gewordenen politischen Sinn« (Anne Douglas). Es scheut vor engagiertem Handeln zurück, ist nur rührselig und handlungsunfähig. Auch Friedrich Nietzsche kritisierte diese Form des Mitleids als etwas, das Elend konserviert.

Bei vielen Menschen, insbesondere den engagierten Kritikerinnen und Kritikern der Globalisierung, wächst hingegen ein mitfühlendes Bewusstsein, das Nachdenklichkeit, Verantwortungsbewusstsein und Mitleiden verbindet mit kritischem umweltbewusstem Denken und aktivem Engagement. Wäre Mitgefühl ein zentraler Wert in unserer Gesellschaft, wie anders sähe es in vielen Lebensbereichen aus, z. B. in Kindergärten, Schulen, Krankenhäusern, Alters- und Pflegeheimen, in der Produktion von Nahrungsmitteln, Kleidung und Wohnraum.

Aus vielen Schriften des Buddha und aus dem, was buddhistische Lehrerinnen und Lehrer in der Nachfolge Buddhas gelehrt haben, wird deutlich: Ein gütiges Mitleid mit allen Lebewesen, tiefes Mitgefühl mit allen leidenden Wesen, ist für das Überleben im 21. Jahrhundert notwendig. Ryokan (1758–1831), ein wenig bekannter Zen-Meister, Einsiedler, Bettelmönch und Dichter, drückt dieses Mitgefühl so aus:

Wenn ich
An die Leiden der Wesen
In dieser Welt denke,
So wird ihre Traurigkeit
Zu meiner.
Oh, wäre meine Mönchsrobe
Weit genug
All die leidenden Menschen
In dieser fließenden Welt
Zu bergen.[31]

Die Dinge ändern sich nur, wenn sich die Herzen der Menschen erneuern, für einander mehr öffnen, und eine grundlegende Ethik des Mitgefühls und der Fürsorge für andere zur Basis des menschlichen Zusammenlebens wird, so auch der Dalai Lama in seinem Appell an die Welt.[32]

Das Herz öffnen lernen

Der Sufismus ist eine Sache der Herzensqualität. Es geht darum, Fähigkeiten zu Liebe, zu Mitgefühl zu entfalten und ebenso das Bewusstsein zu erweitern – in einem Prozess des Erwachens.

Die Schule der Liebe ist dabei das ganz gewöhnliche alltägliche Leben. In unserer Gesellschaft gibt es bekanntlich viele Arten von Schulen, in denen der Verstand und spezifische Fertigkeiten entwickelt werden, von der Grundschule bis zur Hochschule, von der Fahrschule bis zur Computerschule. Wo aber können Menschen lernen, ihr Herz zu öffnen, ihre Liebesfähigkeit zu entwickeln? Alle großen Mystiker und Lehrerinnen der Menschheit können hier den Weg weisen, durch ihr gelebtes Vorbild. Aber den eigenen Weg muss ein jeder selbst finden und selbst gehen. Die Sufis sagen: »Es gibt so viele Wege zu Gott, wie es Menschen gibt.«[33] Bhai Sahib, der Lehrer von Irina Tweedie, betont: »Läßt man den Menschen in Ruhe, findet er auf seine Weise zu Gott.«[34] Dieses Wissen ist auch in anderen spirituellen Traditionen zu finden. Eine chassidische Geschichte erzählt:

»Rabbi Baer von Radoschitz bat einst seinen Lehrer, den ›Seher‹ von Lublin: ›Weiset mir einen allgemeinen Weg zum Dienste Gottes!‹ Der Zaddik antwortete: ›Es geht nicht an, dem Menschen zu sagen, welchen Weg er gehen soll. Denn da ist ein Weg, Gott zu dienen durch Lehre, und da durch Gebet, da durch Fasten und da durch Essen. Jedermann soll wohl achten, zu welchem Weg ihn sein Herz zieht, und dann soll er diesen sich mit ganzer Kraft erwählen.‹«[35]

Jeder muss seinen Weg suchen, und der Weg entsteht erst beim Gehen unter unseren Füßen.

Herzensbildung auf dem Sufi-Weg bedeutet zu lernen, mit dem Herzen zu sehen und zu hören, und nur dann klingt die Melodie des Sufismus im Herzen auf. Allein mit dem Verstand kann man sie nicht hören, genauso wenig wie man mit tauben Ohren Musik hören kann. Ähnlich gibt es auch »herzenstaube« Menschen oder, wie Graf Dürckheim sie genannt hat, »seins-taube« Menschen. Sie können die Innenwelt nicht wahrnehmen. Aber so, wie die Augen das Organ sind, Lichtreize wahrzunehmen – wie unser ganzer Körper übrigens –, und wie die Ohren akustische Signale aufnehmen, so ist das Herz das Wahrnehmungsorgan für Bedeutung, für Sinn, für Liebe.

Das Herz als universales Symbol[36]

Unsere Sprache weiß viel über die Beschaffenheit menschlicher Herzen. Ein paar Beispiele:

- Jemand kann ein gutes und weiches Herz haben, ein anderer dagegen kann herzlos sein.
- Ein Mensch hat ein hartes Herz oder gar ein Herz aus Stein.

- Man kann einem anderen sein Herz öffnen oder auf jemanden treffen, dessen Herz verschlossen ist.
- Manche können die Herzen anderer wie im Sturm erobern. Es gibt aber auch die stillen Herzensdiebe.
- Es gibt Ereignisse, die einem Menschen das Herz brechen.
- Bei schwerem Kummer braucht man jemanden, dem man sein Herz ausschütten kann, und dann kann es passieren, dass einem ein Stein vom Herzen fällt.
- Man kann sein Herz an jemanden verschenken, man kann sein Herz gar verlieren, und das Herz kann in Liebe entbrennen.

Das Herz als Metapher für den ganzen Menschen ist ein archetypisches, universales Symbol. Das Herz ist das Wichtigste im Menschen. Daher glaubten die Mayas, nur mit lebendig geopferten Herzen könnten sie den Lauf der Sonne und damit die Welt mit erhalten und ihre Götter versöhnen.

Auch für die alten Ägypter war das Herz der Ort der Gedanken und Gefühle. In ihrer Mythologie gibt es einen Vorläufer der christlichen Vorstellung vom Jüngsten Gericht: Unter der Aufsicht des Gottes Thot wird das Herz des Verstorbenen in eine Waagschale gelegt und gewogen. Auf der anderen Waagschale liegt eine Feder aus dem Haar der Göttin Maat, der Göttin der Wahrheit. Nur wenn im Tode das Herz so leicht und unbeschwert von bösen Taten und Gedanken ist wie eine Feder, wird es nicht von der Totenfresserin Ammit, einem Untier und weiblichen Mischwesen aus Krokodil, Raubkatze und Nilpferd, verschlungen, der »Fresserin der Herzen«, die wartend dabeisitzt. So zeigt es die Tafel III des Papyrus Ani im Britischen Museum. Die Waage muss ein Gleichmaß haben, Herz und Wahrheit müssen im ägyptischen Totengericht übereinstimmen.

Vom Pharao, dem Sohn des Sonnengottes Re, der das Firmament erleuchtet und die Himmelsbahnen durchläuft, heißt es in den Inschriften: »Geboren zur Weite des Herzens wie Re.« Die Weite des Herzens ist ein Abbild des Göttlichen im Menschen. Ähnlich heißt es in den Psalmen des Alten Testaments von Jahwe, dass er das Herz des Menschen weit mache, so in Psalm 118: »Weit gemacht hast du mein Herz«, und sie wussten: »Der Mensch sieht auf das, was vor Augen ist, der Herr aber sieht auf das Herz« (1 Sam 16,7). Jahwe ist derjenige, der die Herzen der Menschen prüft und kennt und der ihnen gar ein neues Herz geben kann.

Das Herz ist auch der Ort, wo das Göttliche gefunden werden kann. So lässt Rumi Gott sagen: »Ich bin weder in der Erde enthalten noch im Himmel, selbst nicht im höchsten der Himmel. Wisse dies sicher: Im Herzen des Menschen bin ich. Wenn du mich suchst, dort wirst du mich finden.«

Das Herz ist das entscheidende Erkenntnisorgan und hat seine eigene Logik. Berühmt ist der Ausspruch des französischen Philosophen Blaise Pascal in seinen *Pensées*: »Es gibt eine Vernunft des Herzens, die der Verstand nicht kennt. Man erfährt es bei tausend Dingen.«[37] Und weiter: »Wir erkennen die Wahrheit nicht allein mit der Vernunft, sondern auch mit dem Herzen.«[38]

Die Beispiele, in denen das Herz in der Literatur und in Gedichten vorkommt, sind zahllos. Nur ein Beispiel sei hier genannt: Goethe mahnt im *Torquato Tasso*:

> Ach daß wir doch, dem reinen, stillen Wink / Des Herzens nachzugehn, so sehr verlernen! / Ganz leise spricht ein Gott in unsrer Brust, / Ganz leise, ganz vernehmlich, zeigt uns an, / Was zu ergreifen ist und was zu fliehn.[39]

Auch in der christlichen Frömmigkeit und Mystik hat die Herzsymbolik eine zentrale Rolle: Im sogenannten Herzensgebet, einer meditativen Praxis der Ostkirche, geht es darum, den Namen Jesu oder ein anderes heiliges Wort beständig innerlich zu wiederholen. In der katholischen Kirche gab es über Jahrhunderte eine spezifische Herz-Jesu-Frömmigkeit und -Verehrung. Von der »Herzkraft himmlischer Geheimnisse«[40] spricht auch Hildegard von Bingen in einem Hymnus. Und auf dem Sufi-Weg ist die stille Herzensmeditation die wichtigste spirituelle Praxis (vgl. Kapitel 3, S. 103–107).

Bei der nun folgenden ersten Übung zur Selbsterkundung (weitere Übungen werden folgen), geht es auch um das Herz und die Frage: Wie geht es deinem Herzen?

Übung: Wenn ich mein Herz befrage

Es kann hilfreich sein, die Hand aufs Herz zu legen und sich dann ganz langsam und »bedächtig« den Fragen dieser Übung zu stellen.

1. Wie heißt die spontane Antwort auf die Frage: Wie geht es meinem Herzen?
2. Welche Ereignisse in diesem Jahr sind mir besonders zu Herzen gegangen?
   Was hat mir das Herz schwer gemacht?
   Was musste mein Herz ertragen?
3. Was hat in diesem Jahr das Herz besonders mit Freude erfüllt?
4. Was hat das Herz verstört, verletzt und in Rückzug gebracht?
   Wo musste es sich verschließen?
5. Was hat mich Herzblut gekostet in diesem Jahr?
   Was bedarf der Aussöhnung, der Heilung und des Loslassens?
6. Welche Herzensgaben habe ich verschenkt?
   Was hätte ich gerne noch mehr verschenkt?
7. Welche Geheimnisse meines Lebens sind weiter tief in meinem Herzen bewahrt?
8. Welche Sehnsüchte meines Herzens sind ungestillt?
9. Was könnte mein Herz weiter, offener, zärtlicher und liebevoller werden lassen?
10. Was nährt und stärkt mein Herz?
11. Was bedeutet für mich Herzensbildung?
12. Kann ich mein Herz verschenken?

2. Spiritualität im 21. Jahrhundert

Kennzeichen von Spiritualität heute

In den letzten Jahrzehnten hat sich ein großes Interesse an religiösen bzw. spirituellen Themen und Fragen entwickelt – ein Interesse an alten und neuen Formen praktizierter Spiritualität und Religiosität, auch in Verbindung mit alternativen Selbsterfahrungs- und Therapieformen. Längst haben spirituelle Themen im Bereich von Psychologie und Bewusstseinsforschung einen selbstverständlichen Platz bekommen; Übungen und spirituelle Themen wie Achtsamkeit, Wohlbefinden, Sinnsuche und Sinnfragen sind in Gebiete der Psychotherapie, der Gesundheitswissenschaften und der Medizin integriert worden. Dieses wachsende Interesse an vielen Formen von Spiritualität wird von manchen als eine stille spirituelle Bewusstseinsveränderung wahrgenommen. Die Zukunftsforscher sprechen von einem Megatrend. Es geht um das Erkunden und Ausloten der eigenen Psyche, um die Öffnung für andere Bewusstseinsräume und die Suche nach einem je eigenen spirituellen Weg im Rahmen der individuellen Persönlichkeitsentwicklung.

Wir sind, so scheint es, in einer besonderen Umbruchs- und Krisenzeit. Willigis Jäger beschreibt einen zentralen Aspekt dieser Krisenzeit so: »Immer mehr Menschen fragen [...] heute nach dem Sinn ihres Daseins, und die traditionellen Religionen können ihnen darauf kaum mehr glaubwürdige Antworten geben. [...] Der Glaube ›an Gott‹ weicht heute nun der Sehnsucht nach einer spirituellen Erfahrung dieser ›letzten Wirklichkeit‹.«[41]

Religionen sind entstanden, weil der Mensch, als das Bewusstsein sich zu entwickeln begann, die Frage nach dem Sinn der Welt und des Lebens zu stellen begann. Religionen waren daher notwendige Errungenschaften im Prozess der Evolution. Heute aber, so betont Willigis Jäger, »wird es Zeit, dass wir ein neues Verständnis von Gott, Mensch und Welt zulassen [...]«[42].

Der Begriff Spiritualität

Das Wort »Spiritualität« ist ein Begriff mit vielen Sinngehalten. »Spiritualität« verweist in seinem lateinischen Wortstamm *spiritus* zunächst einfach auf »Geist«. Spirituell zu sein, also von »Geist« bzw. der *ruach* erfüllt zu sein, heißt: lebendig zu sein. Das hebräische Wort *ruach* bedeutet: »Atem, Wind, Energie und Leben«. Spirituell zu sein heißt, erfüllt zu sein von dem einen Geist, der Lebensenergie, der Kraft des Universums, als Mysterium des Seins. Spiritualität entzieht uns daher nicht der Welt in einer falsch verstandenen Innerlichkeit, sondern bringt uns mit allem in Kontakt und in Beziehung, ist Sehnsucht nach einem umfassenderen Leben.

Spiritualität und Religiosität – zwischen diesen beiden Begriffen gibt es Überschneidungen – sind etwas, das den gesamten Prozess der Evolution begleitet. Die archäologischen Funde zeugen von dem seit vielen Jahrtausenden erwachenden Bewusstsein der Menschheit, wie es sich in den frühen Bildern und Symbolen von Göttinnen und Göttern, Geistern, Dämonen bis hin zum Glauben an den Einen Gott manifestiert. Spiritualität ist ein universaler Bestandteil der menschlichen Kulturen – von der Frühzeit bis heute und in vielfältigen Erscheinungsformen. Anton Bucher geht in seinem Buch *Psychologie der Spiritualität* auf das breitgefächerte Bedeutungsspektrum von Spiritualität ein und benennt diese als Verbundenheit und Einssein *(connectedness)*, als Beziehung zu Gott bzw. einem höheren Wesen, zu anderen oder zum Selbst, als Verbundenheit mit der Natur, als Formen spezifischer Praxis wie Gebet und Meditation, als paranormale Fähigkeiten und Erfahrungen, wie z. B. Nahtoderfahrungen, und als Selbsttranszendenz.[43]

Für Raimon Pannikar, wie Willigis Jäger und Wayne Teasedale ein Brückenbauer einer neuen transkonfessionellen bzw. transreligiösen west-östlichen Spiritualität, ist Spiritualität »eine sanfte Reaktion gegen die Verkalkung der Religionen«[44].

Spirituelle Übungswege sind Wege, die lebenslang beschritten werden, den Menschen dabei nach innen, in andere Bewusstseinsräume, führen und ihn dabei verändern. Es geht darum, die Wirklichkeit hinter der Wirklichkeit zu erreichen, Erfahrungen in einem transpersonalen Bewusstseinsraum zu machen, die mit Begriffen unserer Alltagssprache und den Konzepten der Ratio nicht erfasst werden können. Solange wir die Verbindung, die *re-ligio,* den *Yoga*, das »Wiederanjochen«[45] an diese Ebene des Absoluten, nicht erreicht haben, ist das Leben schwierig. Willigis Jäger formuliert dies so: »Solange wir das menschliche Dasein und unser Leben als getrennt von der letzten Wirklichkeit erfahren, sind wir von Zweifeln, Sinnlosigkeit, Dunkelheit, Unwissenheit und Illusionen gepeinigt.«[46]

Die Entwicklung einer globalen, transkonfessionellen Spiritualität

Der Spiritualität des 21. Jahrhunderts geht es im Kern um ein neues spirituelles Bewusstsein. Ihr Entstehen ist vom Wertewandel der Moderne begünstigt, der sich vor dem Hintergrund der Krise traditioneller Formen von Religion, Kirche und Konfession und den Veränderungen in den westlichen Gesellschaften vollzieht und der mit einer Ethik der universalen Verbundenheit einhergeht. Noch betont das gegenwärtige Wirtschafts-, Finanz- und Gesellschaftssystem den Homo oeconomicus, das an Eigennutz ausgerichtete Individuum, aber die Anzeichen für einen Paradigmenwechsel zu einem Menschenbild einer globalen Verbundenheit, im Wissen und Fühlen, werden deutlicher und sichtbarer.

Viele heutige spirituelle Lehrerinnen und Lehrer gehen davon aus, dass wir auf dem Weg in ein Zeitalter der globalen spirituellen Entwicklung sind. Als Menschheit bewegen wir uns auf die nächste Entwicklungsstufe des Bewusstseins zu, von der magisch-mystischen und kognitiv-mentalen Stufe hin zu einem integralen Bewusstsein – in Formen einer transkonfessionellen Spiritualität und einer kosmischen Perspektive, aus der die ganze Erde und alle ihre Lebewesen in den Blick genommen wird. Es sind holistische Betrachtungsweisen der Welt, die genau dem entsprechen, was die

Erkenntnisse und Erfahrungsschätze aller bisherigen Religionen und östlichen und westlichen mystischen Wege in ihrer Essenz aufzeigen: Es gibt nur das EINE.

Auch die Kritik an den Problemen der Weltwirtschaft und der Ernährung der Menschheit, an der Umweltzerstörung und einer technologisch ausgerichteten Medizin steht im Zusammenhang mit den Werten einen neuen globalen Spiritualität. David Tacey spricht von einer »spirituellen Revolution«[47] als Gegenbewegung zu einer Gesellschaft, die auf Konsum, technischen Fortschritt, materiellen Wohlstand ausgerichtet war und auch in der körperorientierten Wellness- und Fitnessbewegung orientierungslos, existentiell unbefriedigt und sinnlos blieb. Von daher ist das von Krisen gekennzeichnete, so instabile 21. Jahrhundert auch die Chance für ein neues Weltbild, das wesentlich auf den Erkenntnissen der Quantenphysik basiert.

Sichtbare Anzeichen für ein solches neues Verständnis von Spiritualität sind erkennbar in:

- dem zunehmenden Gespür für und der wachsenden Einsicht in die mystischen Gemeinsamkeiten aller Religionen,
- einem wachsenden ökologischen Bewusstsein,
- einer zunehmenden Sensibilität gegenüber Umweltzerstörung,
- einer klaren Erkenntnis der wechselseitigen Abhängigkeit aller Systeme und Lebensformen,
- den weltweiten Wellen von Mitgefühl und Hilfsbereitschaft, wenn Gebiete dieser Erde von Katastrophen betroffen sind,
- der Vielfalt praktizierter Spiritualität im Alltag vieler Menschen.

Das neue Verständnis von Spiritualität fordert zugleich eine Weltanschauung und eine Lebensweise, die geprägt sind von Mitmenschlichkeit, Bewusstheit, Achtsamkeit und Offenheit für Erfahrungen in Tiefendimensionen, die über das Alltagsbewusstsein hinausgehen, es transzendieren. Es geht um die Abkehr von rücksichtsloser Ausbeutung hin zur Entwicklung einer bewahrenden Nachhaltigkeit und Verbundenheit aller Bewohnerinnen und Bewohner der Erde, und es geht um die Anerkennung und das

Ernstnehmen von inneren Erfahrungen.[48] Im Leben des einzelnen Menschen beginnt diese Spiritualität mit einer Unruhe und sehnsuchtsvollen Suche.

Verbundenheit ist ein zentrales Merkmal einer globalen, transkonfessionellen Spiritualität – Verbundenheit mit etwas Transzendentem, dem Urgrund des Seins, aber auch mit der Natur, mit den Mitmenschen und Mitlebewesen. Während die Mystik früherer Jahrhunderte stark geprägt war durch klösterliche Lebensweisen und eine eher negative Sicht auf die Welt und weltliche Dinge, bezieht die heutige Spiritualität sich auf die Welt als Ausdrucksform und Erscheinungsweise des Göttlichen, als Verbindung von Immanenz und Transzendenz. Das alltägliche Leben soll Ausdruck eines bewussten achtsamen spirituellen Lebens sein. Die heutige Spiritualität bezieht explizit das heutige Welt- und Menschenbild mit ein.

Spiritualität ist auch als Kritik an einer »Psychologie ohne Seele« zu sehen. Für C. G. Jung waren spirituelle Erfahrungen und Bedürfnisse eine psychische Realität und mystische Erfahrungsmöglichkeiten ein Teil unserer menschlichen Natur: »Die Seele ist naturalita religiosa.«[49] Innere Erfahrungen waren für ihn ebenso wirklich wie die äußere Welt (»Wirklichkeit ist das, was wirkt«[50]).

Postmoderne Spiritualität

Das Kennzeichnende einer Spiritualität des 21. Jahrhunderts ist das Transkonfessionelle, Universale, es sind die Religionen und Kulturen übergreifenden neuen Synthesen und Verbindungen. Globalisierung und postmoderner Zeitgeist beeinflussen auch den Bereich von Religion und Spiritualität. Die Globalisierung bewirkt, dass östliche und westliche Formen von Spiritualität sich weltweit im Dialog und Austausch befinden und dass kreativ neue Formen von spiritueller Praxis entwickelt werden. Ein zeitgemäßes Verständnis von Spiritualität sieht die Vielzahl spiritueller Wege als Wege zum selben Ziel, in ihrer Essenz nicht verschieden, unabhängig davon, ob sie personale oder apersonale Bilder eines göttlichen Urgrundes, der Leere, des Absoluten, des Göttlichen verwenden, ob sie sich als Liebesmystik verstehen oder als Bewusstseinsschulung.

Postmoderne Spiritualität ist individuelle Sinnsuche, eine Suche nach geistigen Wahrheiten und eigenen spirituellen Erfahrungen. Diese heutige selbstorganisierte Suche im Rahmen transkonfessioneller Spiritualitäten hat als Basis unterschiedliche Bedürfnisse: Entspannung, Wohlbefinden, Selbstverwirklichung, und natürlich gibt es auch ein breites Angebot an vermarkteter Spiritualität, gibt es Formen von spirituellem Materialismus, die vor allem Ego-Bedürfnisse bedienen. Individualisierung und Konsumismus wirken sich auch auf den Bereich von Religion und Spiritualität aus. Die Gefahren postmoderner Spiritualität liegen in einem spirituellen Materialismus, der nur fragt: »Was bringt mir das, was habe ich davon?« Dies entspricht jedoch keineswegs den Menschenbildern der spirituellen Schulungswege, die auf Werte wie Mitgefühl, Achtsamkeit, Fürsorglichkeit und Nächstenliebe zielen.

Spirituelle und Transpersonale Psychologie

In den letzten vier bis fünf Jahrzehnten entwickelte sich, ausgehend von Amerika, die Transpersonale Psychologie, eine psychologische Richtung, die von ihren Vertretern und Vertreterinnen für die Kopernikanische Wende in der Psychologie gehalten wird. Abraham Maslow beschreibt die Transpersonale Psychologie als sogenannte »vierte Kraft« innerhalb der Psychologie, nach Behaviorismus, Psychoanalyse und Humanistischer Psychologie.[51]

Das Hauptinteresse der Transpersonalen Psychologie gilt der Erforschung des Bewusstseins. Dabei werden Fragen aufgegriffen, die bislang dem Kontext religiöser Traditionen vorbehalten waren. Auf die Relevanz der Psychologie für Spiritualität und Religion hat jedoch auch schon C. G. Jung hingewiesen, der als Wegbereiter der Transpersonalen Psychologie verstanden werden kann.

Die Themenbereiche der Transpersonalen Psychologie sind: geistesgeschichtliche und spirituelle Wurzeln der Psychologie; die Phänomenologie transpersonaler Erfahrungen; die weitere Erforschung der inneren psychischen Landschaften und ein psychologisches

Verständnis dessen, was in spirituellen Schulen »Gipfelerlebnis«, »Erleuchtung«, »Erwachen«, »andere Bewusstseinszustände«, »Aufmerksamkeit« u.Ä. genannt wird; ferner die Entwicklung therapeutischer Methoden, die diesen veränderten Menschenbildern und Bewusstseinsmodellen entsprechen.

Im Rahmen der Erforschung von Bewusstsein, Transzendenzerfahrungen und spirituellen Wegen hat sich auch ein neues Verständnis von spirituellen Krisen entwickelt, so z. B. in den Arbeiten von Stanislaw und Christina Grof.[52] Spirituelle Krisen werden in der Transpersonalen Psychologie als Phasen im Prozess der persönlichen Transformation verstanden, die nicht mit psychotischen Erkrankungen verwechselt werden dürfen.[53] Manchmal geht es bei spirituellen Krisen auch um besondere Transzendenzerfahrungen: energetische Empfindungen, Auflösung von Ich-Grenzen bis hin zu Erfahrungen der All-Einheit und einer in der Mystik bekannten sogenannten Dunklen Nacht der Seele. Das von Liane Hofmann und Patrizia Heise herausgegebene Buch *Spiritualität und spirituelle Krisen*[54] dokumentiert den gegenwärtigen Stand von psychologischer Theorie und Forschung zu Spiritualität und zur therapeutischen Behandlung von spirituellen Krisen.

»Gegenstand transpersonaler Psychologie«, so die Selbstdefinition, »ist die Erforschung des höchsten Potentials der Menschheit sowie die Erkenntnis, das Verständnis und die Verwirklichung vereinigender, spiritueller und transzendenter Bewußtseinszustände«[55]. Transpersonales Bewusstsein lässt sich umschreiben mit Merkmalen wie: vollständige Präsenz, Durchlässigkeit, offene Weite, Ergriffensein, tiefes Berührtsein von numinosen Kräften, Erleben von All-Einheit, mystische Erfahrungen der Konvergenz des individuellen Selbst mit dem Absoluten, Erfahrungen des Tiefsten und Höchsten der menschlichen Seele.

Das heutige neue Weltbild

Welt- und Menschenbild der Transpersonalen Psychologie sind nur verständlich vor dem Hintergrund des neuen Weltbildes, wie es durch die Erkenntnisse der Physik in den letzten Jahrzehnten entwickelt wurde. Diese neuen Erkenntnisse haben das mechanistische Weltbild, das auf Descartes und Newton zurückging, weitgehend überholt.

Grundlegend für das neue Weltbild sind vor allem die Relativitätstheorie und die Quantentheorie, die Theorie der Selbstorganisation und Autopoiesis, die Evolutionstheorie, die Systemtheorie, die Theorie der morphogenetischen Felder und die Hologrammtheorie. Jedes menschliche Wesen, als ein Teil der in diesen Theorien beschriebenen Prozesse, ist ein Knotenpunkt in einem System von ständigem Informationsaustausch; es ist in all seinen Lebensvollzügen eingebettet in das Ökosystem Mensch–Universum. Was wir heute »Gott« nennen, »der, die, das Göttliche« oder auch einfach DER/DIE/DAS, ist die Erscheinungsweise des evolutionären Prozesses des ganzen Kosmos. Alles befindet sich darin in einem Zustand des Werdens, in einem kosmogenetischen Prozess, von dem wir heute auf der Grundlage von Astrophysik, Quantenphysik, Chaostheorie und Ökologie mehr wissen als die Menschen vor uns.

Grundzüge eines Paradigmenwechsels zeichnen sich ab: Das neue Paradigma ist: Nichts existiert gesondert und für sich allein, Leben ist vielmehr immer Beziehung und Verbundenheit, Ko-Evolution. Mit allem, was lebt, stehen wir in Verbundenheit, sind wir *consortes*: Schicksalsgefährtinnen und -gefährten auf unserem bedrohen Planeten.

Bei der physikalischen Erforschung auf atomarer und subatomarer Ebene wurde deutlich, dass Materie letztlich gebündelte Aktivität, Vibration, ein Tanz der Energie ist – und hier berühren sich Physik und Mystik. Im Hinduismus z. B. gibt es die Vorstellung, dass die Göttin Shakti aus dem Universum durch eine Folge von Vibrationen die Raum-Zeit-Schöpfung entstehen lässt. Das östliche Weltbild ist dynamisch, der Kosmos wird verstanden als eine ständig in Bewegung befindliche Realität, lebendig, organisch, Geist und Materie zugleich, der göttliche Geist gilt als das steuernde Prinzip: »DER, welcher in allen Wesen wohnend von allen Wesen verschieden ist, den die Wesen alle nicht kennen, dessen Leib alle Wesen sind, der alle Wesen von innen lenkt, das ist Atman, das Unsterbliche«, so heißt es in den Upanishaden. Einheit, Zusammenhang und dynamische Natur des Kosmos sind somit Weltsichten der östlichen Mystik *und* der modernen westlichen Physik.

Bewusstheit und Bewusstseinsentwicklung

Im Zentrum einer Spiritualität des 21. Jahrhunderts steht die Gewissheit, dass es über das Mentale hinaus eine Wirklichkeit gibt, dass wir als Menschheit ein Teil in einem vernetzten und verbundenen Kosmos, in einem holistischen Ganzen sind. Es geht um ein neues kollektives Bewusstsein, in dem der Mensch sich mit allen Mitlebewesen auf diesem Planeten, mit der Erde selbst, verbunden weiß.

Was bedeutet Bewusstheitsentwicklung?

Bewusstseinserweiterung, individuell und kollektiv, zeigt sich heute auch in dem sich beschleunigenden Prozess der kommunikativen Vernetzung aller Erdbewohner, in dem wachsenden Verständnis der Wechselwirkungen aller Vorgänge auf diesem Planeten. Erweiterung bedeutet größere Durchlässigkeit, größere Offenheit an den jeweiligen Systemgrenzen, an den Kontakt- und Berührungsstellen von Menschen und Kulturen. Nicht nur im World Wide Web werden die Verbindungen und Verknüpfungen der verschiedenen Teile der Welt immer dichter. Es scheint ein Erwachen zu geben, ein Erkennen der Verbundenheit alles Lebendigen. So gibt es zahlreiche Annäherungen zwischen den verschiedenen Wissenschaften und Spiritualität. Der Physiker Hans-Peter Dürr etwa bringt die neue Weltsicht auf den Punkt mit den Worten: »Die Grundlage der

Welt ist nicht materiell, sondern geistig.«[56] Und er betont: »Auch die Quantenphysik sagt uns heute, dass es keine getrennten Teile gibt. Alles ist ins Unendliche ausgestreckt und im Hintergrund miteinander verbunden. Jedes Atom ist mit jedem Atom in diesem Universum verbunden. Alles kann mit allem kommunizieren.«[57]

Bewusstheit von dem EINEN

Mystik kommt von der Erforschung der Bewusstseinsebenen zu ihren Aussagen über die Welt und die Wirklichkeit, doch genau diese Erfahrungsbezogenheit der Mystik wird von vielen westlichen Menschen verkannt. Mystik ist aber nicht »mystisch«, sondern Erfahrung von Wirklichkeit (siehe auch Kapitel 6, S. 108–114). Persönliche Erfahrung ist die Grundlage der buddhistischen Philosophie, sie ist nach Suzuki, einem bedeutenden Zen-Gelehrten unserer Zeit, ein radikaler Empirismus. Während also die Mystik von der Erfahrung und Erforschung von Bewusstseinsebenen ausgeht, kommt die Physik von der entgegengesetzten Richtung. Sie erforscht Materie und materielle Umwelt, und je tiefer sie dies tut, desto mehr ist sie gezwungen, Aussagen über Geist und Bewusstsein zu machen.

Aus Sicht einer globalen, transkonfessionellen Spiritualität geht es um die Erkenntnis, dass alles durchdrungen ist von der EINEN Urwirklichkeit. Auf der Ebene des personalen Bewusstseins gibt es ein Ich, Du, Wir. Auf der Ebene der mystischen Erfahrung dagegen ist Nondualität, Unio mystica, das EINE, den Urgrund, die Wirklichkeit hinter der Wirklichkeit, die »erste Ursache« (Dionysius Areopagita).

Umweltzerstörung und Bewusstseinsentwicklung

Spiritualität im 21. Jahrhundert bedeutet Evolution in einer bedrohten Welt. So wächst in immer mehr Menschen eine klare Erkenntnis und wachsende Sorge um den Zustand des Planeten und das Wissen um alle Formen von Umweltverschmutzung, zunehmender Zerstörung der Natur und Raubbau an den Gütern dieser Erde. Betroffen sind die Elemente Erde, Wasser und Luft, die in

Millionen von Jahren entstandenen Formen von Kreisläufen, die Lebensbedingungen von vielen Tier- und Pflanzenarten als Mitlebewesen, die rücksichtslos vernichtet werden. Bereits 1991 sagte Václav Havel in einer Rede vor dem US-Kongress: »Ohne eine globale Revolution in der Sphäre des menschlichen Bewusstseins wird sich nichts zum Besseren verändern [...] und die Katastrophe, auf die die Welt zusteuert – die ökologische, soziale, demografische Katastrophe oder der allgemeine Zusammenbruch der Zivilisation –, wird unvermeidlich sein.«[58] Seine warnende Stimme wurde zwar gehört, fand aber wenig Echo in praktischen weltweiten Handlungen. Dies gilt auch für die sogenannten Weltklimakonferenzen der letzten Jahre.

Seither wird deutlich: Alle gegenwärtigen Trends laufen unerwartet beschleunigt auf einen Umschlagpunkt zu. Der Zeitraum, an dem noch eine Umkehr möglich ist, hat sich seither immer weiter eingeengt auf wenige Jahre. Für eine Spiritualität des 21. Jahrhunderts bedeutet dies, um diese Situation zu wissen, davor nicht die Augen zu verschließen, sich in der eigenen Lebensweise dazu zu verhalten und, entsprechend der eigenen Möglichkeiten, einen Beitrag zur Veränderung zu leisten.

Spirituelle Praxis heute

Spirituelle Praxis gehört heute ganz selbstverständlich zum Alltagsleben vieler Menschen dazu. Der Wunsch nach Sinnerfahrung und einer spirituellen Ausrichtung des eigenen Lebens lässt viele auf die Suche gehen und manches aus dem ständig wachsenden Angebot von Meditation, Selbsterfahrung und geistiger Unterweisung ausprobieren.

Die Vielfalt und Unterschiedlichkeit der wachsenden Zahl von Meditationsgruppen und spirituellen Angeboten macht deutlich, wie groß das Bedürfnis heutiger Menschen nach spirituellen Erfahrungen, nicht nach Glaubensangeboten ist und wie sehr die mystischen Traditionen des Ostens und Westens zum Kollektiverbe der

Menschheit werden, unabhängig von religiöser Erziehung oder kulturellem Umfeld. Wer aufmerksam die religiösen Suchbewegungen unserer Zeit beobachtet und sich von den Merkwürdigkeiten, die auch zum Spektrum der esoterischen und spirituellen Phänomene gehören, nicht irritieren lässt, der entdeckt einen ungeheuren Hunger vieler heutiger Menschen nach unmittelbaren religiösen Erfahrungen. Unspektakulär und in der Stille sind überall Menschen auf den spirituellen Pfaden unterwegs, üben täglich Zazen, befolgen Meditationsanleitungen des tibetischen Buddhismus, praktizieren Yoga, christliche Kontemplation oder die stille Herzensmeditation des Sufismus.

Heutige Spiritualität fragt vor allem nach der Erfahrbarkeit des Göttlichen. Glaubenssätze helfen nicht mehr, sind ideologisch verbraucht. Es gibt vielmehr ein Gespür für einen transzendenten Ursprung – manche benennen ihn mit dem uralten Wort Gott, andere nicht. Die Tür zu spirituellen Erfahrungen öffnet sich für einige Menschen auch in Lebenskrisen, die ihre bisherige Weltsicht und ihr Selbstverständnis in Frage stellen und sie nach Sinn und Bedeutung in ihrem Leben suchen lässt.[59] Tiefe spirituelle Erfahrungen von Transzendenz und Verbundenheit mit einem umfassenden Ganzen können sich, ohne expliziten Gottesbezug, überall im Leben, im Alltag, in der Natur ereignen, Transzendenz hat keine Begrenzung. Die alten Trennungen von Diesseits und Jenseits, Erde und Himmel, ergeben keinen Sinn mehr.

Die meisten heutigen Menschen auf dem spirituellen Weg lehnen Traditionalismus, Fundamentalismus und Dogmatismus ab, sie lassen sich vielmehr leiten von einer Sehnsucht im Herzen, die Wirklichkeit hinter der Wirklichkeit zu erfahren und ihr Bewusstsein zu erweitern. Das ist der innere Kern aller spirituellen, mystischen Wege. Wayne Teasdale beschreibt dies mit den Worten: »Spirituell zu sein bedeutet letztlich, Verantwortung für die innere Reise zu übernehmen, während wir alle Ressourcen von allen uns zur Verfügung stehenden Traditionen nutzen. Sie sind unser gemeinsames Erbe, sie gehören uns allen.«[60]

Spiritualität und Weisheit

Zu einer Spiritualität der 21. Jahrhunderts gehört auch ein neues Verständnis von Weisheit und Wissen. Heutige Menschen werden überflutet von Datenmengen und Informationen, können Wissen ansammeln, aber daraus wird nicht unbedingt Weisheit. Wissen ist ein Bestand an Informationen, Weisheit dagegen hat mit einem tieferen Verstehen und der Fähigkeit zu tun, mit den existentiellen Anforderungen des Lebens umzugehen.

Weisheit wird heute wissenschaftlich erforscht und in ihrer Relevanz für viele Bereiche der Gesellschaft erkannt und anerkannt. In der Psychologie wurde empirisch untersucht, was denn Menschen, die als weise gelten, kennzeichnet. Wichtige Aspekte sind hier z. B.:[61] Weise Menschen haben ein umfangreiches Faktenwissen über grundlegende Fragen des Lebens, sie verfügen über eine ausgeprägte emotionale Intelligenz und selbstregulative Fähigkeiten. Sie beachten den Kontext bei Problemen, können kultur- und personenspezifische Faktoren berücksichtigen und sind daher gerechter und angemessener in ihren Urteilen. Sie sind tolerant, akzeptieren einerseits einen Wertepluralismus, wissen aber auch andererseits um universale Werte (z. B. der Wert jedes einzelnen Menschenlebens). Weise Menschen sind in der Lage, mit Ungewissheit und Unsicherheit umzugehen, können dialektisch denken und differenzieren, zwischen Schwarz und Weiß viele Grautöne gelten lassen.

In Gert Scobels Buch *Weisheit. Über das, was uns fehlt*[62] wird Weisheit beschrieben als eine evolutionäre Kraft, eine Überlebenskunst, die von großer Bedeutung für das individuelle Leben ist, aber auch für unsere Kultur und Gesellschaft, vor allem als Fähigkeit, die Komplexität des Lebens zu meistern.

Bilder und Namen der Weisheit

Parallel zur wissenschaftlichen Forschung werden alte Bilder der Weisheit in archetypischen Gestalten weiblicher Gottheiten wiederentdeckt, ebenso werden alte Weisheitstraditionen im Sinne einer weisheitlichen Lebensgestaltung wiederbelebt. Hier ist vor allem auf die Arbeiten der Feministischen Theologie und Philosophie zu verweisen, die für die Entwicklung einer neuen Form von Sophia-Spiritualität grundlegend waren. In den Arbeiten der Feministischen Theologie sind die vielfältigen Spuren der Sophia als weibliche Weisheit im mystischen Gedankengut wiederentdeckt und wiederbelebt worden.[63]

Weisheit und Sophia

Sophia ist ein archetypisches Bild des Göttlich-Weiblichen, eine *imago dei*, also ein Gottesbild, wie es immer häufiger im Bewusstsein heutiger Menschen auftaucht – und zwar nicht nur als Bild, sondern als eine Kraft, die in zahlreichen spirituellen Gruppen sowie in politischen, ökologischen, religiösen Bewegungen auf lokaler und globaler Ebene wirksam ist: Eines der erstaunlichsten Phänomene auf der Ebene des kollektiven Bewussten und Unbewussten ist die Wiederkehr, die Wiederentdeckung, das Wiedererleben der weiblichen Gottesbilder in Träumen, Geschichten, Kunstwerken, Visionen, Imaginationen, Märchen, Bildern und den spirituellen Erfahrungen von Menschen heute, und zwar weltweit. Phänomenologisch scheint der Archetyp der Göttin im individuellen und kollektiven Bewusstsein unserer Zeit wieder konstelliert.[64]

Durch die Jahrtausende hindurch haben die Menschen die göttliche Weisheit mit vielen verschiedenen Namen benannt. Sie hat sich unter vielen Namen und Bildern ins erwachende Bewusstsein der Menschen hineingespiegelt: Maat, Kali, Tara, Kuan Yin, Sophia, Demeter, Ishtar usw. Dabei geht es um archetypische, d. h. wirkmächtige Urbilder der Seele, um weiblich-göttliche Kräfte, die bewusst erkannt, angenommen werden wollen und durch gelebtes Leben in den Prozess der Evolution der Menschen hineinwirken können.

Textvergleiche mit ägyptischen Quellen zeigen, wie die alttestamentliche Sophia vom Bild der ägyptischen Göttin Maat beeinflusst ist. Auch Maat wird mit Wahrheit, Gerechtigkeit und Ordnung in Verbindung gebracht. Das weibliche Urbild der Sophia tritt auch in den Gedanken, Visionen und inneren Erfahrungen der Mystiker und Mystikerinnen in Erscheinung, so bei Hildegard von Bingen, Jakob Böhme, Heinrich Seuse, Gottfried Arnold, bei Jane Lead, Solowjew, Florenskij und Bulgakow, überhaupt in der russisch-orthodoxen und griechisch-orthodoxen Ikonographie. Im 20. Jahrhundert ist vor allem der Paläontologe und Jesuit Teilhard de Chardin vom Urbild der Sophia als Weltseele inspiriert. In seiner »Hymne an das Ewig-Weibliche« hat er seine Ur-Idee vom Kosmos als Einheit mit der Idee der Sophia des Alten Testaments und der Gestalt der Maria des Neuen Testaments in eine dynamische Zusammenschau gebracht, als Erkenntnis, Wesen und Wirken der weiblichen Weisheit.

Im 21. Jahrhundert hat Sophia neue Namen, z. B. Tiefenökologie, Gaia-Hypothese, Lebenskunst, holistisches Weltbild. Ihre Aktualität hat sie überall da, wo es um weisheitsgeleitete Lebensgestaltung geht.

Sophia-Spiritualität heute

Weisheit ist in meinem Verständnis ein essentieller Teil des Sufi-Wegs. Sophia, die Weisheit des Lebendigen, ermöglicht uns heute ein angemessenes ökologisches Weltbild und einen dazu passenden Lebensstil. Sophia-Spiritualität – das sind geistige Kräfte, die uns heute auf besondere Art und Weise und in besonderen Erscheinungsformen begegnen: als eine neue Lebensweise und ein neues In-der-Welt-Sein, als ein neues Gottesverständnis, als ein verändertes Denken, Fühlen und Verbundensein mit der ganzen Schöpfung, als neue Beziehung der Menschen untereinander, zwischen Frauen und Männern, Menschen unterschiedlicher sexueller Orientierungen, Kulturen, Religionen. Auch Erich Neumann beschreibt in seinem Buch *Die Große Mutter* die Sophia. Für ihn ist sie eine Kraft der Tiefe, die »erlösend und richtunggebend, gerufen und ungerufen in das menschliche Leben eingreift. Diese weiblich-mütterliche Weisheit ist eine Weisheit liebender Bezogenheit, kein abstrakt ›interesseloses‹ Wissen.«[65]

Mit den Augen der Sophia, die Wissen und Weisheit verbindet, ist zu erkennen, wie sehr die gestörte Weltordnung mit all ihren wirtschaftlichen, ökologischen und politischen Problemen das Leben gefährdet. Eine zeitgemäße Weisheitsspiritualität kann daher nur eine solidarische sein, die die Lebensverhältnisse aller Menschen auf diesem Planeten mit wachem und kritischem Blick zu sehen vermag, die erkennen kann, wie menschenverachtend und grausam z. B. Börsenspekulationen mit den Grundnahrungsmitteln sind, die Hunderttausenden von Kleinbauern existentiell bedrohen und durch die verzweifelte indische Bauern in den Suizid getrieben werden.

Sophia-Spiritualität ist eine lebensfördernde Spiritualität, die um alle Probleme unserer Zeit weiß: Gerechtigkeit in Form von Anerkennung von Gleichheit, gleiche Lebenschancen für alle Menschen, unabhängig von Herkunft, Nationalität, Religion, Hautfarbe und Geschlecht. Sophia-Spiritualität ist eine integrative Kraft, die es zu leben gilt.

Sufismus als Teil der Philosophia perennis, der ewigen Weisheit

In den verschiedenen Religionen gab und gibt es mystische Unterströmungen, die als Philosophia perennis bezeichnet werden können.[66] Die Spuren der Philosophia perennis sind bis in die Jahrtausende vor Christus zurückzuverfolgen, als ein Streben des menschlichen Geistes nach Erkenntnis, als Suche nach einer letzten Wirklichkeit. »Die Weisheit lässt sich von denen finden, die sie suchen« (Spr 6,13), heißt es im Buch der Sprüche im Alten Testament. Vor allem im ersten Jahrhundert vor Christus entstanden die Erkenntnisströme der Philosophia perennis.

Als ein besonderer Weisheitsstrom durch die Geschichte ist auch der Sufismus zu sehen, denn: »Sufismus ist Weisheit«[67] (Hazrat Inayat Khan). Seine Anfänge sind die alten ägyptischen und griechischen Weisheitsschulen, eingeflossen sind auch die Erkenntnisse der hinduistischen Upanishaden, der alttestamentlichen Bücher der Weisheit und der Kabbala.

Philophia perennis, die Weisheit, kann auch als die mystische Tiefe und Essenz aller Religionen gesehen werden.

3. Sufismus – der Weg des Herzens

Was ist Sufismus?

> Der Sufi-Pfad ist wie der
> pfadlose Pfad der Zugvögel,
> er entsteht im Herzen.
> Irina Tweedie

Sufismus ist ein spiritueller Schulungsweg, dessen Aufgabe darin besteht, den Suchenden auf dem spirituellen Pfad Hilfestellung zu geben, das Herz zu öffnen und das Bewusstsein zu weiten. Am Anfang der Suche steht für viele Menschen eine oft nur diffus spürbare, nicht näher benennbare Sehnsucht, die sie auf die spirituelle Reise führt. Es ist eine Suche nach innen, in die Mitte der eigenen Existenz, des eigenen Selbst. Hier finden Erfahrungen statt – oft erst nach Jahren oder Jahrzehnten, manchmal aber auch schon am Anfang des Weges, als eine spontane mystische Erfahrung der Einheit und Aufhebung der Gegensätze. Menschen erfahren die Wirklichkeit hinter der bislang bekannten Wirklichkeit; sie erleben, dass die Grenzen des Alltagsbewusstseins überschritten werden. Diese Formen der Bewusstseinserweiterung werden zunehmend auch wissenschaftlich erforscht, insbesondere im Bereich der Transpersonalen Psychologie.

Sufismus gestern und heute

Am häufigsten findet man die Beschreibung, Sufismus sei die Mystik des Islam. Es ist zwar richtig, dass das Sufitum in islamischen Ländern bzw. der islamischen Kultur eine besondere Blüte erfahren hat und viele Mystiker und Mystikerinnen des Islam Sufis und gleichzeitig Muslime waren. Aber nicht jeder Sufi ist Muslim. Sufis wurden auch im Islam als Häretiker und Häretikerinnen verfolgt und getötet, weil sie vom orthodoxen Weg abwichen. Sufismus ist älter als der Islam, er ist ein geistiger Schulungsweg, dessen Essenz aus den alten Weisheitslehren stammt. Seine Quellen und Ursprünge sind vielfältig, gehen zurück bis auf die ägyptischen Mysterien, die Gnosis, die Erkenntnisse der griechischen Philosophie, ebenso finden sich darin Weisheiten aus den hinduistischen Quellen und der jüdischen Mystik. So betont auch der Sufi-Meister Hazrat Inayat Khan: »Unter Sufismus versteht man eine alte Schule der Weisheit; er hat seinen Ursprung in vielen Kulturen mystischer und philosophischer Art. [...] Aus diesem Grunde ist der Sufismus weit und universal.«[68]

Das breitere Verständnis heißt also: Sufismus als mystischer Pfad ist seinem Wesen nach frei und unabhängig von allen Zuschreibungen und der Zugehörigkeit zu einer bestimmten Religion oder Konfession. Er gehört zur Philosophia perennis, dem evolutionären Strom des erwachenden Geistes der Menschheit, und ist ein Prozess der Entwicklung menschlicher Fähigkeiten der Erkenntnis und des Liebens.

Sufismus ist heute nicht mehr wie in vergangenen Jahrhunderten eine Geheimlehre, sondern ein mystischer Erfahrungsweg, der allen Suchenden zugänglich ist. Sein Anliegen ist, die Hindernisse auf dem Weg des Erwachens der Seele zu beseitigen, das Herz von allem zu befreien, was nicht göttlich ist. Daher heißt es: »Sufismus besteht daraus, das Herz von allem freizumachen, was nicht Er ist. Doch: Gibt es irgendetwas, das nicht auch Er wäre?«

In unserer Zeit ist der Sufi-Weg eine Form von freier und befreiender Spiritualität mit einer überkonfessionellen, universalen Ausrichtung. Es wird davon ausgegangen, dass von allen spirituellen Traditionen Wichtiges zu lernen ist. In einem solchen universal ausgerichteten Sufismus gibt es keine besonderen Initiationen oder Glaubenssätze. Es ist eine offene Weise, sich auf einen inneren Erfahrungsweg und eine spirituell begründete Lebensweise einzulassen, wie sie Zeit, Ort und Lebensumstände erfordern. Das Sufi-Ideal heißt: dem Leben zu dienen an dem Ort, an den das Leben uns jeweils gestellt hat. »Sufismus ist eine Lebensweise«[69], so Bhai

Sahib, der Lehrer von Irina Tweedie, und: »Die Sufi-Methode bedeutet völlige Freiheit.«[70] Es ist eine Haltung, frei und offen mitten im Leben zu sein und sich innerlich der Verbindung und der Präsenz des Göttlichen bewusst zu werden.

In der Geschichte hat es immer wieder Versuche gegeben, Sufismus zu definieren und einzuordnen. Doch auch hier gilt: »Das Tao, das gesagt werden kann, ist nicht das Tao.« Das Wesentliche lässt sich mit Worten nicht erfassen, nicht definitorisch eingrenzen. Sufismus ist ein mystischer Weg der Suche nach der Wahrheit, nach der innersten Erfahrung des Göttlichen als Erfahrung von Liebe in vielen Formen.

Sufismus ist keine Religion, keine Philosophie, ist nicht islamisch, kein philosophisches Denksystem, keine Geheimlehre, keine bestimmte Lebensform. Sufismus ist »Wahrheit ohne Form« (Ibn El-Dschalali). Ich verstehe Sufismus als einen der spirituellen Kraftströme, die den Prozess der Evolution auf diesem Planeten vorantreiben – als ein besonderes Quantenfeld, einen Energiestrom der Liebe, eine schöpferische Kraft. Sie will Menschen dabei helfen, das menschliche Bewusstsein zu tieferer Erkenntnis zu führen und das menschliche Potential an Liebesfähigkeit, an Mitgefühl, an der Fähigkeit, ein liebevollerer Mensch zu werden, zu entfalten.

In der Etymologie des Wortes Sufismus wird vor allem auf drei Bedeutungen verwiesen: auf das arabische Wort *saf* – »rein, weiß«, im Sinne von Freisein von Voreingenommenheit und Konditionierungen; auf *suf* – »Wolle«, weil in bestimmten Richtungen des Sufismus in der Vergangenheit die Derwische, so nannte man die Sufis, wollene Umhänge trugen; auf das griechische Wort *sophia* – »Weisheit«. Hazrat Inayat Khan, ein bedeutender Sufi-Meister, der den Sufismus Anfang des 20. Jahrhunderts in den Westen brachte, meint, Letzteres benenne das eigentliche Ziel: »Sufismus ist Weisheit.«[71] Und er betont: »Weisheit ist Liebe, und Liebe ist wahre Weisheit.«[72] Mir erscheint diese Verbindung zur uralten Sophia-Gestalt der Weisheit und Liebe ebenfalls besonders wichtig, auch wenn die Etymologie nicht ganz stimmig ist.

In der akademischen Literatur zum Sufismus [illegible] Vergleiche und Zuordnungen. Westliche Gelehrte versuchten, den Sufismus einzuordnen als Neoplatonismus, Gnosis, Manichäismus, als Kombination aus Christentum, Buddhismus und zentralasiatischem Schamanismus, sie bezeichneten ihn als von hinduistischen Veden beeinflusst usw. Idries Shah, einer der profundesten Kenner des Sufismus und selbst ein Sufi, kommentiert dies mit dem Sufi-Spruch: »Halte Brot von Mäusen fern – und Sufi-Arbeit von Gelehrten …«[73]

Für Menschen, die sich auf die spirituelle Suche begeben, ist es schwer, von spirituellen oder esoterischen Büchern, von Angeboten an Kursen und Vorträgen nicht überschwemmt zu werden und in ein informationelles Chaos zu geraten. Dies gilt auch für die umfangreiche Literatur, die es über den Sufismus gibt. So ist es nicht leicht zu erkennen, worum es im Sufismus eigentlich geht: um die Liebe und die Entwicklung des menschlichen Bewusstseins. Erst auf dem Weg der Erfahrung – und *dein* Weg entsteht unter *deinen* Füßen – erkennt man, was Sufismus ist.

Sufis heute sind ganz normale, unauffällige Menschen. Sie sind keine geheimnisvollen Derwische in seltsamen Umhängen mit merkwürdigen Hüten auf dem Kopf, die geheimnisvolle Wirbeltänze tanzen, sondern ganz gewöhnliche Menschen, die ein alltägliches Leben leben: die Lehrerin, die ihre Kinder unterrichtet, der Buchhändler, die Postbotin … – Menschen verschiedener Nationalitäten, Berufe und Gesellschaftsschichten. Es hat unter den Sufis immer Menschen verschiedener Herkunft bzw. Konfessionen und Weltanschauungen gegeben. Äußere Formen zählen nicht.

Vom heutigen Verständnis aus kann man sagen, dass der Sufismus räumlich, zeitlich und weltanschaulich frei und ungebunden ist. Sufismus ist weder eine Religion noch ein System noch eine Geheimlehre noch hat er essentiell zu tun mit einer bestimmten Bekleidung, ekstatischen Wirbeltänzen, geheimnisvollen Mantren oder einer besonderen Musik. All dies können zwar Erscheinungsformen des Sufismus sein, die es in der Vergangenheit auch durchaus gab. Und natürlich sind einige Sufi-Gruppen und -Richtungen dem Islam zugeordnet, gibt es die verschiedenen Sufi-Orden, z. B. die Mevlevis und ihre oft tief berührenden sogenannten Derwischtänze. Und so kann man auch sagen: Sufismus ist das mystische Herz des Islam. Letztlich entzieht sich jedoch das Wesentliche allen Zuordnungen. Der Sufismus ist an keine Formen gebunden, er muss immer wieder neue Zweige und Blüten am Baum der Erkenntnis treiben und Ausdrucksformen finden, die der jeweiligen Zeit und Gesellschaft entsprechen.

Sufismus als universale Mystik

Die mystische Essenz des Sufismus ist die Erfahrung des immanenten und transzendenten Göttlichen, in der Einheit alles Seienden. Der Sufismus geht davon aus, dass die verschiedenen spirituellen Wege sich in ihrer Essenz entsprechen. In allen geht es um innere Erfahrungen. Ein Mensch auf dem Sufi-Pfad kann von allen religiösen Traditionen Wichtiges lernen, er wertschätzt die spirituellen Lehrer und Meisterinnen unabhängig davon, ob sie dem Judentum, dem Buddhismus, Islam oder Hinduismus zugeordnet werden, und studiert ihre überlieferten Weisheiten. Rumi, der große persische Sufi-Lehrer, ist ein leuchtendes Vorbild für religiöse Toleranz, Offenheit, Wertschätzung verschiedener religiöser Richtungen; Angehörige aller Religionen waren ihm als Schüler willkommen, Frauen und Männer.

Auf dem Sufi-Weg treffen sich oft Menschen, die nach Wahrheit suchen und sie in den tradierten Formen von Religion nicht finden können. Andere schätzen die Religion, die ihnen vertraut ist und der sie sich auch zugehörig fühlen, finden auch über den Sufi-Weg einen vertieften Zugang dazu. Daher können Sufis christlich oder islamisch sein, sich dem Buddhismus nahe fühlen oder keinen Bezug zu traditionellen Religionen haben. »In unserem System der Freiheit ist es überhaupt nicht wichtig, was einer glaubt«[74], so Bhai Sahib, der Lehrer von Irina Tweedie. Und bei Ibn Arabi, einem bedeutenden Sufi-Lehrer des 13. Jahrhunderts, heißt es:

Mein Herz umfaßt sämtliche Formen:
Das Mönchskloster, den Tempel der Idole,
Die Weide der Gazellen und die Kaaba des Gläubigen,
Die Tafeln der Thora und den Koran.
Die Liebe ist, wozu ich mich bekenne.[75]

Hazrat Inayat Khan versteht Sufismus als einen überkonfessionellen universalen Weg, nicht östlich und nicht westlich. Er war der erste Sufi-Meister, der 1910 als seine Lebensaufgabe begann, die Schätze des Sufismus in den Westen zu bringen, nach Amerika, Frankreich und England. Seine Nachkommen übernahmen die Aufgabe, die Sufi-Botschaft weiterzuverbreiten. Der von Pir Vilayat Inayat Khan gegründete und von seinem Nachfolger Pir Zia Inayat Khan geleitete Internationale Sufi-Orden »strebt an, das Bewußtsein von der Einheit in der Vielfalt zu fördern und die Menschen durch ein tieferes Verständnis des Lebens einander näher zu bringen. Der Universale Sufismus erforscht und betont das Gemeinsame aller Religionen und lehrt eine Religiosität des Herzens, die von gegenseitigem Respekt vor den Glaubensüberzeugungen, den Schriften und Lehren der verschiedenen Religionen geprägt ist.«[76] Der Internationale Sufi-Orden versteht sich als moderne, neue Form des Sufismus, als offene Gemeinschaft.

Sufismus in seiner Essenz hat weder etwas zu tun mit institutionalisierten Systemen noch mit überlieferten Ritualen, wie Idries Shah betont: »Eine Schule des Sufismus entsteht, wie jede andere natürliche Gegebenheit, um zu blühen und zu vergehen, nicht aber um Spuren mechanischer Rituale [...] zu hinterlassen.«[77] Sufismus ist vielmehr ein subtiler Weg innerer Erfahrung, bei dem das Herz sich öffnet und sich ganz auf das Göttliche, auf Der/Die/Das, ausrichtet.

Was ist Sufismus?

- Sufismus ist ein Pfeil der Sehnsucht, der das Herz verwundet.
- Sufismus ist ein Geburtsvorbereitungskurs – es geht darum, schwanger zu werden mit Gott, damit es zur »Gottesgeburt in der Seele« (Meister Eckehart) kommt.

- Sufismus ist eine Art Hefe und Beschleunigung der menschlichen Entwicklung.
- Sufismus ist ein unsichtbarer Pfad – wie die Route der Zugvögel am Himmel.
- Sufismus ist ein Weckruf: »Komm, komm nur, wer immer du auch bist…« (Rumi).
- Sufismus ist eine Form der Selbstrealisation und der Entwicklung des menschlichen Potentials.
- Sufismus ist uralte Weisheit, Herzensweisheit.
- Sufismus ist die wichtigste Liebesgeschichte im Leben.
- Sufismus ist ein Weg des Erwachens.
- Sufismus ist Selbsterkenntnis und Gotteserkenntnis.

Sufi-Literatur und -Dichtung

Die Spiritualität der Sufis ist geprägt von der Sehnsucht und Suche nach Unmittelbarkeit in einer Form der Gottesleidenschaft – und so klingen auch die Verse der großen Sufi-Dichter: Rumi, Halladsch, Attar, Ibn Arabi, Yunus Emre, Kabir. Das Thema der Sufi-Dichtung ist immer wieder die Liebe als mystische Erfahrung. In den Werken der arabischen Literatur, insbesondere in der persischen Poesie, fand dies ihren besonderen Niederschlag.

Die Dichtungen waren Mittel der Unterweisung, insbesondere das Mathnawi Rumis. Sie wurden so hochgeschätzt, dass sie als »Koran in persischer Zunge« galten. Verborgen in einer bunten Vielfalt von volksnahen Erzählungen, Geschichten, Anekdoten, überlieferten Sprüchen beinhalten sie geistige Wahrheiten ebenso wie mystische Geheimnisse.

Weit verbreitet und sehr bekannt sind auch die vielen sehr humorvollen, aber auch sehr tiefgründigen Sufi-Geschichten und Parabeln, die um die Heldentaten des Mulla Nasrudin kreisen, der immer wieder die Begrenztheit menschlichen Denkens ad absurdum führt (siehe Kapitel 9). Auch in manchen Tiergeschichten geht es darum, die Konditionierungen und starren Denkmuster deutlich zu machen:

Eines Tages entdeckte ich, dass ich die Sprache der Bienen sprechen konnte. Ich fragte sie: »Wie sieht Gott aus? Gleicht er euch?« »Gott«, sagten die Bienen, »oh nein! Wir haben einen Stachel, aber Gott, Gott hat zwei Stachel!«

Zwei berühmte große Erzählungen der Weltliteratur sind im Osten und im Westen sehr bekannt: *Die Vogelgespräche* von Attar und *Leila und Madschnun* von Nizami.

Das Motiv der *Vogelgespräche*[78] des Sufi-Meisters Fariduddin Attar, er starb um 1220 in Nishapur, ist die Pilgerreise der Seele zurück zu ihrem göttlichen Ursprung. Die Vogelgespräche sind eine mit vielen kleinen Erzählungen ausgeschmückte poetische Einweihung in den mystischen Pfad. Viele Geschichten tauchen später auch bei Rumi wieder auf.

Die Vögel repräsentieren die Menschen mit all ihren Ängsten, Zweifeln und Bedenken, aber auch der Sehnsucht nach dem Göttlichen. Der Wiedehopf als Lehrer klärt sie darüber auf, dass bei der Suche nach Gott, dem sagenhaften König Simurgh, sieben Täker, innere Seelenzustände, zu durchqueren sind: Suche, Liebe, Erkenntnis, Loslösung, Einheit, Verwirrung, Entwerden. Die dreißig Vögel, *si murgh*, erkennen am Ende, dass sie selbst der Simurgh sind. Das Werk zeigt die tiefen Einblicke und psychologischen Erkenntnisse, zu denen Attar (der Drogist, das war sein Beruf) fähig war.

Leila und Madschnun sind sicher das berühmteste Liebespaar des Orients. Die gleichnamige Erzählung des persischen Dichters Nizami, er lebte im 12. Jahrhundert, gehört zu den großen Werken der Weltliteratur. Sie wurde in den nachfolgenden Jahrhunderten zum Vorbild zahlreicher persischer, türkischer und indischer Dichter.

In dieser Erzählung geht es um die Liebe zwischen den Beduinenjungen Madschnun und dem wunderschönen Mädchen Leila, die sich schon als Kinder ineinander verlieben. Ihre Liebe transzendiert die Grenze zwischen menschlicher und göttlicher Liebe (siehe S. 67–76 in diesem Kapitel).[79]

Die spirituelle Psychologie des Sufismus

So wie viele Elemente aus dem Denken C. G. Jungs heute Allgemeingut geworden sind, finden sich Spuren des Sufismus in der Geschichte, den Weisheitslehren und Künsten zahlreicher Völker und Länder: in der jüdischen Kabbala, in der europäischen Philosophie, den arabischen Gedichten und Geschichten, in mittelalterlichen Bauwerken, z. B. den Fensterrosen der Kathedralen, in den Gesängen der mittelalterlichen Troubadoure, im Hinduismus ebenso wie in der christlichen Mystik. Idries Shah hat in seinem Buch *Die Sufis*[80] diese Verbindungslinien aufgezeigt. Dennoch geht Sufismus über Philosophie, Kunst, Religion und Psychologie hinaus. Über das Verhältnis von Sufismus und westlicher moderner Psychologie sagt Shah, »daß der Sufismus selbst ein wesentlich fortgeschritteneres psychologisches System darstellt, als jedes bis jetzt im Westen entwickelte. Und diese Psychologie ist auch nicht im wesentlichen ›östlich‹, sondern einfach menschlich.«[81]

Formen der Seelenführung in der Geschichte des Sufismus

Was den Sufismus aus psychologischer Sicht so interessant macht, ist sein implizites Wissen um psychische Vorgänge und Prozesse. Die bedeutende Islamwissenschaftlerin Annemarie Schimmel, für die Sufismus die Mystik des Islam und sein kostbarster innerer Schatz ist, verweist auf die »überaus verfeinerte Psychologie, die in verschiedenen Bildern, aber mit der gleichen Absicht, die Entwicklung der menschlichen Seele zu erkunden sucht«[82]. Die spirituelle Psychologie des Sufismus wird auch deutlich in den Schriften von Idries Shah, dessen Verdienst es vor allem ist, Zugänge zur Sufi-Literatur eröffnet zu haben, insbesondere in seinen zahlreichen Büchern mit Sufi-Lehrgeschichten. Dies gilt auch für den Sufi-Meister Hazrat Inayat Khan, der durch den von ihm gegründeten Orden einer universalen Spiritualität den Zugang zur Sufi-Mystik in westlichen Ländern eröffnet hat, in Wertschätzung des Erbes aller vorhandenen Religionen, im Anliegen, Sufismus für moderne Menschen erlebbar zu machen. In den Schriften der Sufi-Meister Hazrat Inayat Khan und seines Sohnes Pir Vilayat Inayat Khan findet sich ein tiefes, fundiertes psychologisches Wissen um die *conditio humana*.

Die Sufi-Psychologie entwickelte sich vor dem Hintergrund verschiedener philosophischer Strömungen, religiöser Bewegungen und Weisheitstraditionen, die den Sufismus beeinflussten: In den ersten Jahrhunderten nach Mohammeds Tod entstanden asketische Bewegungen, auf die die Anfänge des Sufismus zurückgehen. *suf* bedeutet u. a. »Wolle«, nach dem wollenen Umhang, wobei der Begriff »Sufismus« selbst eine westliche Wortprägung ist.[83] Im Osten sprach man von den Derwischen. Im Zuge der Ausbreitung des Islam wurde der Sufismus bekannt mit den Traditionen des christlichen Mönchstum, dem philosophischen Gedankengut Griechenlands, den hochentwickelten Kulturen des Ostens. So floss vieles aus den Strömungen der Philosophia perennis hinein, und es entstand eine mystische innere Verstehensweise des Islam.

Die Sufi-Scheichs entwickelten verschiedene Formen der Seelenführung, die jeweils unterschiedliche Schwerpunkte hatten.[84] Es ging vor allem um die Schulung der *nafs ammāra*, der Triebseele, um die Entwicklung der *nafs lawwāma*, der tadelnden Seele, vergleichbar mit dem Gewissen, und um die Stärkung der *nafs muṭma'inna*, der Seele in Frieden, die sich auf dem Weg zu Gott befindet. Für die Triebseele galt die spirituelle Schulung durch Fasten und Meditation, vor allem durch das stille Gottesgedenken *(dhikr)*, entsprechend dem Koran-Wort: »Wahrlich, durch das Gedenken an Gott werden die Herzen stille« (Sure 13,72).

Gleichzeitig entwickelten sich Geheimlehren vom Aufstieg der Seele, z. B. bei Suhrawardi, der in seiner Lichtmetaphysik das Sein der Seele gleichsetzt mit dem Licht, einem universalen Licht, das bis in die irdische Welt herabstrahlt. Er wurde mit 35 Jahren als Häretiker hingerichtet und von seinen Schülern in den folgenden Jahren als Sufi-Meister der Erleuchtung verehrt.

Das ständige stille Gottesgedenken *(dhikr)* galt als wichtigstes Hilfsmittel, die Seele zu klären und zu reinigen – als Putz- und Poliermittel für das Herz, das so zu einem blanken Spiegel werden und das Bild des Göttlichen widerspiegeln sollte. Fremd ist das ständige stille Gottesgedenken auch westlichen Menschen nicht, es ist verwandt mit Formen des christlichen Herzensgebets.

Im Laufe der Jahrhunderte entstanden verschiedene Zweige und Richtungen des Sufismus, Sufi-Orden, die unterschiedliche Hilfsmittel benutzten: Musik, Mantren, Tanz, das laute gemeinsame Gottesgedenken. Es gibt eine große Bandbreite an Erscheinungsweisen des Sufismus: Asketentum, gottestrunkene Liebeslyrik und Dichung, Musik mit besonderer Wirkung, die sogenannten Derwischtänze der Mevlevis – in Indien, Persien, in westlichen wie in östlichen Ländern. Was die verschiedenen Sufi-Wege im Kern gemeinsam haben, ist, den Menschen in einem langen Reifungs- und Entwicklungsprozess – vergleichbar dem Individuationskonzept der Analytischen Psychologie C. G. Jungs (siehe Kapitel 4, S. 79–81) – zu sehen, auf einem Wanderweg, im ständigen Bemühen um tiefere Selbsterkenntnis und Erfahrung des Göttlichen, auf einem Weg der Verwandlung und Transformation hin zu einem liebenden Herzen, das alles zu umfassen vermag und das Göttliche widerspiegelt. Es ist ein Weg von der Erforschung des eigenen Inneren, von Klärung und Reinigung, hin zur Gewissheit des Göttlichen im eigenen Herzen und zu Erfahrungen des Erwachens, der All-Einheit, in der Sprache der Sufis: der Vereinigung mit dem Göttlichen Geliebten.

Psychologie als Hilfsmittel auf dem heutigen Sufi-Weg

Aus Sicht des Sufismus gehört psychologische Arbeit zum spirituellen Weg dazu und umfasst Prozesse der Klärung, Selbsterkenntnis, Entwicklung und Reifung. Der Sufi-Weg geht in seiner Tiefenwirkung und seinen mystischen Dimensionen jedoch über die Psychologie hinaus: Der Transformationsprozess, den der Schüler durchläuft, der sich auf den Sufi-Pfad einlässt, reicht in den Bereich der Transzendenz hinein – in die Liebe. Sehr schön beschrieben hat dies Erich Fromm. Er spricht vom »Wissen, daß wir das Geheimnis des Menschen und das des Universums niemals intellektuell begreifen werden, daß wir es aber trotzdem im Akt der Liebe erfassen können. Die Psychologie als Wissenschaft hat ihre Grenzen. Und wie die Mystik die logische Konsequenz der Theologie ist, so ist die letzte Konsequenz der Psychologie die Liebe.«[85]

Der Analytischen Psychologie und dem Sufismus ist gemeinsam das Bemühen um Selbsterkenntnis, Entwicklung und Ganzwerdung. Das Ziel der Analytischen Psychologie ist, dass ein Mensch seine seelische Ganzheit sucht und dabei die bewussten und unbewussten Bereiche seiner Seele in Dialog bringt und integrieren kann. Auch der Sufi-Weg führt auf der Suche nach dem Licht des göttlichen Bewusstseins durch das Labyrinth des Unbewussten. In der Analytischen Psychologie geht es um einen lebenslangen Selbstwerdungsprozess des Menschen, die Individuation, einen Prozess des »Werde, der/die du bist« (siehe Kapitel 4, S. 79–81). Bei Abu Said findet sich ein Satz, der an das Individuationskonzept erinnert: »Ein Sufi zu sein bedeutet, [...] nicht zu versuchen, dem eigenen Schicksal zu entgehen.«[86] Nicht dem eigenen Los, dem eigenen Schicksal zu entgehen, sondern zu werden, der oder die ich bin – das ist im Sinne der Individuation auch das Ziel der Analytischen Psychologie.

Die Offenheit für spirituelle Fragen, die Suche nach Lebenssinn und der Bezug zur Transzendenz gehören zur Individuation dazu. Zugespitzt kann man jedoch sagen: Das Ziel der Analytischen Psychologie ist Selbstrealisation, das Ziel des Sufismus dagegen ist Gottesrealisation. Aus spiritueller Sicht geht es darum, das Göttliche in der Form des eigenen Lebens zu verwirklichen. Dann geschieht, was Pir Vilayat Inayat Khan so beschreibt: »Gott kommt in uns und durch uns und als uns zu sich«[87]

Spirituelle Schulung auf dem Sufi-Weg

Bewusstseinsentwicklung, Reifung und Transformation

Sufismus ist keine Lehre, sondern ein spiritueller Entwicklungsweg, der auf den alten Weisheitstraditionen beruht und das geistige Wachsen und Reifen von Menschen intendiert. Er ist Teil jener evolutionären Kräfte, die darauf abzielen, das menschliche Bewusstsein zu größerer und tieferer Erkenntnis zu führen. Sein Ziel ist, das spirituelle Potential, das jeder Mensch in sich hat und das über das Mentale hinausweist, zur Entfaltung zu bringen und das Erwachen der Menschheit zu einem Bewusstsein vom Göttlichen in allen Dingen zu fördern. Auf dem Entwicklungsweg als einem Erkenntnisweg gilt es, die »Schleier der Unwissenheit« aufzuheben und die Manifestationen des Göttlichen auf den verschiedenen Seinsebenen zu erkennen. Als Schlüsselsatz auf dem Weg der Erkenntnis wird dabei ein außerkoranisches Gotteswort gesehen: »Ich war ein verborgener Schatz und wollte erkannt werden; deshalb schuf Ich die Welt.«[88] Sufis sind Menschen, die ganz bewusst auf einer inneren Reise unterwegs sind, und das moderne Wort für diese Reise heißt: Evolution. Viele Jahrhunderte, bevor in den westlichen Wissenschaften die Evolutionstheorie auftauchte, formulierte Rumi:

Gott schläft im Stein,
er atmet in der Pflanze,
er träumt im Tier,
und er erwacht im Menschen.[89]

Die innere Reise beginnt mit der Arbeit am Bewusstsein. Es gibt zahllose Sufi-Geschichten, die immer wieder auf die Absurdität und die Begrenztheit unserer kognitiven Konzepte, unserer Gottesbilder, unserer Bewusstseinskonstruktionen hinweisen:

»Wie absurd«, sagte die Eintagsfliege, als sie zum ersten Mal das Wort »Woche« hörte.

Der Sufi-Weg will Menschen helfen, sich selbst und das Leben besser zu verstehen, das Herz in seinen Qualitäten der Liebesfähigkeit, des Mitgefühls und der Verantwortung für das Leben zu entwickeln und hinter der Vielfalt der Erscheinungen das immanente und transzendente Göttliche zu erkennen, vor allem im eigenen Herzen.

Sufismus will Menschen wach machen, aufwecken aus der Unbewusstheit zur Bezogenheit auf das Göttliche und den Sinn des Lebens. Nicht Jenseits, Himmel und Ewigkeit sind seine Orientierungen, sondern: Hier und Jetzt, Zeitlosigkeit, Einheit. Seine Kraft liegt darin, den Reifungsprozess von Menschen zu fördern, sie freier und liebesfähiger werden zu lassen. Die Zielvorstellung ist nicht, Freiheit von der Welt zu erlangen, sondern in der Welt innere Freiheit zu leben – im ganz gewöhnlichen Alltag.

Der spirituelle Schulungsweg des Sufismus, auf dem Menschen sich entwickeln und das in ihnen verborgene Potential zur Entfaltung bringen können, wurde in der Vergangenheit auch als die »Alchemie des Herzens« bezeichnet. In der Alchemie hat man versucht, Blei in Gold zu verwandeln. Symbolisch betrachtet geht es in der Alchemie des Herzens darum, in einem inneren Transformationsprozess das Herz zu reinigen und dabei Erkenntnis und Liebe zu erlangen: das »goldene Herz«.

Zu den wesentlichen Zielen des Sufismus gehört auch, die innere Führung wahrzunehmen. Für Bhai Sahib, den Lehrer von Irina Tweedie, ist dies der Kern der Sufi-Schulung:

»Das Ziel [...] ist es, ein geführtes Leben zu führen, geführt von dem in uns, was ewig ist. Fähig zu werden, diese Führung wahrzunehmen, ist der ganze Zweck der spirituellen Schulung.«[90]

Durch Achtsamkeit und Aufmerksamkeit kann eine Schülerin lernen, in ihrem Leben selbst die Hinweise für richtiges Verhalten und für das, was eine Situation erfordert, zu erkennen.

Die Wirkkräfte des Sufismus werden in einigen Texten auch mit Hefe verglichen: Sie treiben an und beschleunigen.[91] Ein anderes, traditionelles Bild für die Wirkung einer Sufi-Schulung ist, Menschen aus einem rohen, halbgaren in einen gargekochten Zustand zu bringen. Intendiert ist, das einzelne persönliche Sein auf das umfassendere Sein auszurichten, von der äußeren Wirklichkeit zur »Wirklichkeit hinter der Wirklichkeit« durchzudringen.

Viele Geschichten und Übungen sind Hilfsmittel zur Bewusstseinsentwicklung. Aber die wirkliche Veränderung, der wirkliche Durchbruch geschieht nur durch Liebe: wenn das Herz zur Liebe erwacht. Dann können Meditationen wie Starkstromerfahrungen sein. Deshalb hat Irina Tweedie immer wieder betont, wie wichtig es für Menschen auf dem spirituellen Weg ist, im Alltag ein ganz gewöhnliches Leben zu leben, alltagsnah und nüchtern zu bleiben für alle Erfordernisse der Welt und mit beiden Füßen fest auf der Erde zu stehen. Von Sufis wird erwartet, dass sie nützliche, verantwortungsbewusste Mitglieder der menschlichen Gesellschaft sind, mitten in der Welt, aber im Wissen, nicht *von* dieser Welt zu sein, im tiefen Innern der Liebe hingegeben, im Außen tätig und engagiert für alles, was das Leben erfordert.

Sufi-Schulung

Wie wird man ein Sufi? So wie man ein guter Musiker oder eine gute Musikerin wird. Die Musik allein zu lieben reicht nicht, ebenso wenig, alle berühmten Musiker und ihre Hauptwerke oder die Geschichte der Musik zu kennen. All das macht aus einem Menschen nur eine gute Musiktheoretikerin oder einen guten Musikwissenschaftler. Alle Instrumente und Tonleitern zu kennen, befähigt aber noch nicht zum Spiel. Um ein guter Musiker zu werden, braucht man Schulung und ständige Übung, und auch dies nützt alles nichts, wenn keine entsprechende Begabung vorhanden ist. Auch auf dem Sufi-Weg bedarf es einer gewisser Schulung und einer Begabung für die Wendung nach innen, eines echten Interesses an der inneren Welt.

Ein Teil der Sufi-Schulung besteht darin, die Wirkungen des Ego sowohl im äußeren Leben als auch im Gefühlsbereich besser zu erkennen und damit umgehen zu lernen: Es gilt, Vorurteile, feste Gewohnheiten, eigene Intoleranz und andere Schattenaspekte im Sinne der Selbsterkenntnis wahrzunehmen und zu verstehen. Diesen Teil der Sufi-Schulung bezeichnet Hazrat Inayat Khan als eine Hilfe zum besseren Alltagsleben und als Voraussetzung für spirituelle Erkenntnisse.

Auf dem Sufi-Weg wird man ermutigt, das Loslassen zu üben.

Dies gilt auch für feste Meinungen und Urteile, Erfahrungen aus der Vergangenheit, Ängste und Sorgen, die sich auf die Zukunft richten. Es geht darum, ohne Erwartungen in der Gegenwart zu leben, im Hier und Jetzt. Daher heißt es auch im Sufismus: »Der Sufi ist ein Kind des Augenblicks.«[92]

Sufismus als mystischer Erfahrungsweg

Sufismus ist für denjenigen, der sich auf ihn einlässt, ein je eigener Entwicklungsweg. Entsprechend heißt die Aufforderung von Rumi: »Gib dich nicht zufrieden mit Geschichten, die andere erlebt haben. Geh deinen eigenen Weg.« Es geht darum, ein Mensch des 21. Jahrhunderts zu sein und nicht die Kopie eines Sufis früherer Jahrhunderte, nicht darum, ein »Sufi« zu werden, sondern ein »menschlicher Mensch«, dessen Herz erwacht ist und Liebe ausstrahlt.

Das Ziel des Sufismus ist die Ausrichtung der Seele auf die Liebe. Auf diesem mystischen Erfahrungsweg können verschiedene Hilfsmittel benutzt werden. Das wichtigste ist die Meditation. In der stillen Meditation öffnet sich das Herz, kann es den Ruf der Liebe hören und darauf antworten (siehe Kapitel 5). Ebenso wichtig für heutige Menschen ist das Beachten der eigenen Innenwelt, insbesondere der Träume als spirituelle Wegweiser (siehe Kapitel 8). Darüber hinaus kann die Beschäftigung mit Geschichten und Symbolen hilfreich sein (siehe Kapitel 9), Lehrgespräche, Achtsamkeitsübungen, die Teilnahme an einer spirituellen Gruppe (siehe Kapitel 10) und auch immer wieder das Innehalten und Muße, Zeiten der Stille und des Schweigens (siehe Kapitel 5).

Sich entspannen zu können, innerlich loszulassen, überhaupt aufnahmefähig zu sein, sind Grundbedingungen, um innere Erfahrungen machen zu können. Wenn man gänzlich ausgefüllt ist mit allem, was das Alltagsleben ausmacht, wenn alle innere Aufmerksamkeit schon bis zum Rand der Auffassungskapazität erschöpft ist – wo soll da Raum sein? So muss das Innere erst einmal leerer werden für Erfahrungen.

Welche Erfahrungen können Menschen auf dem Sufi-Weg machen?

- Beziehungen verändern sich.
- Interessen oder berufliche Orientierungen können sich verändern.
- Man beginnt, sich selbst klarer, unvoreingenommener, kritischer zu sehen.
- Man bemüht sich mehr, geduldiger, freundlicher mit den Kindern oder liebevoller mit dem Partner, der Partnerin zu sein.
- Man wird mit den eigenen Schattenseiten konfrontiert und muss sie ins Selbstbild integrieren.
- Man hat ein größeres Bedürfnis nach Stille und Ruhe.
- Man beginnt, eine große Sehnsucht zu spüren, und kann oft nicht sagen, wonach.
- Man spürt zuweilen ein ganz zartes, inniges, kaum mit Worten zu benennendes Gewahrsein, das beglückt.
- Momente von Glückseligkeit *(moments of bliss)*.
- Es geschehen unerwartete Dinge, eigenartige Synchronizitäten.
- Man kann tiefer sehen, auf das, was durchscheint durch das, was ist.

Aber vor allem gilt: Es gibt so viele spirituelle Erfahrungen und Wege zum Göttlichen, wie es Menschen gibt, heißt es im Sufismus.

Bei heutigen Sufi-Gruppen ist es ein wichtiges Unterscheidungsmerkmal, ob es sich um von historischen Traditionen geprägte und damit in gewisser Weise auch um verkrustete Nachahmungen handelt oder ob es lebendige Ausdrucksformen sind, die der heutigen Zeit und der Bewusstseinsebene heutiger Menschen entsprechen und angemessen sind. Hierzu eine Geschichte aus einer hinduistischen Linie des Sufismus:

Im Ashram gab es eine Katze, die bei der Abendmeditation herumstreunte und die Meditierenden störte. So ordnete der Guru an, dass die Katze für die Zeit der Abendmeditation angebunden werden sollte. Nach dem Tod des Guru wurde natürlich alles so fortgesetzt, wie es zu seinen Lebzeiten war. Als die Katze starb, wurde eine neue Katze angeschafft, und auch diese wurde abends angebunden. Ein Jahrzehnt später gab es gelehrte theologische Abhandlungen der Jünger über die liturgische Bedeutung des Anbindens einer Katze für den Abendgottesdienst.

Auf der Höhe der Zeit zu sein, bedeutet für heutige Sufi-Gruppen auch, mit den Schulungsmitteln unserer Zeit zu arbeiten. In unserer Zeit geschieht Sufi-Schulung vor allen Dingen mit psychologischen Mitteln. Besonders hilfreich ist hier die Analytische Psychologie C. G. Jungs mit ihrem zentralen Anliegen der Förderung der Individuation, der Selbstverwirklichung, und ihrer Offenheit für spirituelle Erfahrungen.

Auch auf dem Sufi-Weg geht es darum, der Mensch zu werden, der oder die ich bin und sein könnte, ein menschlicher Mensch. So erzählt eine Geschichte aus dem hinduistischen Bereich:

Ein Schüler fragte einen Meister: »Wie erreiche ich das Höchste und Absolute?« Der Meister antwortete ihm: »Mach's wie Gott. Werde Mensch.«

Übung: In der Schule des Lebens

»Das Leben ist der größte Guru«, sagt Irina Tweedie. Alle Erfahrungen können Botschaften und Hinweise sein. Vielleicht magst du an dieser Stelle einfach einmal innehalten und schauen, welche Hinweise und sogenannten Zufälle es in deinem Leben gibt bzw. gegeben hat.

1. Was hat dich in den vergangenen Wochen und Monaten ganz besonders berührt und bewegt? Was waren deine inneren Themen?
2. Gab es vielleicht ein Zeichen, etwas Merkwürdiges, einen Hinweis, den du nicht beachtet hast und erst im Nachhinein darüber nachdenkst?
3. Was waren Erfahrungen, für die du dankbar bist?
4. In welchen Situationen warst du besonders liebevoll?
5. Was war dein wichtigstes Wort in der letzten Zeit?
6. Welche geistige Nahrung (z. B. Lektüre) hast du dir gegönnt?

7. Gab es eine Naturerfahrung, die dich aus dem Alltag herausgehoben und dich besonders angerührt hat?
8. Gab es etwas Schönes, das dein Entzücken wachgerufen, dich tief begeistert hat?
9. Was macht dich gegenwärtig glücklich?
10. Was macht dich gegenwärtig traurig?

Einheit mit dem Freund

Ich blickte in mein eignes Herz,
da sah ich Ihn,
an keinem andern Ort war Er.[93]
RUMI

Der Freund, die Göttliche Geliebte ist das im Sufismus immer wieder verwendete Bild für das Göttliche. Es ist ein Symbol, ein archetypisches anthropomorphes Gottesbild, dessen Entstehung aus einer geschichtlichen Perspektive heraus zu sehen ist. Auch als hilfreiches Bild ist es aber nur eine Vor-stellung vom Göttlichen (d. h. etwas, was *davor* steht), die immer noch eine Dualität beinhaltet. In der tiefen mystischen Erfahrung sind Liebe, Liebende/-r und Geliebte/-r eins.

Das Gottesbild des Freundes, der Göttlichen Geliebten kann nur paradox beschrieben werden, wie Ya'kub ibn Yusuf, ein zeitgenössischer jüdischer Sufi, dies versucht:

»Die Geliebte der Sufis ist das letztgültige Bild Gottes, des Geliebten, es ist die Zerbrecherin aller Bilder im Schrein des Herzens. Sie ist die Form, die über die Form hinausführt, das Hindernis vor dem Weg und der Weg.«[94]

Wie kommt man zur Erfahrung der Einheit? »Der Geliebte *ist* einfach. Um der Göttlichen Geliebten zu begegnen«, so Stephen und Ondrea Levine, »brauchen wir uns nur sanft von allem zu lösen, was nicht liebt, was bewertet […].«[95] Und das Leben hilft uns dabei – wie ein Bildhauer. Eine Sufi-Geschichte erzählt:

Ein Bildhauer wird gefragt: »Wie schaffst du das nur, aus einem Steinblock einen so wunderbaren Löwen herauszumodellieren?« Und die Antwort ist: »Ganz einfach: Ich schlag' alles weg, was nicht wie Löwe aussieht.«

So ähnlich macht es das Leben auch oft mit uns: Es schlägt weg, was nicht zu unserem Wesen gehört. Auf dem spirituellen Weg löst sich manches auf, was wir nicht wirklich sind, bis wir die menschlichen Menschen sind, in denen das Licht der Liebe aufleuchten kann.

Und natürlich ist das Erfahrungsfeld der Liebe das alltägliche Leben. Bei aller Betonung der Innerlichkeit und der Beziehung zum Göttlichen – eine lebendige Spiritualität entfaltet Liebe auch in allen Spielarten von Erotik und Sexualität, in menschlichen Beziehungen, und sie akzeptiert das ganze Leben als etwas, was ständig reiche Gelegenheit bietet, ein liebevoller Mensch zu sein: »Die Welt besteht aus lauter Gelegenheiten zur Liebe« (Søren Kierkegaard).

Das Herz des Herzens

Der oder die Göttliche Geliebte ist »weder eine Person noch ein Ort« oder Zustand, es ist »die Erfahrung tiefer und tiefster Ebenen des Seins«[96], so Stephen und Ondrea Levine, die Erfahrung der Bedingungslosigkeit der Liebe. Für Mystikerinnen und Mystiker ist das Herz der Ort der Erfahrung des Göttlichen, des Absoluten, und es ist nicht wichtig, ob wir es Allah nennen oder das Nichts oder Christus oder die All-Einheit. Für Sufis ist es der ortlose Ort der Erfahrung der Einheit von Liebe, Liebendem und Geliebtem, das Herz des Herzens. Mystikerinnen und Mystiker haben sich immer wieder bemüht, diese Erfahrung zu vermitteln, die so schwer in Worte zu fassen ist. Irina Tweedie beschreibt sie mit ganz schlichten Worten so:

»Unsere Beziehung zu Gott ist etwas völlig anderes, als wir gewöhnlich glauben. Wir denken, daß die Beziehung von Gott und Mensch eine Dualität ist. Aber das verhält sich nicht so. Ich habe herausgefunden, daß unsere Beziehung zu Gott etwas ganz anderes ist. Es ist ein Aufgehen ohne Worte, ohne Gedanken sogar, in ›etwas‹. Etwas so Ungeheures, so Endloses, ein Aufgehen in der Grenzenlosen Liebe, wobei der physische Körper und alles andere darin verschwinden … Das ist unser Erleben von Gott, und es kann nicht anders sein.«[97]

Die Einheit mit dem Göttlichen ist die eigentliche Erfahrung, um die es auf dem Sufi-Weg geht, und sie ist weder von außen erkennbar und noch vermittelbar. Der Freund, die Göttliche Geliebte ist ein Geheimnis, von dem Rumi sagt:

Des Freunds Geheimnis möge niemand lichten –
Du horche auf den Inhalt der Geschichten!
In Sagen, Märchen aus vergangnen Tagen
Läßt sich des Freunds Geheimnis besser sagen![98]

In der wunderbaren Liebesgeschichte von Leila und Madschnun ist »des Freunds Geheimnis«, dass auch die menschliche Liebe ins Götliche führt, gut verborgen. Falls du sie noch nicht kennst: Hier ist eine sehr gekürzte, nacherzählte Fassung, die Lust machen soll, die ganze mystische Geschichte bei Nizami nachzulesen.

Die Geschichte von Leila und Madschnun

Die Geschichte von Leila und Madschnun ist eine ganz einzigartige Liebesgeschichte. Legenden über die beiden Liebenden sind im Orient schon seit dem 7. Jahrhundert nachgewiesen. Wahrscheinlich hat es tatsächlich ein Paar gegeben, in dessen Herzen das Feuer der Liebe so hell und lichterloh gebrannt hat, dass es durch so viele Jahrhunderte durch die Geschichten und Erzählungen um Leila und Qeis hindurchleuchtete, Qeis, dessen späterer Name Madschnun – der Verrückte – wurde.

Über Leila und Madschnun gibt es zahllose Geschichten, Lieder, Gedichte, Märchen. Sie wurden im gesamten islamischen Orient erzählt, vom Kaukasus bis zum Indischen Ozean. Der persische Dichter Nizami, der im 12. Jahrhundert lebte, hat diese Geschichten, die damals schon 500 Jahre alt waren, aufgegriffen und daraus ein einzigartiges Epos von etwa 4000 Doppelversen geformt. Dieser orientalische Schatz ist erst in unserem Jahrhundert in europäische Sprachen übersetzt worden. Die deutsche Übersetzung verdanken wir Rudolf Gelpke, dem früh verstorbenen Orientalisten und Ethnologen.

Wir können davon ausgehen, dass Nizami diese unerfüllte, die unerreichbare Liebe gut gekannt haben muss, auch in seinem Herzen muss sie gebrannt haben, sonst hätte er dieses mystische Meisterwerk nicht schaffen können. Er muss die Absolutheit der Liebe gekannt haben, für die es in der menschlichen Welt keine Erfüllung gibt, oder besser: die sich unerfüllt erfüllt. Diese mystische Liebe ist nur verstehbar für diejenigen, die zur »Religion der Liebenden« gehören. »Die Religion der Liebenden ist von den Religionen verschieden«, sagt Rumi, der etwa 50 Jahre nach Nizami lebte.

Was ist der Kern der Geschichte? Der wunderschöne Beduinensohn Qeis, der einzige Sohn eines mächtigen Stammesfürsten, trifft in der Koranschule das Mädchen Leila, die einem anderen vornehmen Stamm angehört. Die beiden fühlen sich unwiderstehlich zueinander hingezogen. Beide, so wird es beschrieben, sind von außerordentlicher Schönheit und Liebreiz. Er war »wie das Lachen eines Granatapfels«, und »auf den Tulpenwangen [...] sproßte der Veilchenschimmer des ersten Bartflaums«[99]. Und Leila, gazellenäugig, schlank wie eine Zypresse, »war anzuschauen wie ein arabischer Mond«[100], ein Gesicht voller Süße. In beiden erwacht die Liebe gleichzeitig. Sie sind verliebt, hingerissen, einer vom anderen.

Was hätten sie tun können dagegen? Ein Schenke war gekommen, und er hat bis zum Rande ihre Becher gefüllt. So haben sie denn getrunken, was eingeschenkt war. Sie sind Kinder gewesen, und sie haben den Trunk nicht gekannt. Was Wunder: er hatte sie berauscht [...].[101]

Die wachsende Liebe zwischen den beiden bleibt den neidischen und missgünstigen Blicken nicht verborgen, überall auf dem Bazar wird geklatscht, geschwätzt, sich über die beiden jungen hingerissenen Liebenden die Mäuler zerrissen.

Qeis, der von Leilas Schönheit völlig berauscht ist, kann nicht anders, als überall von Leila zu sprechen, ihre Schönheit zu preisen. Qeis, dessen Seele ein Spiegel ist für die Schönheit von Leila – wie hätte er schweigen können über das, was er dort schaute? Wie den Blick abwenden? Wohl mühte er sich ab, es zu tun. Aber er war verwirrt, sein Herz verlor das Gleichgewicht. Wie ein Schlafwandler am helllichten Tag lief er umher, nur noch den Namen Leila auf den Lippen.

Den Leuten von Leilas Stamm ging es bald zu weit. Die Ehre des Mädchens, die Ehre ihrer ganzen Sippe war betroffen, wenn dieser Tollkopf Qeis, dieser Verrückte, immerzu von ihr sprach. Und so sorgten Leilas Eltern dafür, dass Leila in den Zelten verschwand und streng überwacht wurde. Die beiden Liebenden wurden getrennt. Leila vergoss im Geheimen Tränen der Sehnsucht, aber Qeis wurde immer ruheloser, immer verrückter vor Schmerz und Sehnsucht.

Ruhelos trieb ihn sein liebeskrankes Herz umher, Tränen liefen über sein Gesicht, und Verse kamen von seinen Lippen. Immerfort schrie sein Herz nach Leila. Wo er auftauchte, rief man hinter ihm her: »Sieh, der Verrückte, Madschnun, kommt!« So war aus Qeis Madschnun geworden, ein Wahnsinniger, aber auch ein Dichter.

Er war die Harfe seiner Liebe und Qual, umhergetrieben zu den Zeltplätzen von Leilas Stamm im Bergland von Nadschd. Und nur dem Wind konnte er von Ferne seine Liebesbotschaft für Leila anvertrauen.

»O Ostwind, mache dich auf in der Frühe und streichle die Locken von Leila und sag ihr ins Ohr: Einer, der für dich alles aufgegeben hat, liegt im

Staub auf dem Wege zu dir. Er sucht deinen Atem im Wehen der Lüfte und erzählt der Erde seinen Gram um dich. Schicke auch du ihm einen Windhauch zurück, zum Zeichen, daß du seiner gedenkst!«[102]

Der Zorn von Leilas Leuten über Madschnun wurde immer größer, immer besorgter wurden auch Madschnuns Angehörige, die sich ebenfalls sehr für ihn schämten. Schande und Schmach brachte dieser Verrückte auch über sie. Sie ermahnten ihn, redeten auf ihn ein, aber: Was hatte das schließlich genützt? Kann man eine solche Feuersbrunst mit Ratschlägen löschen? Und welcher der Ratgeber hatte ein Leid wie dieses jemals an der eigenen Seele erfahren? Die Eltern von Qeis waren verzweifelt über das Unglück ihres Sohnes.

Die Stammesältesten beratschlagten; der einzig mögliche Ausweg schien ihnen, bei Leilas Stamm um Leila zu werben. Sie tun es, aber die Werbung wird abgelehnt, obwohl Qeis' Vater all sein Ansehen und all seine Schätze als Brautgabe anbietet.

Madschnuns Leid wird immer größer, sein Verhalten wird immer verrückter, er verlässt seine Eltern und seine Angehörigen, rennt ohne Richtung und Ziel umher, wo er auftaucht, umringen ihn Zuschauer, entsetzt über sein Benehmen.

Madschnun wurde zum Gespött, aber: Sobald er begann, seine Gedichte zu rezitieren, von seiner Liebe zu Leila zu singen, erreichten seine Verse die Herzen der Menschen. Dann verstanden sie etwas von der Glut und dem Feuer seiner Sehnsucht, dann wandelte sich die Stimmung und viele begannen, Mitleid mit diesem unglücklichen Liebenden zu haben, der durch sein Leid zu einem Dichter geworden war. Die Schönheit seiner Verse machte ihn zu dem Dichter, dem man hingerissen lauschte, dessen Verse man mitschrieb und überall sang. Immer weiter verbreitete sich die Kunde seines Schicksals und überall wurde die Besonderheit seine Gedichte anerkannt. Mochte er selbst Madschnun, verrückt vor Liebe, sein – seine Gedichte waren es nicht.

Dem verzweifelten Vater fällt als Rettung für seinen Sohn nur noch eine Wallfahrt nach Mekka ein, und so bricht er mit einer Karawane auf, den liebeskranken und geschwächten Sohn bringt er in einer Sänfte nach Mekka und mahnt ihn dort, Gnade und Rettung von Allah, dem Allmächtigen, zu erflehen.

Aber Madschnun kann nur sprechen:

»Sie sagen zu mir: ›Trenne dich von der Liebe, weil dies der Pfad zur Genesung ist…‹ Aber ich bekomme Kraft nur durch die Liebe; und stirbt die Liebe, so sterbe ich auch. Meine Natur ist der Zögling der Liebe! Mein Schicksal sei nichts außer Liebe! Und wehe dem Herzen, das leer ist davon… Darum bitte ich dich, o Herr, und flehe dich an, bei der Göttlichkeit deiner Gottnatur und bei der Vollkommenheit deines Königstumes: laß du meine Liebe noch immerfort wachsen, lass sie dauern, auch wenn ich selber vergehe! Gib mir zu trinken von diesem Quell, und laß niemals mein Auge dieses Licht verlieren! […] Man sagt mir: ›Lösche in deinem Herzen dieses Verlangen nach Leila…‹ Ich aber bitte dich, Herr: laß wachsen meine Sehnsucht nach Leila, von Augenblick zu Augenblick! […] und wenn ich auch in Qual um sie wie die Kerze verbrenne, so soll doch kein einziger meiner Tage jemals ohne diese Qual sein! Laß mich lieben, o Gott, lieben allein um der Liebe willen, und mache diese Liebe noch hundertmal größer, als sie schon war und jetzt ist!…«[103]

Was geschah mit Leila? Inzwischen hatte sich Leilas Schönheit immer weiter entfaltet. Wie eine geöffnete Rosenblüte war sie nun, und die Menschen sprachen von der Zauberkraft ihrer Schönheit, mit der sie Fürsten und Könige hätte erobern können. Ihr Herz aber war voller Kummer und Schmerz, nur ausgerichtet auf Madschnun. Nach ihm nur sehnte sie sich hinter geschlossenen Zeltwänden. Dem Bergwind nur konnte sie ihre Sehnsucht anvertrauen, den Wolken trug sie Botschaften auf von ihrer Treue und ihrer Sehnsucht für den fernen Geliebten. Und immer wieder erreichten sie Madschnuns Verse, wenn Menschen sie sangen und summten, das, was sie auf den Basaren gehört hatten und sich zu eigen gemacht hatten.

Madschnun aber kann es bei den Menschen nicht mehr aushalten. Er haust nun wie ein Eremit in der Felswüste. Dort trifft ihn eines Tages der Beduinenfürst Noufal, der so gerührt vom Schicksal der beiden getrennten Liebenden ist, dass er beschließt, Madschnun zu helfen und Leilas Stamm mit Gewalt zu zwingen, die beiden Liebenden zueinander zu lassen. Er führt Krieg gegen Leilas Stamm, aber der Sieg mit dem Schwert bringt keinen Erfolg. Leilas Vater schafft es, Noufal dazu zu bringen, im Namen der Ehre zu verzichten und ihn zu überzeugen, dass er Leila nicht an Madschnun geben kann, der den Namen seiner Tochter in aller Munde gebracht habe. Eher, so schwört er, werde er seiner Tochter selbst den Kopf abschlagen und ihren Körper den Hunden zum Fraß hinwerfen, sonst sei sein Name und der des Stammes für immer mit Schande bedeckt. Der tief enttäuschte Madschnun verliert auch diese Hoffnung, fristet sein Dasein in der Wüste, und die wilden Tiere werden nun seine Gefährten, werden zahm und zutraulich.

Viele werben um Leila, die durch Madschnuns Lieder von ihrer Schönheit gehört haben. Ihr Vater verheiratet sie schließlich mit dem edlen Ebn Salam vom Stamme Asad, der schon lange um Leila geworben hatte. Mit Geduld und Güte hofft er, Leilas Liebe zu gewinnen, schließlich versucht er es mit Gewalt. Aber Leila verweigert sich ihm, auch wenn sie nach dem Gesetz seine Frau ist. Sie weist ihn ab im Namen der Liebe, selbst wenn er sie töten werde. Und Ebn Salam, der sie liebt, bittet sie um Verzeihung und gibt sich zufrieden damit, dass er sie nur anblicken darf. Niemals wird er ihr Gatte. Für Leila gibt es nur den fernen Geliebten und die Hoffnung, dass Sand und Staub aus der Wüste ihr einen Hauch von ihm bringen.

Madschnuns Klage um Leila steigert sich noch, als er von ihrer Verheiratung hört, auch wenn man ihm sagt, dass Leila ihm weiter die Treue hält.

Manchmal trieb es ihn zu den Lagerfeuern und Zeltplätzen der Menschen, wo Leilas und Madschnuns Liebe durch die Verse und Gesänge, die überall kursieren, weiterhin in aller Munde ist. So war Madschnun eines Tages wieder einmal bei den Lagerstätten und fand dort ein Blatt Papier, auf das ein Unbekannter in Ehrfurcht und Bewunderung vor so viel Treue die Namen der beiden, nichts sonst, geschrieben hatte, und die Namen standen nahe beieinander, auf dem Papier vereint. Als Madschnun dies sah, riss er das Blatt entzwei, zerknüllte den Teil, auf dem Leila stand, und warf ihn fort. Die Leute, die das sahen, waren völlig verwirrt. Warum nur zerriss er Leilas Namen und ließ seinen stehen? Auf dem Papier waren doch beide Namen vereint. Was sollte dies? Und er erklärte ihnen, dass für sie beide nur ein Name genüge und besser sei als zwei Namen. Aber, so der Einwand, warum denn nicht Leilas Namen. Madschnun erklärte:

»Weil man die Schale sieht und nicht den Kern«, gab Madschnun zur Antwort, »versteht ihr das nicht? Der Name ist die Hülle, und diese Hülle bin ich. *Ich* bin der Schleier, und das Antlitz darunter ist *sie* ...«[104]

Und Leila? Eines Tages trifft ein Fremder sie beim Brunnen und fragt die leise Weinende nach ihrem Namen. Sie erklärt ihm, dass sie früher Leila gewesen sei, nun aber sei sie Madschnun, verrückt vor Liebesqual. Ihr Schicksal als Gefangene, die stumm leide an ihrer Herzensqual, sei schlimmer noch als das des Geliebten; er sei doch wenigstens frei, könne seine Klage frei herausschreien, könne gehen, wohin er will, klagen, weinen und dichten, was immer sein Herz bedrücke.

Der Fremde ist bereit, Madschnun in der Wüste zu suchen und ihm eine Botschaft von ihr zu bringen: Sie versichere ihm darin ihre Treue, wisse auch um die seine. Und so erfährt Madschnun vom Boten, dass sie weiterhin, wenn auch getrennt von ihm, seine Gefährtin sei und ihr Herz in Treue nur ihm gehöre.

Und Madschnun antwortet ihr:

»O meine Jasminbrüstige! An der Liebe zu Dir schwindet mein Leben dahin, und meine Lippen sind verdorrt, meine Augen voll Tränen. Du ahnst nicht, wie sehr ich ›Madschnun‹ bin. Ich habe mich selber verloren Deinetwegen.
Aber den Weg, den ich gehe, kann nur gehen, wer sich selber vergißt. Der Gläubige der Liebe muß seine Religion mit Herzblut bezahlen; und

tut er das nicht, so ist seine Liebe kein Gerstenkorn wert. So führst Du mich denn und enthüllst mir das Gesicht der Liebe, selbst wenn mir vielleicht Dein eigenes Antlitz für immer verborgen bleibt.
Die Liebe zu Dir sei der Wächter meines Geheimnisses! Das Weh, das sie mir zufügt, sei meiner Seele Liebkosung! Was liegt schon daran, daß es für meine Wunde keine Salbe gibt? Solange *Du* nur heil bist, ist alles Leid ein Nichts …«[105]

Einmal noch, vor ihrem Tod, besucht Madschnuns Mutter ihren Sohn und fleht ihn an, seinem Herzen endlich Frieden zu geben, in die Gemeinschaft der Menschen nach Hause zurückzukehren, aber er kann nur seine Mutter für all ihren Kummer um Verzeihung bitten und doch auf seinem Weg bleiben.

Madschnuns Heimat ist die Liebe, sonst ist er nirgends zu Hause. Auf den Karawanenwegen der Wüste wanderten Madschnuns Verse in die Straßen und Bazare der großen Städte. Überall hörten die Menschen vom Schicksal Madschnuns und Leilas, und so mancher Wohlmeinende und Mitfühlende hätte den Liebenden gerne geholfen. So erhielt Madschnun eines Tages Besuch von einem jungen Mann aus Bagdad, einem Freund der Dichtkunst, der glaubte, ihn durch Zureden von seinem Geschick abbringen zu können mit dem Rat, den Kummer in seinem Herzen nicht immerzu zu nähren, auch der Himmel ändere sich dauernd, erklärte er ihm. Aber Madschnun entgegnet ihm:

»Die Liebe ist die Essenz meines Seins. Die Liebe ist das Feuer, und ich bin wie das Holz, das die Flamme verzehrt. Die Liebe ist eingezogen und hat das Haus geschmückt, und das Ich hat sein Bündel geschnürt und ist ausgezogen. Obwohl du mich zu sehen meinst, bin ich doch nicht mehr: was ist, ist die Geliebte …
Und diese Liebe in all ihrem Weh, so glaubst du, werde versiegen? Sie wird es nicht, es sei denn, es schwänden am Himmel die Sterne dahin!«[106]

Ein einziges Mal noch sehen die Liebenden einander von weitem heimlich im Garten einer Oase. Leila hat über einen Boten Madschnun gebeten zu kommen. Zehn Schritte Abstand halten sie ein, eine noch größere Nähe würde sie verbrennen. Und Leila ist nun das Ohr für Madschnuns Verse.

»Meine Seele bist du, und ich bin die deine;
zwei Seelen sind wir, und sind doch nur eine;
zwei Rätsel, und eine Lösung für beide [...].
Kein Weg führt vom Körper des einen zum andern;
es kann nur die Seele zur Seele wandern ...
Das Herz ist ewig, weil es dich liebt;
der Tod ist dort, wo es dich nicht gibt.
Solang du in mir bist, bleibe ich heil,
denn du bist vom ewigen Leben mein Teil ...«[107]

Leila hält es nicht mehr lange in diesem Leben. Aber vor ihrem Tod muss sie noch einmal ihr Herz erleichtern, von ihrer Liebe sprechen. Das Geheimnis ihrer Liebe enthüllt sie ihrer Mutter.

Sie bittet ihre Mutter, sie wie eine Braut zu schmücken, als Augenschmuck solle sie die Erde und den Staub von den Wegen, die Madschnun gegangen sei, nehmen. Ganz gewiss werde Madschnun zu ihrem Grab kommen, und dann solle sie ihm sagen, dass sie bis zum Ende des Lebens ihm treu geblieben sei. Die Wegzehrung für ihre Jenseitsreise sei sein Leid, und auch dort erwarte sie ihn und halte Ausschau nach ihm. Und seinen Namen rufend verließ Leila diese Erde.

Und es geschah, wie Leila vorausgesagt hatte. Madschnun eilte zum Grab der Geliebten, und die wilden Tiere, die seine Gefährten geworden waren, bildeten einen Schutzkreis um ihn, damit niemand ihn mehr störte am Grab seiner Geliebten. Mit tausend Küssen bedeckte er die Erde, unter der die Freundin lag. Und endlich verließ auch seine Seele mit den Worten »Du Liebe ...« den Körper.

Es weinten alle, so erzählt Nizami am Schluss, ob sie zur Sippe von Madschnun oder zu der von Leila gehörten, und man begrub Madschnun an Leilas Seite.

Die Geschichte endet mit den Zeilen:

Sie hatten sich Treue gelobt in *dieser* Welt;
sie schlafen in *jener* zusammen im gleichen Zelt.[108]

4. Analytische Psychologie und Spiritualität

Der Sufi-Weg, um den es in diesem Buch geht, verbindet das reiche Erbe des Sufismus mit den Einsichten und Methoden der Analytischen Psychologie C. G. Jungs. Sowohl im Sufismus als auch in der Analytischen Psychologie geht es um Bewusstseinsentwicklung, also darum, dass der Mensch aus einem Zustand von Unbewusstheit zu größerer Bewusstheit gelangt. Beide verstehen den Lebensweg des Menschen als einen Wandlungsprozess.

Das Menschenbild der Analytischen Psychologie

Werde,
der/die du bist.

Die Analytische Psychologie kann als eine Spirituelle Psychologie verstanden werden. C. G. Jung selbst ist ein wichtiger Vorläufer und Wegbereiter der Transpersonalen Psychologie. Seine Erforschung der Tiefendimensionen der Psyche, seine Konzepte des Selbst und der Individuation umfassen bereits transpersonale Dimensionen, die erst heute richtig eingeschätzt werden können.

Nach Jungs Verständnis ist die Psyche keine individuelle Insel, sondern sie ist eingebettet in ein Kollektives Unbewusstes, dessen Inhalte und Strukturen, von ihm Archetypen genannt, die gesamte geistige Welt, die Kulturen der Völker aller Zeiten und die individuelle Psyche gleichermaßen beeinflussen. Innen und Außen, Bewusst und Unbewusst sind letztlich Scheingrenzen, die im Ganzheitsverständnis des unbegrenzten Selbst, einem zentralen Konzept der Analytischen Psychologie, das auch spirituelle Dimensionen umfasst, aufgehoben sind.

Grundkonzepte der Analytischen Psychologie

Die Analytische Psychologie C. G. Jungs ist eine eigene therapeutische Richtung mit einem spezifischen Verständnis seelischer Störungen und eigenen psychotherapeutischen Behandlungsmethoden. Das Gesamtwerk Jungs vermittelt ein differenziertes Verständnis des menschlichen Lebens als Ganzes.

Manche Begriffe aus der Analytischen Psychologie sind längst Allgemeingut geworden, z. B. der Begriff Komplex, wenn wir etwa sagen, dass ein Mensch unter Minderwertigkeitskomplexen oder einem Autoritätskomplex leidet. Auch die Bezeichnungen für die Hauptrichtungen der seelischen Energie eines Menschen sind in den allgemeinen Sprachgebrauch integriert. Was Extraversion, die stärker nach außen gerichtete seelische Energie, bzw. Introversion, die nach innen gerichtete seelische Energie, bedeutet, ist allgemein bekannt.

Das Menschenbild der Analytischen Psychologie geht vom Ich als Zentrum des Bewusstseins aus. Daneben gibt es das persönliche Unbewusste als einen weiteren Bereich der Psyche. Hier sind Bedürfnisse, Wünsche, Triebe und Abwehrmechanismen eines Menschen gespeichert, also alle psychischen Inhalte und Vorgänge, die dem Ich nicht verfügbar sind, d. h. Vergessenes, Verdrängtes, unterschwellig Gefühltes und Gedachtes sowie die Komplexe. Das persönliche Unbewusste ist ein gemeinsames Konzept der Freud'schen Psychoanalyse und der Jung'schen Analytischen Psychologie. C. G. Jung hat aber darüber hinaus weitere Bereiche der Psyche erforscht und entdeckt, die er das Kollektive Unbewusste nannte.

Das Kollektive Unbewusste umfasst alles im Unbewussten, was nicht in der persönlichen Erfahrung und Lebensgeschichte eines Menschen entstanden ist, sondern einen ererbten Erfahrungsschatz aus der Evolution, der Entwicklung der Menschheit darstellt. Ein Neugeborenes kommt mit solchen psychischen Strukturen auf die Welt. Das Kollektive Unbewusste ist also als das phylogenetische Erbe der Menschheitsgeschichte zu verstehen.

Die Strukturelemente und Grundmuster des Kollektiven Unbewussten sind die Archetypen und ihre geistigen Inhalte. Es sind zugleich Seelenkräfte, die auf die Selbstverwirklichung und Persönlichkeitsreifung eines Menschen ausgerichtet sind. Sie werden in Bildern und Symbolen an das Bewusstsein vermittelt. Jung versteht die Archetypen als »hilfreiche Kräfte, die in der tieferen Natur des Menschen schlummern, erwachen und eingreifen«[109]. Sie sind überall in der Kulturentwicklung der Menschheit wirksam und zeigen sich in vielen Bereichen: In Mythologie, Kunst, Religion, Ritualen, Weltliteratur und Märchen haben sie in Bildern und Symbolen ihren vielfältigen Ausdruck gefunden, z. B. in den Urbildern der Großen Mutter, im Bild des Helden, des Heilers, der weisen Alten, in Gottesbildern, in Anima und Animus, den Archetypen des Weiblichen und Männlichen, sowie in den Grundmustern menschlichen Zusammenlebens als Paar, in Familien und Gruppen.

Werde, der/die du bist – das Konzept der Individuation

Das menschliche Leben wird von C. G. Jung unter der Zielrichtung der Reifung, Sinnfindung und Ganzwerdung gesehen. Diesen Prozess nannte er Individuation. Sie ist das Herzstück der Analytischen Psychologie. Es geht darum, diesen Wachstums- und Reifungsprozess des Menschen zu unterstützen – als einen Prozess, der auf den entwicklungsfördernden Kräften der Archetypen basiert. Das Ziel der Individuation lässt sich auf die Formel bringen: »Werde, der/die du bist«, in einem lebenslangen Prozess der Entfaltung der Persönlichkeit und der Selbsterkenntnis. »Selbsterkenntnis«, so hat Jung es einmal formuliert, »ist ein Abenteuer, das in unerwartete Weiten und Tiefen führt«[110], d. h. auch in transpersonale Erfahrungsdimensionen. Es ist eine Reise in die eigenen Innenwelten, die Jung als Pionier und Erforscher des Kollektiven Unbewussten erkundet hat.

Individuation meint, den Entfaltungskräften im Menschen Raum und Lebensrecht zu geben, trotz aller Beschränkungen durch lebensgeschichtliche Einflüsse vonseiten der Gesellschaft, Kultur, der geschlechtsspezifischen Sozialisation und anderer Faktoren. Als

Prozess der Selbstverwirklichung und fortschreitenden Entfaltung der Persönlichkeit geschieht Individuation in der Auseinandersetzung zwischen Ich und Selbst, Bewusstem und Unbewusstem. In der Individuation geht es darum, eine Übereinstimmung mit sich selbst anzustreben, so dass Innenwelt und äußere Lebensbedingungen zu etwas Einheitlichem werden, ohne die Brüche, Versagungen und das Fragmentarische des Lebens zu leugnen. Zur Entfaltung der Persönlichkeit auf dem Weg der Individuation gehört vor allem auch die Verwirklichung derjenigen Lebenspotentiale, die durch lebensgeschichtliche Bedingungen bis jetzt gehemmt wurden, z. B. durch frühe Traumatisierungen, die die seelische Ganzheit beeinträchtigten und zum Entstehen seelischer Störungen und neurotischer Fehlentwicklungen führten.

Individuation ist ein schöpferischer, archetypisch bestimmter menschlicher Reifungsprozess, und entsprechend der Einzigartigkeit eines jeden Menschen ist auch dieser Prozess für jeden Menschen einzigartig. Es gibt darin jedoch typische wichtige Themen und Phasen: Es geht u. a. um die Bewusstmachung verdrängter und bewusstseinsfähiger Teile des Unbewussten; um die Erforschung der eigenen Komplexe; um die Auseinandersetzung und die Ablösung der Identifikation mit der sogenannten Persona, d. h. der Maske, die wir in unserem sozialen Rollenspiel nach außen hin zeigen; es geht um die Hinterfragung der bisherigen einseitigen Lebensorientierung Introversion oder Extraversion; um die Konfrontation mit dem eigenen Schatten, d. h. mit all den problematischen Anteilen der Person, die man bei sich selbst nicht wahrnehmen und sehen möchte und leicht auf andere projiziert, die aber auf dem Weg der Selbsterkenntnis deutlich ins Bewusstsein steigen. Schatten meint aber auch die im Schatten gehaltenen Lebensmöglichkeiten, d. h. alle positiven Aspekte, die bislang noch nicht ins Leben kommen durften und daher verschattete Lebensmöglichkeiten sind. Auf dem Weg der Individuation geht es um die Auseinandersetzung mit den verschiedenen Wahrnehmungsfunktionen Denken, Fühlen, Empfinden, Intuieren; um die Erfahrungen mit dem eigenen Geschlecht und dem Gegengeschlecht auf Grundlage der

Archetypen Anima und Animus; um die Beziehung zwischen dem Ich und dem Selbst, dem transzendenten Zentrum der Persönlichkeit (siehe den Abschnitt »Das Selbst als spirituelles Konzept«, S. 82).

Im Prozess der Individuation lernen Menschen, sich über die Beschäftigung mit ihren Träumen, Phantasien, Konflikten und Alltagserfahrungen bewusst mit ihrer Innenwelt auseinanderzusetzen. Durch diesen Dialog zwischen Bewusstem und Unbewusstem erschließen sich bisher unbekannte Bereiche der Psyche, können Lebensmöglichkeiten erweitert werden. Es kann im Prozess der Individuation, wenn er therapeutisch begleitet wird, zu inneren und äußeren Veränderungen kommen: Veränderungen in den Beziehungen, in Arbeit und Beruf, in der Einstellung zu sich selbst, im Selbstbild, die Interessen und Bedürfnisse können sich ändern, d. h. Individuation bedeutet immer auch das Transzendieren von Grenzen der inneren und äußeren Selbst- und Welterfahrung.

Natürlich geschieht Individuation nicht nur im Rahmen einer Therapie, sondern ist vielmehr auch etwas Natürliches und Naturwüchsiges, das jedoch bei einer therapeutischen Wegbegleitung besonders gefördert wird.

Selbsterkenntnis, Sinnfindung und Ganzwerdung

Der Individuationsprozess ist bestimmt von Selbsterkenntnis, Sinnfindung und der Suche nach Ganzheit. Ganzheit umfasst auch die widersprüchlichen Aspekte eines Menschen: seine Persona, die nach außen gewandte Seite der Persönlichkeit, seine Schattenanteile, seine Paradoxien. Die Analytische Psychologie fördert die Selbsterkenntnis und Erweiterung des Bewusstseins u. a. durch die Arbeit mit Imaginationen, Träumen, Bildern und Gestaltungen aus dem Unbewussten, in Verbindung mit biographischer Analyse.

Besondere Bedeutung hat in der Analytischen Psychologie auch das Finalitätskonzept, also die Erweiterung einer reduktiv-kausalen Betrachtungsweise um die prospektive Ausrichtung auf Sinn- und Zielfragen. So betont Jung: »Ein Mensch ist nur halb verstanden, wenn man weiß, woraus alles bei ihm entstanden ist. Wenn es nur daran läge, so könnte er ebenso gut schon längst gestorben sein. Als Lebender ist er aber nicht begriffen; denn das Leben hat nicht nur ein Gestern, und es ist nicht erklärt, wenn das Heute auf das Gestern reduziert wird. Das Leben hat auch ein Morgen, und das Heute ist nur dann verstanden, wenn wir zu unserer Kenntnis dessen, was gestern war, noch die Ansätze des Morgen hinzufügen können. Dies gilt von allen psychologischen Lebensäußerungen, selbst von den krankhaften Symptomen.«[111]

Die Analytische Psychologie als eine Spirituelle Psychologie

In religiösen Dingen
kann man bekanntlich nichts verstehen,
was man nicht innerlich erfahren hat.
C. G. Jung[112]

Das Selbst als spirituelles Konzept

Auf dem Weg der Individuation geht es darum, wie Ich und Selbst in Austausch treten, vor allem, wie Impulse, die vom Selbst ausgehen, lebenswirksam werden können.

Der Selbstbegriff der Analytischen Psychologie ist auch ein spirituelles Konzept und unterscheidet sich sehr vom Selbstbegriff anderer psychologischer Richtungen: Das Selbst kann verstanden werden als die Einheit, Ganzheit und Vollständigkeit der Persönlichkeit. Es umfasst somit das Bewusstsein und die Bereiche des persönlichen und kollektiven Unbewussten, das allen Menschen gemeinsam ist.

Das Selbst bestimmt und strukturiert alle seelischen Entwicklungsprozesse und kann letztlich als das nicht begreifbare und nicht begrifflich fassbare Transzendente im Menschen angesehen werden. Im Prozess der Individuation, vor allem in der zweiten Lebenshälfte, geht es um die Zentrierung auf das Selbst als geheimnisvolle eigene Mitte der Person, um eine Schwerpunktverschiebung auf der Ich-Selbst-Achse.

Spiritualität in der Analytischen Psychologie[113]

Im Menschenbild der Analytischen Psychologie werden die religiösen Bedürfnisse als Grundbedürfnisse verstanden, der Mensch ist ein Homo religiosus mit einem Verlangen nach Transzendenz. »Im religiösen Erlebnis«, so Jung – den Begriff Spiritualität gab es wie schon gesagt zu seiner Zeit noch nicht –, »begegnet der Mensch einem seelisch übermächtigen Anderen.«[114] Das religiöse Bedürfnis wird zugleich bestimmt als Sehnsucht nach Sinn und Selbstverwirklichung, es ist eine Lebenskraft, und »es will sozusagen ins sichtbare Leben übertreten, konkrete Gestalt gewinnen«[115].

Jung hat sich, wie sein Gesamtwerk zeigt, sein Leben lang mit spirituellen, transkulturellen und transpersonalen Fragen beschäftigt. Sein Interesse galt dem Bereich spiritueller Erfahrungen jenseits von Konfessionen, Kirchen und religiösen Traditionen. So bekennt er: »Das Hauptinteresse meiner Arbeit liegt nicht in der Behandlung von Neurosen, sondern in der Annäherung an das Numinose.«[116] Und er wehrt sich gegen den Vorwurf, er konstruiere eine Psychologie, die ungerechtfertigterweise die Seele mit religiösen Themen und Dimensionen in Zusammenhang bringe: »Nicht ich habe der Seele eine religiöse Funktion angedichtet, sondern ich habe Tatsachen vorgelegt, welche beweisen, daß die Seele ›naturaliter religiosa‹ ist.«[117] Und er betont: »Zum Verständnis der religiösen Dinge gibt es heute wohl nur den psychologischen Zugang.«[118]

Jungs Beiträge zur Religionspsychologie sind alle auf der Basis seiner These zu sehen: die psychische Notwendigkeit der »religio«, der »Rückbindung« an etwas Größeres, Ganzes. Immer wieder bemüht er sich darum, die psychologische Fragestellung von der theologischen abzugrenzen. Er verweigert sich zwar der Frage nach der Existenz eines transzendenten Gottes, nähert sich dem Thema jedoch immer wieder an. Er betont, dass er als Psychologe nichts über Gott selbst, sondern nur etwas über Gottesbilder und Symbole sagen könne, nicht mehr. Doch gerade diese können spirituelle Erfahrung vermitteln, da sie bewusstseinstranszendente Inhalte haben.

Aussagen über das Göttliche sind für Jung Beschreibungen der spirituellen Erfahrungsmöglichkeiten der menschlichen Psyche; sie sind keine theologischen, sondern psychologische Aussagen. Ihm geht es darum, eine Psychologie religiöser Erfahrungen aufzuzeigen, mit denen sich die Psychologie bisher noch nicht näher befasst hatte: »Religionen stehen nach meiner Ansicht mit allem, was sie sind und aussagen, der menschlichen Seele so nahe, daß am allerwenigsten die Psychologie sie übersehen darf.«[119] Es geht Jung um ein Verständnis der Psyche als Erfahrungsraum des Numinosen, um neue Sichtweisen auf religiöse Phänomene und Erfahrungen, die in der Religionspsychologie bis dahin nicht vorkamen, für ihn aber von großer Bedeutung sind. So sagt er: »Wenn wir die psychologische Struktur des religiösen, das heißt ganzmachenden, heilenden, rettenden, alles umfassenden Erlebnisses zu definieren versuchen, so scheint die einfachste Formel [...] die folgende zu sein: Im religiösen Erlebnis begegnet der Mensch einem seelisch übermächtigen Anderen.«[120]

Die Erweiterung des Bewusstseins ist für Jung die menschliche Bestimmung: »Darum ist wohl das irdische Leben von so großer Bedeutung und das, was ein Mensch beim Sterben hinüberbringt, so wichtig, nur hier, im irdischen Leben, wo die Gegensätze zusammenstoßen, kann das allgemeine Bewusstsein erhöht werden. Das scheint die metaphysische Aufgabe des Menschen zu sein.«[121] Die menschliche Bewusstseinsentwicklung hat für Jung eine kosmische Bedeutung, weil in ihr das Universum sich selbst erkennt; der Mensch ist dazu da, »daß der Schöpfer seiner Schöpfung und der Mensch seiner selbst bewußt werde«[122]. Hier nähert sich Jung den Aussagen der Mystik.

Die Seele selbst ist für Jung »naturaliter religiosa«[123] und das Bedürfnis, sich einem größeren Ganzen zugehörig zu fühlen und Sinn im Leben zu finden, eine *conditio humana,* Grundbedingung menschlicher Existenz. So schreibt er in seinen *Erinnerungen*: »Die entscheidende Frage für den Menschen ist: Bis du auf Unendliches bezogen oder nicht? Das ist das Kriterium seines Lebens. Nur wenn ich weiß, daß das Grenzenlose das Wesentliche ist, verlege ich mein Interesse nicht auf Futilitäten und auf Dinge, die nicht von entscheidender Bedeutung sind. [...] Wenn man versteht und fühlt, daß man schon in diesem Leben an das Grenzenlose angeschlossen ist, ändern sich Wünsche und Einstellung. Letzten Endes gilt man nur wegen des Wesentlichen, und wenn man das nicht hat, ist das Leben vertan.«[124]

Psychotherapie und Spiritualität

»Vocatus adque non vocatus deus aderit (Gerufen oder nicht gerufen, Gott wird da sein)«, ließ Jung über die Türschwelle seines Hauses in Küsnacht meißeln. Gerufen oder nicht gerufen – auch in der Analyse und der Therapie tauchen religiöse Themen, Gottesbilder und Sinnfragen auf. Die therapeutische Arbeit berührt daher den Bereich der Transzendenz und verlangt von beiden, Therapeutin und Patientin, sich auf religiöse und spirituelle Fragen einzulassen. Die religiöse Thematik – dies war immer C. G. Jungs Auffassung – ist dem Prozess einer Analyse und einem therapeutisch begleiteten Individuationsprozess inhärent.

Wenn es in der Therapie um Heilung, Wieder-heil-Werden des ganzen Menschen geht, so muss der Erfahrungsraum der Therapie offen sein für das Numinose, für Sinnsuche und alle spirituellen und religiösen Fragen, die zum Menschsein untrennbar dazugehören. Ich stimme der Kollegin Ursula Wirtz von ganzem Herzen zu, wenn sie schreibt: »Psychologische Theorien und analytisches Handwerkszeug reichen nicht aus, um einen Menschen in diesen Heilungs- und Wandlungsprozess hineinzubegleiten. Ohne die Liebe, ohne den wirklichen Dialog, der mehr ist als empathisches Verstehen, kann die Seele nicht heil werden.«[125]

Viele heutige Psychotherapeutinnen und Psychotherapeuten sind sich darüber einig, dass der religiös-spirituelle Teil der Biographie eines Patienten, einer Patientin miteinzubeziehen ist. Ebenso ist vielen die eigene gelebte spirituelle Praxis ein wichtiges Übungsfeld für Zuwendungsfähigkeit, Mitgefühl, für therapeutischen Eros.[126] Um Verständnis für die spirituellen Fragen und Probleme eines Patienten, einer Patienetin haben zu können, ist es für Menschen in therapeutischen Berufen hilfreich, eigene Erfahrungen auf einem spirituellen Weg zu machen.

5. Stille, Schweigen und Meditation

Auf dem spirituellen Weg braucht es immer wieder Zeiten des Rückzugs und der Stille. Die Stille ist notwendig, um uns zu sammeln, wieder in unser Zentrum zu kommen, um aus der Geschäftigkeit herauszufinden und aus der Zerstreuung des Alltags wieder unsere Ganzheit zu suchen.

Stille als Bedürfnis der Seele

Schaffe Schweigen.
SØREN KIERKEGAARD[127]

Das Stillwerden beginnt mit einfachen Fragen:

- Was tue ich gerade?
- Wo bin ich?
- Wie nehme ich mich selbst wahr?
- Was kann ich jetzt loslassen?
- Wie spüre ich meinen Körper, meinen Atem?
- Bin ich angekommen im Hier und Jetzt oder noch ganz woanders?

Wenn wir uns konzentrieren, in unser inneres Zentrum kommen, ruhig und still werden wollen, machen wir immer wieder die Erfahrung, dass unser unruhiger Geist nicht mitspielt: Erinnerungen, Phantasien lenken uns ab, wir springen auf der Zeitachse weg vom gegenwärtigen Augenblick hin zu zukünftigen oder vergangenen Momenten. Schon in der jahrtausendealten Bhagavad Gita ist die Klage zu finden: »Rastlos ist der Geist, unbezähmbar wie der Wind.«

Nicht nur die Menschen, die die Diagnose einer ADHS (Aufmerksamkeitsdefizit-Hyperaktivitäts-Störung) erhalten haben, leiden an dieser inneren Unruhe. Wir alle leben unter den Bedingungen ständiger Reizüberflutung, werden zugeschüttet mit »News«, falschen und echten, können das Viele oft kaum bewältigen. Umso wichtiger sind Orte und Zeiten der Stille, der Ent-Spannung, auch des Schweigens für den ständig plappernden Geist in uns.

Um in die Stille zu gelangen, sind ganz einfache Dinge hilfreich: Zulassen, dass der Körper sich entspannt, dem Atem erlauben, tief und ruhig zu werden und durch alle drei Atemräume, den oberen, den mittleren und den unteren, zu fließen. Gedanken und Vorstellungen, die kommen, nicht festhalten, nicht daran anhaften, wie spannend und wichtig ihr Inhalt auch erscheinen mag, sondern sie vorüberziehen lassen, wie Wolken am Sommerhimmel. Das Stillwerden auf der physischen, gedanklichen und emotionalen Ebene kann im Bild des Wassers gut verdeutlicht werden: Die Oberfläche des Wassers muss sich beruhigen; nicht das fließende, sondern das still stehende Wasser spiegelt die Welt bzw. erlaubt den Blick in die Tiefe. Und dann kann das Herz beginnen zu horchen. Im Herzen, ob wir es spüren oder nicht, sind wir mit dem Urquell, dem Göttlichen, mit DER/DIE/DAS verbunden.

Der Philosoph Søren Kierkegaard hat einen dringlichen Appell formuliert, der Unruhe, dem Lärm und der Geschäftigkeit entgegenzuwirken:

Schaffe Schweigen!

»Wenn ich Arzt wäre, und mich jemand fragte: ›Was, glaubst du, soll getan werden?‹ – dann würde ich antworten: ›Das erste, die unbedingte Bedingung dafür, daß etwas getan werden kann, das erste also, was getan werden muß: Schaffe Schweigen, führe Schweigsamkeit ein; Gottes Wort kann nicht gehört werden, und will man es durch lärmende Mittel hinausschreien, damit es durch das Getöse hindurch gehört wird, so wird es nicht Gottes Wort. [...] Und der Mensch, dieser kluge Kopf, ist gleichsam schlaflos geworden, um neue, immer neue Mittel zu erfinden, den Lärm zu vermehren, um möglichst schnell im größten Maßstab das Getöse und das Nichtssagende auszubreiten. Was wird schneller ausposaunt und was wird weiter verbreitet als Klatsch! O schaffe Schweigen!‹«[128]

Wie aktuell ist dieser mehr als 150 Jahre alte Text! Nimm ihn für dich zum Anlass, über dein Verhältnis zu Stille nachzudenken.

Übung: Fragen zu Ruhe – Stille – Schweigen

1. Wie oft gönnst du dir bewusst eine stille Zeit?
2. Ist es für dich manchmal schwierig, Stille zu ertragen?
3. Wie erlebst du den Übergang vom Alltag in die Stille?
4. Gibt es etwas, vor dem du dich in der Stille fürchtest?
5. Um was sorgst du dich, wenn du in die Stille eintauchst?
6. Woran denkst du besonders oft, wenn du still bist?
7. Wovon redest du viel?
8. Wie hören sich deine eigenen Atemgeräusche an?
9. Wie fühlt sich Ruhe an: in deinen Händen, Füßen, im Bauchraum, Brustraum, im Kopf, in den Ohren?
10. Wie erlebst du:
    - die Stille eines Steins,
    - die Stille einer Kerze,
    - die Stille einer schlafenden Katze?
11. Wie unterscheiden sich für dich Abendstille, Morgenstille und Mittagsstille?
12. Welche besonderen Erfahrungen von Stille hat es in deinem Leben gegeben?
13. Hast du dir heute schon etwas Stille gegönnt? Wann war es das letzte Mal?
14. Was kann dir helfen, aus Unruhe und Stress herauszukommen und still zu werden?
15. Was sind für dich Geschenke der Stille?
    - Lächle eine Weile still vor dich hin.
    - Kannst du die Stille jetzt genießen?

Wir alle brauchen von Zeit zu Zeit Schweigen und Stille, um die innere Stimme in uns hören zu können. Manchmal meldet sie sich fast instinktiv als ein großes Bedürfnis nach Ruhe, innerem Frieden, danach, sich selbst wieder in Ordnung zu bringen und innerlich wieder anders auszurichten. Darauf einzugehen, ist trotzdem manchmal nicht leicht, wenn alle Aktivitäten zu einem ständig antreibenden inneren Motor geworden sind. Thomas Merton, ein wichtiger Meditationslehrer und Mystiker unserer Zeit, ermutigt uns, es trotz aller Schwierigkeiten immer wieder zu versuchen, und beschreibt dazu die positiven Wirkungen des Schweigens: »Das Schweigen gibt uns nicht nur die Möglichkeit, uns selbst besser zu verstehen und unser eigenes Leben wirklichkeitsgetreuer und ausgeglichener im Zusammenhang mit dem Leben anderer zu sehen: auch macht uns das Schweigen ganz, wenn wir es wirken lassen. Das Schweigen hilft uns, die zerbrochenen und verstreuten Energiesplitter unseres Wesens zusammenzufügen. Es hilft uns, uns auf ein Ziel hin auszurichten, das tatsächlich nicht nur den tiefsten Bedürfnissen unseres eigenen Wesens entspricht, sondern auch Gottes Absichten mit uns.«[129]

Die Seele hungert, wenn Menschen ihre tiefsten, ihre spirituellen Bedürfnisse nicht leben können. Schweigen und Stille sind Seelennahrung.

Gefüllte Stille

Negativ gesehen, bedeutet äußere Stille die Abwesenheit von Geräuschen, von Lärm, von Worten. Und es gibt eine positive Bedeutung von Stille: die Stille, die gefüllt ist, in der etwas in Erscheinung tritt und sich uns mitteilt. Der Zustand in einem schalldicht isolierten Experimentierraum ist keine Stille im positiven Sinne des Wortes, es ist nur eine Art negative Stille als Abwesenheit und Ausschaltung von Geräuschen. Die Stille des Waldes, die Stille am Meer sind ganz anders, auch wenn sie nicht lautlos sind. Es ist eine gefüllte Stille, eine Stille, die uns innerlich belebt und reich macht, wenn wir durch einen stillen Wald gehen, dem Gesang des Windes in den Baumkronen lauschen, die Stimmen der Vögel unterscheiden und spüren, dass der Wald Geheimnisse birgt: das verborgene Leben von Tieren und Pflanzen.

Wir alle kennen wohl die Erfahrung, was die Stille des Waldes mit uns macht, wenn wir uns schweigend und horchend und erlebend auf sie einlassen: Vorher haben wir uns vielleicht ungut, wirr und chaotisch gefühlt; nach einem Waldspaziergang fühlen wir uns anders: Etwas hat uns wohlgetan, war heilsam, hat uns aus der Zerstreuung herausgeholfen, wir fühlen uns wieder etwas geordneter, konzentrierter, wir sind uns wieder selbst nähergekommen, mehr bei uns selbst.

Sich einlassen auf den inneren Raum der Stille und des Schweigens

Wer sich auf Stille und Schweigen einlässt – in der Meditation, auf einem Retreat –, wird merken, dass in der Stille etwas mit ihm geschieht, dass etwas an ihm arbeitet. Sich wirklich in die Stille zu begeben heißt, sich von der Stille, von dem, was uns darin erwartet, »ablaugen« zu lassen. All die vielen Schichten an Lebenserfahrungen, Wünschen, Bedürfnissen, Hoffnungen, Gewohnheiten, Mustern, Verhaltensweisen, alles, was uns kompliziert macht, kann weggelaugt werden, wie bei Lackschichten, unter denen dann ein einfaches, schönes natürliches Holz zum Vorschein kommt. Genauso können auch wir wieder einfach werden. Und wie bei alten Lackschichten muss die Lauge manchmal gründlich einwirken.

Auf dem Sufi-Weg geht es darum, freier zu werden. So viele Gewohnheiten und Bedürfnisse, Ängste und Erwartungen halten uns besetzt. Deshalb brauchen wir die Stille, um uns von alldem ablaugen zu lassen.

Die innere Stille und das Schweigen der nach außen gerichteten Sinne sind Voraussetzung für innere Erfahrungen:

Wir gehen durch das Tor des Nichtsprechens
ins Schweigen.

Wir gehen durch das Tor der Stille
in die Bereitschaft des Horchens nach innen.

Wir gehen durch das Tor des Nichttuns
in die Gelassenheit.

Wir gehen durch das Tor ohne Vorbehalte
in die Bereitschaft zur Liebe.

Wir gehen durch das Tor der Zeit
in Momente der Zeitlosigkeit.

Retreat – eine Zeit der Stille

Ein Retreat ist eine mehrtägige Zeit des Rückzugs, oft in Klöstern oder anderen geeigneten Orten. Es ist eine Zeit, um Kraft aus der Stille zu holen. Die Stille hat ordnende und heilende Kräfte. Die Voraussetzung dafür ist, dass wir das Ich in den Hintergrund treten lassen, uns auf der Ich-Selbst-Achse wieder anders ausrichten. Es geht um innere Sammlung, darum, alles jetzt Unwichtige loszulassen.

In einem Retreat geht es darum, sich innerlich und äußerlich zurückzuziehen. Auch für Menschen, die schon Jahre auf dem spirituellen Weg sind, ist es schwer, das innere Geplapper abklingen zu lassen, »die Stille in die Stille« kommen zu lassen. *Machen* können wir die Stille nicht, aber wir können uns in sie hineinsinken lassen.

Die Stille kann nur wirksam werden, wenn wir dem unruhigen Geist nicht erlauben, immer wieder aus- und abzuschweifen, wenn wir im wachen Bewusstsein zur Ruhe kommen, wenn wir spüren, wie der reizhungrige Geist immer wieder nach neuen Reizen sucht, nach Wahrnehmungsreizen, Gedankenreizen, Gefühlen, und wir uns immer wieder darum bemühen, dem nicht nachzugeben. Versuchen, leer zu werden, in liebevoll empfänglicher Aufmerksamkeit im Herz des Herzens zentriert zu sein, darum geht es. Johannes vom Kreuz nennt dies passiv-liebendes Empfangen.

Es braucht Beharrlichkeit, Dabeibleiben, Nichtausweichen. Denken, Fühlen, Erinnerungen, Phantasie und auch der Körper können nur dann zur Ruhe kommen. So wird es möglich, das Dasein in der Gegenwart des Göttlichen, von DER/DIE/DAS, als etwas Wechselseitiges zu erfahren.

In der Stille kann »das von Gott in uns«[130] (Dorothee Sölle) spürbar werden, in uns aufleuchten.

Ankommen
am Ufer der Stille
in der Gegenwart des ganz Anderen.
Nichts mehr tun,
nichts mehr wollen.
Geschehen lassen.
Schweigen.
Warten.
Horchen auf die eine Stimme
unter den vielen Stimmen in mir.
Warten ohne zu warten,
DIR zugewandt.
Hinter mir bleiben langsam
meine Pläne und Wünsche,
meine Hoffnungen und Enttäuschungen,
meine Unrast, meine Erwartungen.
Ich warte,
bis ich spüre,
dass ich in DIR, bei mir, in mir, bei DIR
angekommen bin
und DIR den Weg freigeben kann
zu meinem Herzen.

Die Offenbarungen der Stille

Die Stille ist die größte Offenbarung.
LAOTSE

Die Stille birgt viele Geheimnisse:

- Sie ist ein Spiegel, der uns unseren eigenen inneren Zustand erkennen lässt, sie ermöglicht Selbsterfahrung und Selbstbegegnung.
- Sie hat heilende Kräfte, die uns wohltun und uns wieder zusammenfügen, uns aus der Zersplitterung und Zerstreuung heraushelfen.

- Sie reinigt uns, befreit uns von der Innenweltverschmutzung und Reizüberflutung mit all ihren Schlacken und Ablagerungen, unter denen wir leiden.
- Sie ist eine Schule der Aufmerksamkeit für die äußeren und inneren Sinne: Wir sehen, hören, schmecken, riechen und tasten wieder anders in der Stille, können wieder gegenwärtig sein im Hier und Jetzt.
- Die Stille löst unsere zivilisationsbedingten, kulturellen und gewohnheitsmäßigen Isolationsschichten, mit denen wir uns selbst von Gott entfernt haben. Deswegen sagt der Sufi-Mystiker Halladsch: »Der erste Schritt ist, damit aufzuhören, sich selbst von Gott zu isolieren.« Nicht anders lehrt es auch Meister Eckehart: »Gott ist allezeit bereit, wir sind unbereit. Gott ist uns nahe, aber wir sind ihm ferne. Gott ist innen, wir sind außen. Gott ist freund, wir sind fremd.«[131]

Ein Gruppenmitglied beschrieb nach einem Retreat die Erfahrungen als Innenschau, als ein Geschenk der Stille:

»Innenschau ist eine Form der Selbstbetrachtung. Sie braucht eine besondere Stille, nicht nur äußerlich, sondern gerade auch innerlich: Stille von den oberflächlichen Gedanken und Gefühlen. Und sie braucht einen besonderen Raum, der sich zwischen zweien eröffnen kann, oder auch in mir selbst – beides in der liebevollen Hin- und Zuwendung. Im liebevollen Blick.
Innenschau ist eine Schau, kein einfaches Ansehen. Ansehen kann man machen: *Ich* sehe mir etwas an, *ich* richte den Blick auf etwas, richte meine Augen auf etwas, die es dann sehen. Innenschau ist anders, eher wie eine Vision, eine Intuition: In der Schau zeigt sich mir *etwas*. Das Aktive ist dort, das Ich ist das Empfangende. In der Innenschau zeigt sich, offenbart sich mein Inneres, meine Seelentiefen, an die ich im Alltag nicht herankomme.
Innenschau ist schön und manchmal auch erschreckend: Es kann das verborgene innere Licht aufleuchten, und es können sich aber auch die eigenen inneren Abgründe und Schattenseiten der Seele zeigen.«

In der Stille erwachen Mitgefühl und Liebe

Stille vermag aber auch noch etwas anderes: Stille, die uns zunächst scheinbar von unseren Mitmenschen wegführt, in die Vereinzelung, uns auf uns selbst zurückwirft, kann uns auch wieder zu den Mitmenschen hinführen, uns wieder bereit machen, uns auf sie einzulassen, wieder achtsamer und aufmerksamer zu werden. Daher kann man sagen: Stille ist auch eine Schule der Liebe. Stille öffnet die Augen des Herzens. Und nur mit dem Herzen kann man auch die Mitmenschen besser sehen, sich erneut wieder auf sie einlassen. Stille, Kontemplation, Meditation können uns nicht zum Göttlichen führen, wenn sie eine Art Flucht vor den Mitmenschen sind. Einheit mit Gott zu suchen, bedeutet nicht Absonderung von anderen. Stille heißt nicht, ein egozentrisches Selbstgespräch zu führen. Stille ist nicht ein Zufluchtsort vor den Schwierigkeiten unserer sozialen Beziehungen, sie ist keine Zufluchtsstätte für Kontaktgestörte und Individualisten.

Stille als eine Schule der Liebe heißt: Wir gehen in die Stille, nicht um den Mitmenschen zu entfliehen, sondern um ihnen wieder unser Herz zu öffnen. Stille, besonders gemeinsame Meditation, führt in die Gemeinschaft. In gemeinsamen Schweigezeiten hilft man sich miteinander, wieder stiller und ruhiger zu werden.

Es geht in der Meditation letztlich nicht darum, dass jeder seine privaten Gotteserfahrungen macht, sondern: Gott als ein Meer der Liebe kann durch uns hindurchfluten, wenn wir uns nicht mehr davon isolieren und abgrenzen.

Stille in Gott

»Gott ist Stille und kann nur durch die Stille erfahren werden.« Dieser Satz ist kennzeichnend für die Naqshbandi-Tradition des Sufismus, zu der auch der Lehrer von Irina Tweedie gehörte. Die Sufis dieser Richtung wurden in der Vergangenheit daher auch die »schweigenden Derwische« genannt. Im Schweigen, in der Stille, in der Meditation geschieht das Eigentliche, die sehnsüchtige Suche nach dem Göttlichen – Erfahrungen, die nur durch die innere Reise er-fahren werden können.

Die Stille, um die es in der Meditation geht, ist kein Wegdösen, innere Stille macht uns nicht abwesend, sondern anwesend, macht uns präsent und hat zunächst viel damit zu tun, das äußere und innere Gerede abzustellen, was manchmal – das kennen wir alle – außerordentlich mühselig ist. Das ständige Gerede macht seicht, oberflächlich, lässt uns die Tiefendimensionen verlieren. Der christliche Mystiker Johannes Tauler, ein Schüler Meister Eckeharts, sagt dazu:

»Soll Gott sprechen, so müssen die Dinge schweigen. Alle Kräfte sollen schweigen und Gott eine große Stille bereiten.«[132]

»Wir bringen unsere Jahre hin wie ein Geschwätz« (Ps 90,9), klagt schon der Psalmist im Alten Testament. Und Jahwe mahnt sein Volk: »Auf eurem Lager sinnt nach und seid stille!« (Ps 4,5). Auch an anderer Stelle spricht Jahwe selbst: »Ich will sie in die Einsamkeit führen und dort zu ihrem Herzen sprechen« (Hos 2,16).

Jahwe bittet fast darum, dass die Menschen ihn doch hören mögen, mit den Worten: »Hört mich, ihr alle, die ich in meinem Schoß trage und die ich in meinem Inneren umfasse« (Jes 46,3). Ein wunderbares weibliches Gottesbild: Gott als mütterlicher Schoß, der alles trägt und birgt. Dass Gott sich danach sehnt, gehört, gefunden zu werden, in Kontakt mit der Seele zu kommen, bringen auch die Sufi-Texte zum Ausdruck. Gott sehnt sich nach uns! Daher sagt Rumi:

Nicht nur die Durst'gen suchen Wasser –
Das Wasser sucht die Durstigen![133]

Und ein anderes bekanntes Sufi-Wort verspricht:

»Wenn du auf Ihn zugehst, kommt Er dir entgegengerannt.«[134]

Meditation – der Weg nach innen

Innere Sammlung macht mir das gegenwärtig,
was in jedem Augenblick meines Lebens
von bedeutsamer Wirklichkeit ist.
THOMAS MERTON

Meditation ist bekanntlich »in«. Man begegnet ihr heute überall: Der Markt ist überschwemmt mit Büchern über Meditation; Tagungshäuser und Fortbildungsakademien bieten Meditationskurse an, in jeder größeren Stadt gibt es Meditationsgruppen und Meditationszentren verschiedener spiritueller Lehrerinnen und Meister. Es gibt Formen von spirituellem Tourismus zu Gurus, Schamanen und Scheichs, und selbst die Modezeitschriften bieten Lebenshilfe und Anregungen zur Meditation in Form von Erfahrungsberichten und Anleitungen, wie Körper und Seele zur Ruhe kommen. Hinter dieser äußerlichen Seite der vermarkteten spirituellen Bedürfnisse ist wohl auch die Suche und das Bedürfnis zu erkennen, mit sich und dem Leben wieder besser in Einklang zu kommen, einen Sinn im Leben zu finden und Antworten auf die Grundfragen des Lebens: Woher kommen wir? Wohin gehen wir? Was ist der Sinn unseres Hierseins?

In zahlreichen Büchern werden verschiedene Techniken angeboten und wird auch viel versprochen, was der Selbstoptimierung dient; das Ziel ist ein Zugewinn an Stärke, Konzentration etc. Bei den tradierten Formen der Meditation geht es dagegen zunächst darum, sich auf Übungen des Loslassens und Leerwerdens einzulassen. Da ist kein: »Ich meditiere, um zu …«, sondern es gilt, sich lediglich zu sammeln, sich zu öffnen, zu atmen, sich nach innen zu wenden und bei sich selbst anzukommen. Den verschiedenen Formen der Meditation und Spiritualität zugrunde liegen eine Sehnsucht und ein Streben, das Bewusstsein zum Transzendenten hin zu erweitern, in der Vielfalt der Formen das Formlose zu erkennen, im Sichtbaren das Unsichtbare, im Menschlichen das Göttliche.

Was ist Meditation?

Das lateinische Wort *meditari* ist mehrdeutig, es umfasst Aspekte wie »üben, nachsinnen, etwas umwandern, abmessen«. Einige Autorinnen und Autoren verweisen auf die indogermanische Wurzel *med*, in der Bedeutung von »wandern, abmessen, umschreiten«. Meditation ist also ein nachsinnendes Erfahren des eigenen Seins.

Wie Schlaf und Liebe ist Meditation ein Zustand, der nicht gemacht werden kann, ein Zustand des Seins, nicht nur eine zu praktizierende Technik der Versenkung. Meditation ist nicht allein etwas, das man in bestimmten Zeiten in Form von Übungen – wie christliche Kontemplation, Zazen oder die stille Herzensmeditation des Sufismus – praktiziert. Meditation umfasst das ganze Leben, ihr Ort ist der Alltag. Das bedeutet nicht, dass Übungen der Stille und der Konzentration überflüssig wären. Im Gegenteil: Meditation, zunächst als eine Übung der Sammlung, der Konzentration, des Abschaltens aller Programme vom inneren Bildschirm, ermöglicht oft erst die Orientierung hin zur eigenen Mitte, die Selbstfindung, ein Atemholen der Seele. Und nur so kann sich auch das »Dritte Auge«, das östliche Symbol für das Erkennen der Wirklichkeit hinter der Wirklichkeit, öffnen. Meditation meint nicht Rückzug und Pflege von esoterischer Innerlichkeit, sondern steht im Rhythmus des Lebens: Ein- und Ausatmen, Ruhe und Aktivität, Schweigen und Sichmitteilen, Handeln und Geschehenlassen.

Die meisten Menschen in unserem Kulturkreis fühlen sich erschöpft durch ein einseitig extravertiertes Leben, durch Machen, Handeln, Reden, Tun, ohne den entsprechenden Ausgleich durch Schweigen, Stille, Bei-sich-Sein, Kräftesammeln. Das Bedürfnis zu meditieren, kann spontan entstehen, als Antwort auf einen inneren Ruf, von der Sehnsucht im Herzen ausgelöst, als ein Bedürfnis nach Stille. Es kann sich manchmal auch melden in schwierigen Lebenssituationen, in Lebenskrisen, Verlusterfahrungen, z. B. beim Zerbrechen einer Beziehung oder angesichts eines Memento mori durch eine lebensbedrohliche Erkrankung.

Die systematische Erforschung der physiologischen, biochemischen und psychischen Effekte der Meditation begann in den 1970er-Jahren. Inzwischen gibt es eine unüberschaubare Anzahl an klinischen Studien, die die Wirksamkeiten von Meditation belegen. Die bekanntesten Effekte sind allgemeine Stressreduktion, arterielle Blutdruckveränderungen, Entspannung, größere emotionale Stabilität, erhöhtes Wohlbefinden, Stimmungsaufhellung.

Meditation allein und in Kombination mit Psychotherapie hat günstige, heilende therapeutische Effekte. Sie allein führt jedoch nicht automatisch zur Lösung von psychischen Konflikten und deren Psychopathologie. Diesem Irrtum unterliegen gelegentlich Menschen, die sich für Meditation interessieren. Schwerwiegende psychische Probleme bedürfen in der Regel psychotherapeutischer Behandlung. Spiritualität bzw. meditative Praxis als intrapsychische und interpersonale Konfliktvermeidung gelingt auf Dauer nicht. Ungeklärte psychische Probleme zeigen sich nach einer Weile umso dringlicher, verlangen Beachtung und Bearbeitung auf der psychischen Ebene, nicht auf der spirituellen.

Schwierigkeiten bei der Meditation

Manche Menschen erleben Schwierigkeiten bei der Meditation, weil sie sich dabei anstrengen und es als etwas zu Leistendes versuchen. Aber Meditation steht unter dem Satz: »Jetzt muss ich gar nichts müssen. Ich bin jetzt einfach hier – ohne Zweck, ohne die Erwartung, etwas Besonderes dabei zu erleben.« Kein Meditieren, um etwas zu erreichen. Es geht vielmehr darum, sich in der Stille und Beruhigung des Geistes in einen anderen Seinsmodus hineingleiten zu lassen. Und für eine lange Zeit des Anfangens und Immer-wieder-Anfangens ist das für manche Menschen sehr schwer. Hier ist es hilfreich, sich zunächst auf den Atem zu konzentrieren, ohne seinen Rhythmus verändern zu wollen, bewusst innerlich zu sagen: »Ich atme ein, ich öffne mich. Ich atme aus, ich lasse los.«

Natürlich erleben gerade Anfängerinnen und Anfänger Schwierigkeiten beim Loslassen. Es gibt die misstrauische Selbstbeobachtung, Ängste, die Kontrolle zu verlieren, und natürlich erfährt man auch immer wieder, wie das Denken im Kopf wie ein eingeschalteter Autopilot rotiert. Aber es ist wie bei der körperlichen Liebe: Ein beglückendes Erlebnis setzt auch hier voraus, sich den Strömen der Erregung und der Lust überlassen zu können, fähig zu sein, auf Kontrolle zu verzichten, kurz: sich loslassen und hingeben zu können. Und genauso ist es in der Meditation: Es geht darum, loszulassen, sich hinzugeben, auf eine weiselose Weise.

Manche Menschen, die zum ersten Mal meditieren, merken vielleicht auch, dass sie sich zunächst sehr unbehaglich in der Stille fühlen, sogar Widerwillen dagegen spüren. Dann gilt es, dies bewusst wahrzunehmen, um herauszufinden, was der Grund dafür ist: Ist es ungewohnt? Ist es das betriebsame Ego, das ständig Unterhaltung will? Ist es die Sucht nach Geräuschen, mit der einige Menschen sich ständig betäuben müssen?

Trotz des Wunsches nach regelmäßiger Meditation kann es immer wieder geschehen, dass die Anforderungen des Alltags uns gefangen nehmen. Nicht aufzuhören, immer wieder anzufangen, darum geht es dann. Sich selbst immer wieder innerlich in Ordnung zu bringen, uns auf der Ich-Selbst-Achse anders auszurichten, wieder in die Weite des Herzens zu gelangen, wenn wir engherzig geworden sind.

Regelmäßige Meditation ist auch ein Weg der Selbsterkenntnis. Dadurch können auch Schattenseiten und problematische Teile der eigenen Psyche ins Bewusstsein treten. Dies ermöglicht einerseits einen anderen Blick auf sich selbst, erfordert andererseits aber auch Mut zur Selbstannahme. Wenn wir es schaffen, mit all unseren eigenen menschlichen Schwächen liebevoll und geduldig umzugehen, können wir auch leichter, barmherziger, weniger urteilend mit den Schwächen und Fehlern anderer umgehen.

Das eigentliche spirituelle Übungsfeld des achtsamen, bewussten Lebens ist nicht die Meditationspraxis, sondern der Alltag. Dabei ist nicht entscheidend, *was* wir tun, welche Aufgabe wir im Leben haben, sondern *wie* wir das tun, was wir zu tun haben: ob wir uns unseren Aufgaben und Anforderungen liebevoll zuwenden. Entscheidend ist, wie wir in Situationen mit uns selbst, mit Menschen, mit Dingen umgehen. Jede Situation ist eine Frage an uns, auf die wir eine liebevolle Antwort geben können, und je weniger wir dies tun, desto schwieriger und vertrackter erscheint uns das Leben.

Wirkungen der Meditation

Bei regelmäßiger Meditationspraxis kann es auch Veränderungen im psychischen Bereich geben, geschieht eine Art Schwerpunktverschiebung vom Ich zum Selbst: Das Ich, das Ego, steht nicht mehr im Mittelpunkt, sondern es wird an seinen Platz gerückt. Es geht nicht um: »Ich denke, ich will, ich erfahre«, sondern: Das eigentliche Selbst als numinoses Zentrum wird zum Schwerpunkt. Wenn das Ich im Mittelpunkt steht, geht es um die Bedürfnisse des Ego und um seine Kräfte, wie z. B. den Verstand. Wenn aber in der Meditation diese Verschiebung auf der Ich-Selbst-Achse geschieht, erfahren wir, dass in uns selbst etwas wieder zurechtgerückt wird. Manchmal erleben wir es als das Glück, uns SELBST – groß- und kleingeschrieben – näherzukommen, in einen Zustand des Friedens mit uns selbst zu geraten und zu merken: So könnten wir uns selber glücken.

Diese Schwerpunktverschiebung vom Ich zum Selbst bedeutet nach heutigem Verständnis *nicht*, dass das Ich zunichtegemacht oder ausgelöscht wird, wie es in vielen alten mystischen Texten heißt, sondern dass es ins richtige Lot gebracht wird. Der Ich-Komplex mit all seinen Fähigkeiten wird benötigt für das Leben in dieser Welt. Aber das Ich ist nicht das eigentliche Zentrum der Person, nicht die Mitte des Menschen. Die Mitte, das ist das Herz als das höhere Bewusstsein des Selbst, das in der Meditation zur Entfaltung, zur Ausdehnung, zum Strahlen kommen kann. Insofern kann man auch ganz schlicht sagen: Meditation ist Putzarbeit. Ein typisches Symbol der Sufis ist, den Herzensspiegel zu polieren. Wir putzen den inneren Herzensspiegel, bis er so blank ist, dass das innere Licht des Göttlichen darin aufleuchtet.

Die Wirklichkeit hinter der Wirklichkeit erfahren

Meditation will Menschen letztlich dazu verhelfen, ihr inneres Sein zu erfahren, das bloße Denken und die Wahrnehmung über die Sinne abzuschalten und Zugang zu transzendenten, transpersonalen Bewusstseinsdimensionen zu finden. Es ist klar, dass dazu eine Übungspraxis gehört, eine regelmäßige Einkehr in die eigene Mitte und auch immer wieder Zeiten, um in der Stille durchlässiger zu werden für die inneren Wirklichkeiten. Dann lässt Meditation die innere Wahrnehmungsfähigkeit erwachen, die Intuition – also das, was uns von innen her Erkennen, Einsicht und inneres Wissen vermittelt und uns belehrt (»Intuition is tuition from within«).

Meditieren bedeutet ein tiefes Eintauchen in eine unbekannte andere Dimension. Das beschreibt ein Zen-Meister in einer Geschichte:[135]

»Die eine Kraft, die alles Lebendige erfüllt, muss vom Meditierenden erkannt werden«, so sagte der Zen-Meister. »Und dieser Prozess gleicht einem Sieb, das mit Wasser gefüllt wird.«

Seine Schülerinnen und Schüler wunderten sich über dieses Bild, bedachten es, mutmaßten, was der Meister gemeint haben könnte, ob es ein bekanntes Beispiel aus der ehrwürdigen Literatur sein könnte, kamen aber zu keinem Schluss und vergaßen es schließlich. Nur eine junge Zen-Schülerin, der das Bild keine Ruhe ließ, wagte es, den Meister zu fragen, was er ihnen habe sagen wollen.

Er sagte, sie solle einen Becher und ein Sieb nehmen und mit ihm an den nahen Strand gehen. Dort angekommen, forderte er sie auf, das Sieb mit Wasser zu füllen. Und natürlich rann das Wasser, wann immer sie es mit dem Becher ins Sieb schöpfte, einfach hindurch.

»So ist es mit der gewöhnlichen spirituellen Praxis«, sagte er. »Man versucht, Weisheit und Erkenntnis zu erlangen, aber so wird nie ein Sieb mit Wasser gefüllt oder ein Bewusstsein mit Erleuchtung und Erkenntnis.«

Er nahm das Sieb, warf es weit hinaus ins Meer, wo es rasch in den Fluten versank. »Jetzt ist es gefüllt mit Wasser«, sagte er. »Man muss das eigene Selbst weit hinaus in das Meer der Erkenntnis werfen, statt zu versuchen, den Becher des kleinen Ich mit Erkenntnis zu füllen. So ist rechte spirituelle Praxis.«

Meditation ist eine innere Reise, bei der wir Vorstellungen über das, was uns erwartet und wer wir sind, verlassen. Sie verändert das Verhältnis zu uns selbst und zur Welt, es ist ein Abenteuer der Selbstwerdung. So schreibt auch Novalis:

Wir träumen von Reisen
durch das Weltall:
ist denn das Weltall nicht in uns?
Die Tiefen unsers Geistes kennen wir nicht.
Nach innen geht
der geheimnisvolle Weg.
In uns, oder nirgends
ist die Ewigkeit mit ihren Welten –
die Vergangenheit und Zukunft.[136]

Der Weg geht, wie Teresa von Avila ihren Mitschwestern erklärt, über die Liebe: »Ich möchte, daß ihr mir dieses eine begreift: Es geht auf diesem geistlichen Weg nicht darum, viel zu denken, sondern viel zu lieben. Was am meisten Liebe in euch weckt, das tut.«[137] »Alle wahre Erkenntnis kommt aus der Liebe«, sagt auch Nikolaus Ludwig von Zinsendorf, der Begründer der Herrenhuter Gemeinde, und er betont, »daß die wahre Gottesgelehrsamkeit im Liebhaben besteht«[138] – knapper kann man das gar nicht sagen.

In der Herzensmeditation geht es letztlich darum, sich der Liebe hinzugeben, nicht irgendeinem Wunschbild, einem Ideal oder einer Vorstellung, sondern der Liebe als Urgrund des Lebens. Liebe öffnet die alltägliche Welt auf eine tiefere Seinsebene hin. Die Alltagsgrenzen der Wahrnehmung werden erweitert, verschlossene Tore zur Wirklichkeit öffnen sich, die Wirklichkeit hinter der Wirklichkeit wird erfahrbar.

Die stille Herzensmeditation im Sufismus

Und denke so inständig Gottes,
bis selber du ganz dich vergißt,
Daß du im Gerufenen aufgehst,
wo Rufer und Ruf nicht mehr ist.
RUMI[139]

Auf dem Sufi-Weg geht es darum, die Liebe im Herzen zu entzünden – durch ganz geduldiges Funkenschlagen. Es geht um das Öffnen des Herzens, das Sich-nach-innen-Wenden zum ortlosen Ort der Liebe, ins Herz des Herzens. Dies geschieht in der Meditation.

Das Herz öffnen

Die Sufi-Meditation ist eine Form der Erweckung der Liebe im Herzen. Verstand und Sinne müssen still werden, damit die innere Wirklichkeit des Herzens erfahrbar wird. Wir lassen den denkenden Geist, der immer wieder Trennungen schafft, im Herzen versinken, lösen uns sanft von ihm.

Im Schweigen, in der Stille, in der Meditation geschieht das Eigentliche, die sehnsüchtige Suche nach dem Göttlichen. Es geht um Liebe, um Hingabe an DER/DIE/DAS, den Ursprung und Urgrund des Lebens.

Der Sinn der Meditation ist: das Herz zu öffnen, das menschliche Potential an Liebesfähigkeit zu wecken und verbunden zu sein mit dem EINEN. Es geht darum, das Herz, das Zentrum des höheren Bewusstseins des Selbst, in der Meditation zum Strahlen und zur Entfaltung zu bringen.

Die stille Herzensmeditation kann auch durch Liebe und Hingabe im Herz-Chakra die Kundalini-Energie aktivieren, was bei intensiver Meditation mitunter als starker Energiestrom erlebt wird. Chakren gelten als Energiezentren dieser besonderen feinstofflichen Energie, die durch Yoga-Praxis und Meditation geweckt werden kann. Die Kundalini ist ein im Menschen zumeist schlummerndes Energiepotential und wird durch das Symbol einer zusammengerollten Schlange im untersten Energiezentrum, dem Basis-Chakra, dargestellt.

Meditieren

Was machen wir eigentlich, wenn wir meditieren?
Wir richten unser Alltags-Ich hin zum tieferen Selbst.
Wir machen uns frei von allem Müssen und allen Erwartungen.
Wir versuchen, so gut es geht, innerlich und äußerlich anzukommen,
im Hier und Jetzt.

Wir versuchen, mit dem Teil in uns Kontakt aufzunehmen,
der sehnsüchtig ist.
Wonach?
Nach Stille, nach Leere,
nach spürbarer Verbindung zum Urgrund.

Wir öffnen unser Herz,
wir versuchen, ganz in das Energiefeld der Liebe einzutauchen,
da anzukommen, wo wir eigentlich schon sind.
Wir versuchen, mehr und mehr zu erwachen.

Erwachen der Seele

Ein Sufi zu werden bedeutet zu erwachen, zu sein, wer wir in Wahrheit sind. Das Erwachen, unser Gewahrsein, wird zu einer Linse, einem Auge, durch das das Göttliche in uns auf die Welt blickt. Hazrat Inayat Khan beschreibt das »Erwachen der Seele« so: »Das Merkmal dieses Erwachens besteht darin, dass der erwachte Mensch das Licht seiner Seele ausstrahlt und dieses Licht über jedes Geschöpf und jeden Gegenstand ergießt und dadurch auch diesen Gegenstand, den Menschen oder die Situation in diesem Licht wahrnimmt. Seine Seele wird zu einer Fackel in seiner Hand; sein eigenes Licht erleuchtet seinen Weg. Es ist, wie wenn man mit einem Scheinwerfer in dunkle Ecken leuchtet, in denen man vorher nichts erkennen konnte, und die nun hell ausgeleuchtet werden; es ist, als ob Probleme richtig beleuchtet würden, die man vorher nicht verstehen konnte […]. Sobald eine Seele erwacht ist, beginnt sie, mit dem Leben zu kommunizieren.«[140]

Dieses »Erwachen der Seele«, das Hazrat Inayat Khan so schön beschreibt, ist wie ein erstauntes Sichumsehen; die Dinge sind alle ganz normal, aber plötzlich ist vieles einfach schön, in ein besonderes Licht getaucht, wie durchscheinend.

Ich erinnere mich an ein Erlebnis in der Londoner U-Bahn, nach einem Meditationsnachmittag bei meiner spirituellen Lehrerin Irina Tweedie. Es war sehr voll, ich stand in einer dicht gedrängten Menschenmenge: Frauen und Männer sehr unterschiedlicher Hautfarbe und Kleidung, junge, alte, müde, verschlossene und offene Gesichter, und plötzlich fand ich alle Gesichter von überwältigender Schönheit. Etwas Geheimnisvolles war in allen, sie alle strahlten. Nichts war anders als sonst abends in der überfüllten U-Bahn, und doch war es für Momente ganz anders. Ich dachte: So also sind sie alle gemeint, so wunderbar ist jeder Einzelne!

Auf der U-Bahn-Fahrt am anderen Tag konnte ich es nicht nochmals erleben, ich konnte mich nur daran erinnern.

Anleitung zur stillen Herzensmeditation

Diese Meditationsform hat Irina Tweedie ihren Schülerinnen und Schülern vermittelt. Die Urfassung ist zu finden in ihrem Buch *Der Weg durchs Feuer. Tagebuch einer spirituellen Schulung durch einen Sufi-Meister.*[41]

Vorbereitung:
Wir bereiten uns auf die Meditation vor, indem wir uns auf dem Meditationskissen, dem Stuhl oder in einer anderen entspannten Position niederlassen und bewusst versuchen, im Hier und Jetzt anzukommen und präsent zu sein. Die Konzentration auf den Atem kann uns dabei helfen, ruhiger und stiller zu werden.

Herzensmeditation

Beim nächsten tiefen Atemzug wenden wir uns ganz nach innen, tief in unser Herz, und suchen in uns einen Ort, wo Stille ist, wo Frieden ist und wo die Quelle der Liebe ist – einen ortlosen Ort: das Herz des Herzens.

Wir wecken in uns unser tiefstes Gefühl von Liebe und Sehnsucht, stellen uns vor, dass es wie ein Licht hell in uns aufleuchtet, und wir begeben uns ganz hinein, mit allem, was wir sind. Wir sind geborgen in diesem Energiefeld der Liebe, das uns ganz durchdringt und umhüllt.

Der unruhige Geist kann weiter Gedanken, Einfälle, Bilder hervorrufen – was immer sich im Bewusstsein meldet, lassen wir einsinken und sich sanft auflösen im stärkeren Strom der Liebe, bis nichts anderes mehr übrig bleibt, als was wir alle in Wahrheit sind: eine Inkarnation, eine Erscheinungsform der Liebe.

Ende der Meditation:
Tiefer Friede und Licht und Liebe mögen in uns allen wachsen und durch uns hindurchstrahlen.

6. Mystik und Gottesliebe

Mystik – der/die/das Göttliche offenbart sich

Der Mystiker steht nicht vor einer Wahrheit,
die er begreifen könnte.
Er erlebt eine Wahrheit, die ihn ergreift.
GEORG SCHMID[142]

Das Mysterium
findet am Hauptbahnhof statt.
JOSEPH BEUYS

Mystik – in den Ohren der meisten Menschen klingt dies nach etwas Unklarem, Mystisch-Verschwommenem jenseits der Alltagswirklichkeit, etwas Esoterischem. Doch was ist »Mystik«?

Mystik (von griech. *mýein* – sich schließen, die Augen schließen) ist ein persönliches Erleben eines Absoluten, eine unmittelbare Beziehung zum Göttlichen auf der inneren Erfahrungsebene, die das intellektuelle Erfassen transzendiert. Viele Mystiker und Mystikerinnen haben ihre Not erklärt, mystische Erfahrungen in Sprache zu bringen. Und so ist es auch hier schwierig, Mystik zu beschreiben.

Die Vielfalt mystischer Erfahrungen

Mystik ist die Erfahrung, dass sich dem Menschen etwas offenbart, als Absolutes, Umfassendes, als Wirklichkeit von allem, von dem Worte und Begriffe nur Teilaspekte fassen können. Evelyn Underhill beschreibt in ihrer grundlegenden Studie Mystik als einen Entwicklungsweg des Selbst, der sich durch Erwachen, Innenkehr, Konzentration, Kontemplation, ekstatische Erfahrungen, Erleben der Dunklen Nacht der Seele bis hin zur Unio mystica vollzieht.[143]

In den Beschreibungen von mystischen Erfahrungen, ob sie nun als Erleuchtung, Unio mystica, Samadhi oder schlicht als Einheitserfahrung bezeichnet werden, geht es immer wieder um das Transzendieren des alltäglichen Bewusstseins. Dies kann mit besonderem Energieerleben von Hitze, Feuer und Licht (Kundalini-Erfahrungen) verbunden sein. Es können Begegnungen mit göttlichen Gestalten sein oder auch ein tiefes Sich-verbunden-Fühlen mit allem in tiefem Frieden, Freude und in Liebe.

Mystische bzw. spirituelle Erfahrungen werden in allen Traditionen mit den gleichen, archetypischen Bildern beschrieben:[144]

- als Übergang vom Traumschlaf des normalen Bewusstseins zum Erwachen,
- als Weg von der Dunkelheit zum Licht,
- es sind Bilder von der Zerstreuung und Fragmentierung hin zur Ganzheit und psychischen Vollständigkeit,
- vom Zustand des Getrenntseins hin zur Erfahrung der Einheit und dem Zusammengehören der Gegensätze,
- vom kleinen Ich, dem Ego, hin zum umfassenden Selbst,
- es sind Bilder vom Unterwegssein, von der Reise, der Suche oder Quest und von der Einmündung des Flusses in den Ozean,
- von der Heimkehr aus der Fremde, dem Exil,
- von Sterben, Tod und Wiedergeburt als Wandlungsgeschehen, als »Stirb und werde«,
- von den Illusionen hin zur Erkenntnis, zur Wahrheit eines wahren, von Liebe bestimmten Lebens.

Mystische Erfahrungen sind »innere Umarmungen der Liebe«, wie Mystikerinnen und Mystiker es beschrieben haben, oder wie es Raimon Pannikar, ein indischer spiritueller Lehrer unserer Zeit sagt: »Gott bringt sich zur Erfahrung in mir.«[145] Es geht darum, sich davon in Liebe verwandeln zu lassen. Dies geschieht im Unterwegssein. Wolfgang Böhme betont: »Man sollte Mystik nicht von den Höhepunkten her beschreiben, von der Vereinigung der Seele mit Gott, wie sie die Mystiker erfahren haben. Man sollte sie vom Weg her beschreiben, auf dem sich viele befinden. So kann sich jeder mit den Erfahrungen einbringen, die er jetzt schon hat, und Ermutigung erhalten, weitere Erfahrungen zu machen.«[146]

Gotteserkenntnis und Einssein mit dem Göttlichen

Mystik ist Unmittelbarkeit. Sie lässt sich nicht herbeiführen. Mystische Erfahrung ist aber eher möglich, wenn man bereit ist, gewohnte Glaubensvorstellungen, religiöse Sicherheiten und theologisches Wissen beiseite zu lassen. Man kann sich darauf vorbereiten, durch ungeteiltes Sein im Hier und Jetzt. So empfiehlt der hl. Johannes vom Kreuz: »Man muss dem Inneren die entspannte Ruhe zugestehen, auch wenn man überzeugt ist, die Zeit im Nichtstun zu verlieren. Das einzige, was man in diesem Zustand tun kann, ist dies: Man soll das Innere frei lassen von Wahrnehmungen und Gedanken, Meditationen und Erwägungen und sich ausschließlich hingeben an ein liebevolles und friedvolles Innewerden Gottes.«[147]

Mystische Erfahrung – im Zen, in der christlichen Mystik, im Hinduismus, in der jüdischen Mystik, im Sufismus – ist in ihrem Wesen Erfahrung eines Absoluten. Sie ist nicht eine Zunahme an Erkenntnis und Wissen, sondern eine *andere Form* des Erkennens und Verstehens. Unio mystica verweist auf etwas Nicht-Fassbares und Nicht-Beschreibbares, es ist eine Form des Erkennens, die allen Menschen möglich ist. Die mystische Erfahrung, so Willigis Jäger, »ist von Anfang an Teil unserer menschlichen Natur. Diesen göttlichen Kern zu erkennen, ist das Ziel unseres Lebens. […] Die mystische Erfahrung lehrt uns, dass wir Menschen einander nicht fremd sind und dass wir in Liebe miteinander leben können. […] Denn alle spirituellen Wege, die zur Innenschau führen, lassen erfahren, dass nichts getrennt, sondern alles eins ist.«[148] Daher macht es eigentlich auch keinen Sinn, von einer christlichen, jüdischen oder islamischen Mystik zu sprechen. Mystik ist wie das Salz im Meer und in allen Weltmeeren zu finden. Mystisches Erfahrungsgut durchdringt die verschiedenen Kulturen und Religionen. Buddhisten nennen es: »Die Buddha-Natur ist in allem.« Christen sagen: »Gott ist die Liebe, und wer in der Liebe bleibt, bleibt in Gott und Gott in ihm« (1 Joh 4,16).

Meister Eckehart ermutigt dazu, über die Schwierigkeiten des Anfangs hinauszugelangen und darauf zu hoffen, dass der/die/das Göttliche, Gott, den Menschen in seine Nähe hineinziehen will, wenn der Mensch dazu bereit ist. Und er betont: »Ich habe eine Kraft in meiner Seele, mit der ich Gott empfange. Ich bin mir so gewiß, wie ich lebe, daß nichts mir so nah ist wie Gott, ja, daß er mir näher ist als ich mir selbst.«[149]

Zugang zur Mystik ist vor allem auch zu finden, wenn man sich auf die Zeugnisse und Erfahrungsberichte von Mystikerinnen und Mystikern wie Meister Eckehart, Rumi, Teresa von Avila, Hildegard von Bingen, Mechtild von Magdeburg oder Johannes vom Kreuz einlässt. So macht es auch Dorothee Sölle in ihrem Buch *Mystik und Widerstand*. Sie erklärt: »Mein Interesse ist nicht, die Mystiker zu bewundern, sondern mich von ihnen er-innern zu lassen und das innere Licht täglich so deutlich wie nur möglich zu sehen. Es ist auch in mir versteckt.«[150]

Zeitgemäße Gottesbilder

Wenn wir davon ausgehen, dass Mystik die Erfahrung eines sich selbst offenbarenden Göttlichen ist, stellt sich natürlich zugleich die Frage nach zeitgemäßen Gottesbildern.

Viele heutige Menschen tun sich schwer mit dem traditionellen Gottesbegriff, wie er in den kirchlichen Traditionen vermittelt wird. Unsere heutigen Gottesbilder werden bestimmt von unseren wachsenden Erkenntnissen über das Universum und die Evolution. Dies hat Willigis Jäger in vielen seiner Schriften eindringlich immer wieder erläutert:

> »Gott wird nicht gesehen als Schöpfer einer ontologisch anderen Welt, sondern als die Einheit des Seins und Nicht-Seins, bei der es keine Trennung zwischen Gott und Welt, zwischen Geist und Materie, zwischen Sein und Nicht-Sein gibt.«[151]

»Gott ist das Innerste der Evolution. Er/Es vollzieht sich als das, was wir Universum nennen. Er/Es ist das Leben schlechthin und nicht etwas außerhalb. Er/Es vollzieht sich auch als das, was ich bin.«[152]

»Gott kann nichts Abgespaltenes sein, er kann uns nicht gegenüberstehen, von uns getrennt, sondern er ist die Quelle, die uns hervorbringt. Das führt zu einer umfassenden Lebenserfahrung mit und aus Gott und zu einem sinnerfüllten Leben. Aus dem ›An-Gott-Glauben‹ wird ein ›Aus-Gott-Leben‹.«[153]

Diese Vorstellungen sind mit dem Sufi-Bild der Einheit von Liebendem und Geliebten völlig vereinbar. Aus der Erfahrung der Einheit erwächst Liebe, denn, so Willigis Jäger, »die Grundstruktur des Universums ist Einheit, Verbundenheit und Liebe«[154]. Alle spirituellen Traditionen sind sich – ganz unabhängig davon, welche Gottesvorstellungen jeweils vorherrschend sind – darin einig, dass Gott die Quelle der Liebe ist.

Für Sufis sind Vorstellungen von Gott, ob personal oder apersonal, nur Hilfsmittel. Auch hier werden Gott und Mensch nicht als völlig voneinander verschieden gesehen, sondern als Einheit. Gott und Mensch sind nicht zwei verschiedene Wesen; die innere und die äußere Welt sind nicht getrennt, sondern ineinander, und im erwachenden Bewusstsein finden Gotteserfahrung und Gotteserkenntnis überall statt. Damit ist auch die alte Trennung zwischen Schöpfer und Schöpfung überwunden, denn der/die/das Göttliche wird im mystischen Bewusstsein überall erkennbar. Dies hat der Sufi-Meister Hazrat Inayat Khan in einem Gebet so ausgedrückt:

Jede Gestalt

Jede Gestalt, die ich sehe, ist Deine eigene Gestalt, Herr.
Jeder Laut, den ich vernehme, ist Deine eigene Stimme;
Im Wohlgeruch der Blumen verspüre ich Deines Geistes Duft;
Aus jedem zu mir gesprochenen Wort höre ich Deine Stimme, Herr!
Alles, was mich berührt, ist Berührung von Dir;
Bei allem, was ich koste, schmecke ich die Süße Deines Geistes.

Allüberall fühle ich Deine Gegenwart, Geliebter.
Aus jedem Wort, das an mein Ohr dringt, höre ich Deine Botschaft.
Alles, was mich berührt, erfüllt mich mit der Wonne Deines Kusses;
Wohin ich schweife, treffe ich Dich;
Wohin ich gelange, finde ich Dich;
Wohin ich schaue, erblicke ich Dein strahlendes Bild;
Was immer ich anfasse, ich berühre Deine geliebte Hand.
Was ich auch sehe, ich sehe Dich in seiner Seele;
Wer mir auch etwas gibt, ich nehme es von Dir entgegen.
Wem ich auch gebe, ich biete es Dir in Demut dar, Herr;
Wer auch zu mir kommen mag, Du selber bist es ja, der kommt;
An wen ich mich auch wende, ich wende mich an Dich.[155]

Es ist nicht überraschend, dass man diese Erfahrung von »Gott in allen Dingen«, die Hazrat Inayat Khan so wunderbar zum Ausdruck bringt, bei Mystikerinnen und Mystikern unterschiedlicher Zeiten, Kulturen und Religionen immer wieder entdecken kann. So heißt es etwa auch bei Johannes vom Kreuz:

Mein Geliebter ist alles,
die Berge,
die bewaldeten einsamen Täler,
die unbewohnten Inseln,
die rauschenden Flüsse,
das Flüstern der lieblichen Lüfte;
die friedvolle Nacht
sowie die aufsteigende Morgenröte,
die schweigende Musik,
die klangvolle Einsamkeit,
das Abendmahl, das belebt und
Liebe bewirkt.[156]

Und auch Dorothee Sölle schreibt: »Die Mystik als die zukünftige Gestalt der Religion bezieht sich auf diese Einheit des Lebens.«[157]

Mystik als Bewusstseinserweiterung

Mystik ist etwas scheinbar Paradoxes: Zum einen ist es eine innige, intime Liebesgeschichte zwischen der Seele und dem Göttlichen Geliebten, eine Erfahrung, in der Liebe, Liebende/-r und Geliebte/-r eins sind. Zum anderen ist Mystik nüchterne, klare Bewusstseinserhellung, Erleuchtung, Befreiung von Illusionen und Schleiern, ein Durchbruch zur Wirklichkeit. Willigis Jäger formuliert dies mit den Worten: Mystik ist »nichts anderes als die Realisation der Wirklichkeit«[158].

So kann man sagen: Mystik ist ein Sprung auf eine höhere Bewusstseinsebene im Sinne der Evolution, eine Entwicklung von der personalen zur transpersonalen Ebene. Für das Leben und Überleben auf diesem gefährdeten Planeten ist dieser Sprung von der mentalen, personalen, ichbezogenen Ebene zur Verstehensebene eines höheren Selbst lebens-not-wendig. Es scheint eine besondere Dringlichkeit zu sein, dass wir heutigen Menschen in dieses mystische Bewusstsein eintreten. So ist auch die bekannte Mahnung des katholischen Theologen Karl Rahner zu verstehen: »Der Fromme von morgen wird ein Mystiker sein, oder er wird nicht mehr sein.«

Diese Transformation geschieht auf einer tiefen Ebene der Seele, nicht unbedingt nahe der Bewusstseinsschwelle. Der größte Teil des inneren Transformationsprozesses bleibt vor dem Verstand und dem Ego verborgen, diese können nicht dazwischentreten. Und doch wird gerade diese verborgene innere Transformation im außen sichtbar. Es gibt geheimnisvolle Zusammenhänge und Wechselwirkungen zwischen innen und außen. Weltverantwortung, Weltveränderung ist Selbstveränderung. Aber: Es beginnt immer in mir selbst. »Der Friede beginnt in dir«[159], sagt der Dalai Lama.

Liebesmystik: im Feuer der Liebe

> Er ist es, der in mir
> an Seiner Abwesenheit leidet,
> der durch mich
> nach Sich Selbst ruft.
> Der Liebe geheimnisvollstes
> und heiligstes Mysterium –
> wir sind uns nahe
> über alle Maßen.
>
> RUMI[160]

Das Grundthema der Mystik ist die Liebesgeschichte zwischen Schöpfer/-in und Schöpfung, zwischen der Gottheit und der Seele, die Vereinigung mit dem Freund, der Göttlichen Geliebten. Daher lassen sich mystische Erfahrungen wohl auch nur in der Sprache des Eros ausdrücken. Mystik, Gottesbewusstsein, ist jedoch keine sublimierte oder kompensierte Sexualität, wie Ken Wilber betont, sondern »Sexualität ist verdrängtes Gottesbewusstsein«[161]. Umgekehrt lässt sich sagen, dass in der sexuellen Begegnung etwas tief Beglückendes, Heiliges spürbar ist.

Die mystische Liebe kann sehr unterschiedlich erfahren werden. Manchmal erscheint sie als ein Zustand von Frieden, der nicht von dieser Welt ist, und manchmal als ein tiefer Schmerz über das Sich-getrennt-Fühlen in der Dunklen Nacht der Seele, manchmal als Ruhelosigkeit und tiefe Sehnsucht. In jedem Fall ist es etwas, das mit Rezeptivität, Empfänglichkeit, Aufnahmebereitschaft, Sich-öffnen für etwas zu tun hat, und insofern kann man auch sagen: Spirituelle Entwicklung ist so etwas wie eine Schwangerschaft, ein Schwangersein mit dem Göttlichen in uns, das sich entfalten will. Bevor es zur entscheidenden Erfahrung kommt, zu dem, was dann Meister Eckehart »Gottesgeburt in der Seele« genannt hat, bedarf es dieser Art des Schwangerseins.

Das Erwachen der mystischen Liebe ist nichts Spektakuläres, es kommt oft ganz unauffällig, als etwas ganz Zartes, fast Alltägliches. Manchmal ist es ein Hinhorchen auf ein tiefes inneres Strömen, im tiefen Frieden. Wenn wirklich alle Gedanken still sind, dann gibt es in der Seele eine »mystische Stille«. Die Gottesliebe ist eine verborgene Liebe, es sind zarte Regungen des Herzens.

Manchmal ist es aber auch etwas, was die englische Sprache als »to fall in love« bezeichnet, ein Entzündetwerden vom Feuer der Liebe. So geschah es Rumi in der Begegnung mit seinem Lehrer Shams. Versengt von Liebe, vom Feuer der Liebe verbrannt, kann der große persische Sufi-Mystiker nur noch sagen: »Und das Ergebnis sind nur die drei Worte: Ich brannte, ich brannte, ich verbrannte.«[162] Die heilige Katharina von Siena spricht ebenfalls von den »entflammten Seelen«, die in den Brennofen der göttlichen Liebe geworfen seien.

In das ekstatische mystische Erleben ist der ganze Mensch hineingezogen, als Einheit von Körper, Geist und Seele.

Für Teresa von Avila ist Mystik und Gottesliebe etwas Radikales. Immer wieder sucht sie nach Bildern für ihre mystischen Erfahrungen. So beschreibt sie, wie Gott die Seele als Braut in den Weinkeller einlädt und will, dass sie dort alle Freuden genießt und ganz und gar trunken wird. Aber auch mütterliche Bilder findet sie. »Sie [die Seele, B. D.] weiß nicht, womit sie das vergleichen soll, außer mit dem Liebkosen der Mutter, die ihr Kind sehr liebt, es säugt und verwöhnt.«[163]

Teresa bezieht sich mehrfach auf den Satz »Er küsse mich mit Küssen seines Mundes« (Hld 1,2) im Hohenlied. Sie weiß um die verschiedenen Bedeutungen der theologischen Exegese, aber sagt: »Ich gebe zu, daß es viele Bedeutungen gibt, aber wer versengt ist von einer Liebe, die wahnsinnig macht, kümmert sich um keine dieser Bedeutungen, sondern will nur diese Worte aussprechen.«[164]

In einem poetischen Gedicht von Teresa spricht Gott selbst die Seele an:

O Seele, suche dich in Mir,
und Seele, suche Mich in dir.

Die Liebe hat in meinem Wesen
Dich abgebildet treu und klar;
kein Maler lässt so wunderbar,
o Seele, deine Züge lesen.
Hat doch die Liebe dich erkoren
Als meines Herzens schönste Zier:
Bist du verirrt, bist du verloren,
o Seele, suche dich in mir.

In meines Herzens Tiefe trage
ich dein Porträt, so echt gemalt;
sähst du, wie es vor Leben strahlt,
verstummte jede bange Frage.
Und wenn dein Sehnen Mich nicht findet,
dann such' nicht dort und such' nicht hier:
Gedenk, was dich im Tiefsten bindet,
und, Seele, suche Mich in dir.

Du bist mein Haus und meine Bleibe,
bist meine Heimat für und für;
ich klopfe stets an deine Tür,
dass dich kein Trachten von Mir treibe.
Und meinst du, Ich sei fern von hier,
dann ruf Mich, und du wirst erfassen,
dass Ich dich keinen Schritt verlassen:
und, Seele, suche Mich in dir.[165]

Wer vom göttlichen Du ergriffen ist, von der Liebe überwältigt wird, ist ver-rückt vor Liebe, wie auch ein Text aus dem Chassidismus, der jüdischen Mystik, zum Ausdruck bringt. Der Berditschewer Rabbi kann in der Ekstase der Gottesliebe auch nur noch stammeln:

Wo ich gehe – du!
Wo ich stehe – du!
Nur du, wieder du, immer du!
Du, du, du!
Ergeht's mir gut – du!
Wenn's weh mir tut – du!
Nur du, wieder du, immer du!
Du, du, du!
Himmel – du, Erde – du,
Oben – du, unten – du,
Wohin ich mich wende, an jedem Ende
Nur du, wieder du, immer du!
Du, du, du![166]

Letztlich kennt Mystik kein Ich und kein Du mehr. Rumi beschreibt dieses Geheimnis der Einheit in einer Geschichte:

Es klopfte einer an des Freundes Tor.
»Wer bist du«, sprach der Freund, »der steht davor?«
Er sagte: »Ich!« Sprach der: »So heb dich fort –
An diesem Tisch ist nicht der Rohen Ort!«
Den Rohen kocht das Feuer »Trennungsleid« –
Das ist's, was ihn von Heuchelei befreit!
Der Arme ging auf Reisen für ein Jahr,
In Trennungsfunken brannt' er ganz und gar.
Reif kam dann der Verbrannte von der Reise,
Daß wieder er des Freundes Haus umkreise.
Er klopft' ans Tor mit hunderterlei Acht,
Daß ihm entschlüpf' kein Wörtlein unbedacht.
Es rief der Freund: »Wer steht dort vor dem Tor?«
Er sagte: »Du, Geliebter, stehst davor!«
»Nun, da du ich bist, komm, o Ich, herein –
Zwei Ich schließt dieses enge Haus nicht ein!«[167]

Der Liebende sehnt sich nach dem Geliebten. Doch auch das Göttliche sehnt sich in jeder sehnenden Seele nach der Vereinigung. Diese Erfahrung fasst die mittelalterliche Begine Mechthild von Magdeburg zusammen in dem kühnen Satz: »Herr, du bist allezeit liebeskrank nach mir.«[168]

Sehnsucht ist das Lebensgrundgefühl von Menschen auf dem Sufi-Pfad. Es ist wie ein stilles Feuer, das in ihnen verborgen brennt. Und dieses innere Feuer, die Sehnsucht nach der Einheit mit der oder dem Göttlichen Geliebten, ist ein Prozess der Verwandlung, ein »Weg durchs Feuer« – so auch der Titel des Buches[169], in dem Irina Tweedie ihre Erfahrungen bei ihrem indischen Lehrer beschrieben hat.

Letztlich geht es immer um das eine: einzutauchen in den Strom der Liebe, keine Angst zu haben vor dem Feuer der Gottesliebe; es geht darum, das zu werden, was wir sind: eine Erscheinungsformen der Liebe. Muktananda sagt:

»Du solltest fähig sein, in dir, im Zentrum der Liebe anzukommen. Die Wahrheit ist, daß göttliche Liebe dich überall umgibt. In dem Moment, in dem du die weltlichen Konzepte von Individualität, Dualität oder Illusion losläßt, bleibt Gott, bleibt die reine Liebe übrig. Wenn du die Dualität und das Trennende überwindest, wirst du, aufgehend in tiefe Liebe, dein Selbst sehen und Gott überall und in allem erkennen.«[170]

Übung: Gott in dir finden

1. Es heißt, Gott kann sich verbergen, verstecken in uns – »wir: deine verstecke«[171], so sagt es der Schweizer Theologe Kurt Marti in einem Gedicht. Wo wohnt Gott in dir? Was sind SEINE/IHRE Verstecke?
   Ist es:
   - die große Frage in deinem Kopf?
   - die Kraft, die dich im Rücken stärkt?
   - das Leuchten in deinen Augen?
   - ein liebevolles Lächeln auf deinem Gesicht?

- in deinen Händen, wenn du das Gefühl hast, etwas in SEINEM/IHREM Namen und Auftrag zu tun?
- in deinem Becken als Sehnsucht, Verlangen und Liebeserfahrung?
- auf deiner Zunge, wenn du von IHM/IHR/Es erzählst?
- in deinen Armen, die sich sehnsüchtig ausstrecken?
- in deinem Blick, wenn du Göttliches irgendwo entdeckst?
- in deinen Ohren, wenn du himmlische Musik hörst?
- im Strömen deines Blutes?
- im aufleuchtenden Erkennen deines ganzen Herzens?
- in einem stillen lautlosen Rufen in deiner Kehle?
- in dem unverwechselbaren Rillenmuster deiner Fingerspitzen?
- in deinen Stirnfalten, wenn du grübelst?
- in …

2. Wonach ist dir? Was fällt dir gerade ein?
   - zu singen,
   - ein Gedicht zu machen,
   - ein Gebet zu sprechen,
   - ein Bild zu malen,
   - zu tanzen,
   - einen Baum zu umarmen,
   - einen Liebesbrief an einen Menschen zu schreiben,
   - …
3. Und jetzt:
   - Lausche in dich hinein.

Kennst du schon den Satz: »Wir sind alle ganz normale Mystiker«[172] (Ulli Olvedi)?

7. Liebe – die stärkste Kraft im Universum

Was ist Liebe?

Die Liebe kann man nicht erklären.
Aber wer wären wir, wenn wir es
nicht versuchten?
PER OLOV ENQUIST[173]

Kann man denn heute noch öffentlich über Liebe sprechen? Ist Liebe nicht als Wort abgenutzt, verkitscht, ein Wort der Schlagerbranche? Gehören nicht die philosophischen Diskurse über die Liebe ins Zeitalter der alten Griechen? Und ist der Raum für das Sprechen über Liebe nicht die therapeutische Praxis für Paartherapie, die Unfallambulanz für verunglückte Liebespaare? Im zeitgenössischen Diskurs wird nicht mehr viel über Liebe gesprochen, da geht es im Rahmen der »neuen Liebesunordnung«[174] um Beziehungsprobleme und Sexualität. Für die Menschen der Moderne und Postmoderne scheint Erich Fromms Aussage gültig: »Trotz der tiefverwurzelten Sehnsucht nach Liebe hält man fast alle übrigen Dinge für wichtiger als sie: Erfolg, Prestige, Geld, Macht. Beinahe unsere gesamte Energie brauchen wir dazu, um zu lernen, wie man diese Ziele erreicht, und fast nichts verwenden wir, um die Kunst des Liebens zu erlernen.«[175] Darüber klagt Fromm in seinem Buch *Die Kunst des Liebens*, 1956 in erster Auflage erschienen und seitdem von Millionen Menschen als Anleitung zum Lieben gelesen.

»Liebe« – ein schwieriges Wort

Das Zeitalter der Postmoderne bietet eine unübersehbare Vielfalt von Liebes- und Beziehungsvarianten; das heutzutage »ganz normale Chaos der Liebe«[176], so Ulrich Beck und Elisabeth Beck-Gernsheim, scheint keine Grenzen der Erfahrung und Gestaltung mehr zu kennen. Anything goes. Die Grenze scheint die Liebe selbst, das tiefe Sicheinlassen auf ein Du mit Körper, Geist und Seele, eine Liebe, die nicht nach Kosten und Nutzen fragt.

Für viele Menschen ist das Wort »Liebe« so abgenutzt, dass sie nur noch von »Beziehung« sprechen können. Aber schon ein Blick in Literatur, Romane, Fernsehfilme und Gedichte verweist auf das unerschöpfliche Thema »Liebe«, auf Phantasien, Sehnsüchte, Erwartungen und Enttäuschungen. In der zeitgenössischen Literatur wird vor allem von den Schwierigkeiten mit der Liebe erzählt.

Gewiss, jede Zeit verschleißt Begriffe, inflationiert Worte, so dass sie ihre Aura, ihren Wert und ihre Prägnanz verlieren. Aber hat das mit dem Wort »Liebe« Gemeinte und Bezeichnete je an Aktualität, an existentieller Bedeutsamkeit, an Leiderfahrung und Hoffnungspotential verloren? Wäre der Film über den Untergang der Titanic wohl ein solcher Erfolg geworden, wenn nicht eine Liebesgeschichte, eine moderne Version von Lancelot und Guinevra, dem mittelalterlichen Mythos aus den Artus-Sagen, ins Drehbuch eingefügt worden wäre?

Die Sehnsucht nach Liebe hat uns alle im Griff. Für unser Lebensglück, unsere Identität und unser Bedürfnis nach Zugehörigkeit ist sie entscheidend. Dennoch soll sie keine Schicksalsmacht mehr sein, wird sie sexualisiert und banalisiert, wird sie als sehr private Erfahrung, die vor allem glücklich machen und genossen werden soll, alltäglicher, kleiner gemacht, werden Liebe und Glück mit passenden Partnern in Internetportalen gesucht. Emotionalität, Liebe und Romantik scheinen erkaltet. Und doch: Liebe ist auch in unserer Zeit unverzichtbar, und das heimliche Dauerthema ist die Liebessehnsucht und das Leiden am Misslingen dauerhafter Liebesbeziehungen. Was aber ist mit »Liebe« gemeint? C. G. Jung bekennt in seiner Autobiographie *Erinnerungen, Träume, Gedanken*: »Meine ärztliche Erfahrung sowohl wie mein eigenes Leben haben mir unaufhörlich die Frage der Liebe vorgelegt, und ich vermochte es nie, eine gültige Antwort darauf zu geben. [...] Es geht hier um Größtes und Kleinstes, Fernstes und Nahestes, Höchstes und Tiefstes, und nie kann das eine ohne das andere gesagt werden. Keine Sprache ist dieser Paradoxie gewachsen. Was immer man sagen kann, kein Wort drückt das Ganze aus. Von Teilaspekten zu sprechen, ist immer zu viel oder zu wenig, wo doch nur das Ganze sinngemäß ist.«[177]

Liebe ist zwar ein viel missbrauchtes Wort, aber es gibt kein anderes, diese Energie und Qualität des Herzens zu benennen. Wenn wir uns unsere menschlichen Liebesversuche ansehen, merken wir jedoch, dass sie oft im Menschlich-Allzumenschlichen steckenbleiben, in Ängsten, Egoismen, in den Gegensätzen. Darunter gibt es aber vielleicht doch immer wieder die Sehnsucht nach der Unbegrenztheit, nach der größeren, der alles umfassenden Liebe. In einem Gedicht von Rilke heißt es: »Nicht sind die Leiden erkannt, nicht ist die Liebe gelernt.«[178] Wir müssen erst noch lieben lernen.

Die Liebe und der Archetyp des Paares

Liebe ist sicherlich die intensivste Erfahrung, die Menschen machen können. Dafür sorgt auch die genetische Grundausstattung unseres Körpers, die Biochemie mit ihren Endorphinen und anderen Glückshormonen, und der wissenschaftliche Zugang zum Phänomenbereich der Liebe hat sich entsprechend vor allem mit ihrer Physiologie beschäftigt. Kommen nicht in unserem Liebesleben uralte, archetypische Muster der Paarung zur Geltung?

Das Menschheitsrätsel Liebe spielt immer wieder um das Paar, welches das Schicksal zueinandertreibt. Der Archetyp des Paares liegt zahlreichen Mythen, Erzählungen und Kunstwerken zugrunde, die als Selbst- und Weltdeutungen der Menschheit zu verstehen sind: Romeo und Julia, Tristan und Isolde, Lancelot und Guinevra, die berühmtesten Liebespaare mittelalterlicher Erzählungen, zeigen etwas auf von der Unbedingtheit, der Verrücktheit und heiligen Verzauberung der Liebe.

Anima und Animus als die Archetypen des Weiblichen und des Männlichen und ihre Bezogenheit werden in ihren Projektionen auf eine »Traumfrau« oder einen »Traummann« konstelliert. In der Entwicklung und Reifung von der illusionären, romantischen Verliebtheit zu einer tragfähigen gelebten Liebesbeziehung geht es darum, diese Archetypen als eigene innerseelische Kräfte zu erkennen und zu entfalten. Anima und Animus können auch Vermittlungsfunktionen übernehmen und dabei helfen, mit den Augen des Herzens zu sehen, die Eigenart und das Wesen des geliebten Menschen zu erkennen und eine tiefe Seelenverbindung zu erfahren.

Zu den schönsten und ältesten Quellen über Liebe zählt das Hohelied, das »Lied der Lieder«, wie Martin Luther es nannte. In einer freien, erotisch-sexuellen Sprache wird hier die Sehnsucht nach dem anderen besungen und die Liebe als etwas Heiliges gepriesen; voller Entzücken wird die Schönheit des Geliebten und der Geliebten beschrieben. Die Liebe offenbart sich hier in den Wechselgesängen zweier Liebender. Diese haben Bezüge zu älteren Kulturen, etwa zum Ritus der Heiligen Hochzeit im Ishtar-/Astarte-Kult in Babylon, und auch ins alte Ägypten. Es gibt Textstellen, die auf das 3. bis 4. Jahrtausend v. Chr. verweisen. Vor allem gehört das Hohelied zum Bestand der heiligen Schriften für Juden und Christen.

Gott selbst wird im Hohenlied nicht genannt, nur eine Stelle, Lied 33, verweist auf einen göttlichen Ursprung der Liebe, wenn es heißt: »Ihre Glut ist feurig und eine Flamme des Herrn« (Hld 8,6), wie Luther übersetzt. In späteren theologischen Abhandlungen werden diese Bibeltexte in mystischer Deutung auf die Liebe zwischen Gott und der Seele bezogen. Und so gewinnt auch die erotisch-sexuelle Liebe ihren Bezug zur Transzendenz. Franz Rosenzweig betont: »Nicht obwohl, sondern weil das Hohe Lied ein echtes, will sagen ein ›weltliches‹ Liebeslied war, gerade darum war es ein echtes geistliches Lied der Liebe Gottes zum Menschen. Der Mensch liebt, weil und wie Gott liebt. Seine menschliche Seele ist die von Gott erweckte und geliebte Seele.«[179]

Licht und Schatten der Liebe

Den Menschen der Frühzeit galt Liebe als numinose göttliche Macht, von der alles Leben abhing. Im matriarchalen Ritus der heiligen Hochzeit wurde die Liebe als Vereinigung und lebensspendende Kraft in der Verbindung der Liebesgöttin mit dem Heros, der Verbindung von Göttlichem und Menschlichem, Männlichem und Weiblichem viele Jahrtausende kultisch gefeiert. Anklänge sind noch im oben erwähnten Hohenlied des Alten Testaments zu finden.

In der antiken Weltdeutung ist Eros, der griechische Gott der Liebe, ein mächtiger Gott, ein großer Daimon, der alles Streben der Menschen nach dem Guten, Wahren und Schönen bewirkt. Seiner Liebesmacht waren Götter und Menschen unterworfen, wenn er sie mit seinen Liebespfeilen traf. Als launisch und willkürlich galt er aber auch.

In der Minne, der höfischen Liebe im 12. Jahrhundert, die von den Troubadouren als eine besondere Form der Liebe, der Verehrung und des Liebesleids besungen wurde, läuterten und verfeinerten sich die Seelen der Liebenden. Ihre kulturellen Unterströmungen stammen besonders aus dem Gedanken- und Erfahrungsgut des Sufismus. Auch in der arabischen Literatur gibt es zahlreiche Liebesgeschichten. Die bekannteste ist die von Leila und Madschnun (siehe Kapitel 3, S. 67–76).

Natürlich wissen wir: Liebe lässt sich nicht machen, sie lässt sich nicht befehlen und verbieten, sie lässt sich nicht herbeibeschwören und sichern, man kann sie nicht stehlen, nicht kaufen, sie kann einschlagen in unsere Gefühlswelt wie ein Blitz, von uns Besitz ergreifen, sie kann uns krank machen. Liebe ereignet sich, ist weder mit menschlichem Willen herbeizuzwingen noch verfügbar. Und: Die Liebe kann sich heimlich davonschleichen, eines Tages oder Nachts ist sie fort. Manchmal erlischt sie und stirbt sie, manchmal steht sie wieder auf, entflammt neu. Sie ist nicht begründbar, nicht widerlegbar, aber: Ohne Liebe ist alles nichts, ist alles nur »tönernes Erz«, wie Paulus sagt. Und vor allem: Man kann dem Leiden an der Liebe nicht entgehen, ohne Leben und Lebendigkeit zu verlieren.

Liebe wird natürlich nicht allein in Paarkonstellationen gelebt. Letztlich geht es um alle Liebes- und Beziehungsformen. Liebe hat zu tun mit Begehren, Leidenschaft, Zärtlichkeit, Sehnsucht, Schmerz und Glück, mit Sexualität und Daseinsfreude, mit Bestätigung und Sich-selbst-Finden im Du, mit Erfahrungen von Ganzheit, Einswerdung, Entgrenzung und Transzendenz. Liebe meint letztlich die wohlwollende, von Herzen kommende Zuwendung zu allem. Ein Mensch, der liebevoll ist, geht achtsam, liebevoll auch mit sich selbst um, strahlt Wärme aus, kann verständnisvoll auf die Unzulänglichkeiten seiner Mitmenschen reagieren, großzügig auf aggressive harte Urteile verzichten, vermag das Wunderbare immer wieder zu entdecken – in den Menschen, in der Natur, in allem, was ihn umgibt. Liebe strahlt vom Innersten selbst aus, sie ist unsere entscheidende Ressource für enge Bindungen.

Zu den Schattenseiten der Liebe, die in den Alltagserfahrungen ebenso wie in den Liebesdramen der Weltliteratur sichtbar werden, gehören: Besitzanspruch, Eifersucht, Betrug und Rache, das Umschlagen von Liebe in Hass oder Gleichgültigkeit, Macht und Unterwerfung, Abhängigkeit, blinde Leidenschaft und Triebhaftigkeit, der Missbrauch von Liebe. Ein wesentlicher Teil der psychotherapeutischen Arbeit gilt der Liebesfähigkeit eines Menschen, da, wo die Selbstliebe und die Beziehungen zu anderen gestört sind. Liebesfähigkeit hatte schon Sigmund Freud als ein zentrales Therapieziel benannt.

Zur Liebe gehört auch der Schmerz. Bindungsängste, Enttäuschungen, Angst vor Verletzungen und Ambivalenzen erschweren es heutigen Menschen, sich auf ihr Potential zu lieben einzulassen. In ihren Buch *Warum Liebe weh tut*[180] sucht die Soziologin Eva Illous nach Gründen für die Liebesschwierigkeiten und das Liebesleid heutiger Menschen. Die Liebe wird in den zahllosen Versuchen, sie zu verstehen, in der Weltliteratur beschrieben »als eine Erfahrung, die uns überwältigt und unseren Willen übergeht, als eine unwiderstehliche Macht, die sich unserer Kontrolle entzieht«[181]. Unmöglich ist es, die Liebe zu erklären oder gar zu begründen, wenn Amors Pfeil getroffen hat. Die Macht der Liebe zwingt zu lieben, weil sie so unwiderstehlich, überwältigend, leidenschaftlich sein kann. Daher heißt es im Hohenlied (8,6–7):

Stark wie der Tod ist die Liebe,
ihre Leidenschaft unwiderstehlich
wie die Gewalten der Tiefe.

Glühende Lohe ist ihr Feuer,
gewaltig ihre Flamme.
Wasserfluten löschen die Liebe nicht
und Ströme ertränken sie nicht.

Liebe ist eine Energie, sie leuchtet und strahlt durch den Menschen hindurch. Wir kennen das, wenn wir verliebt sind und anfangen zu strahlen oder wenn wir das Leuchten im Gesicht eines verliebten Menschen sehen. Die höchste Schwingungsfrequenz der Liebe hat wohl die mystische Einheitserfahrung, in der sich die Seele mit dem Göttlichen verbindet. Die spirituellen Dimensionen des Liebens sind jedoch von einer ganz besonderen Scham besetzt: Über alles können heutige Menschen miteinander reden, körperliche und sexuelle Empfindungen und Bedürfnisse sind nahezu ohne Tabu. Am schwierigsten ist es, für das innerste Angerührtsein, wo die menschliche Liebeserfahrung an die Ebene der Transzendenz heranreicht, Worte zu finden.

Liebe – die schöpferische Kraft des Universums

Wir befinden uns mit unserem kleinen blauen Planeten in einem sich entfaltenden Prozess, dessen mikrokosmische und makrokosmische Dimensionen erst wir heutigen Menschen erkennen lernen. Das Ganze entstand aus einem unbegreiflichen Anfang und zeigt sich uns heute als vielgestaltige Entfaltung von Materie, Zusammenhang, Bewusstsein und zahlreichen Lebensformen. Milliarden von Sternen und Galaxien, Schwerkraft, dunkle Materie – wir sind erst dabei, die Energien und Kräfte des Universums zu erforschen.

Für die Augen eines mystisch erwachten Menschen ist der Kosmos die Uroffenbarung des Göttlichen und seiner schöpferischen Energien. Schon vor Entstehung des Menschen war die Erde ein ungeheuer schöpferischer Ort, im Entstehen von Meeren, Kontinenten, eine Erde, die immer komplexere Lebensformen hervorbrachte, Lebewesen, Pflanzen, blühende Blumen. Aber erst die jüngsten bewussten Lebewesen konnten über all dies staunen, es erleben und wertschätzen. Und Elementarteilchen, die zwischen

Sein und Nichtsein fluktuieren, lassen uns seit den Entdeckungen der Quantenphysik immer weiter staunen und nach der »letzten Ursache« fragen, nach der »Leere«, dem Absoluten, der tieferen Wirklichkeit. Was als kosmisches Spiel der Kräfte von Anziehung und Schwerkraft begann, entwickelte sich zu Zugehörigkeit, Anziehung und Verbundenheit, zu Lebens- und Erlebensformen von Liebe in der Verbundenheit und Zugehörigkeit von uns Menschen.

Die Evolution basiert auf den Kräften zur Einheit und zur Selbsttranszendenz. Daher kann man sagen: Liebe ist die Grundstruktur des Universums. Willigis Jäger spricht vom »Bauplan Liebe« als Grundlage des Universums,[182] zugleich ist Liebe die kosmische göttliche Urmacht, die schöpferische Kraft, die das Universum aus dem Nichts ins Sein gerufen hat, zusammenhält und überall erfahrbar macht. Liebe als Lebensprinzip ist das Prinzip der Verbundenheit; es sind alle beziehungsstiftenden und vereinenden Kräfte. Dies führt letztlich zu der Erkenntnis, wie Jäger betont, »dass wir Menschen nichts anderes sind als ein universelles oder kosmisches Bewusstsein, das sich in uns eine menschliche Gestalt gibt«[183]. Wir können auch sagen: Das Universum wird sich seiner selbst bewusst im menschlichen Bewusstsein. Oder, wie Jäger es ausdrückt: »Das Göttliche selber sucht in uns den Weg. Es möchte in uns und durch uns zur Entfaltung kommen.«[184]

Unter allen Gefühlskräften, die das Herz bewegen,
ist die Liebe die mächtigste und tiefste –
in ihren Sehnsüchten,
ihren Möglichkeiten von Glückseligkeit
und mit ihren tiefsten Leiden.
Sie fordert uns heraus, wie wir es nicht kannten.

Nichts ist so machtvoll,
nichts so geheimnisvoll,
nichts macht so wehrlos.
Das Herz wird weit geöffnet,

überwindet die Angst,
sich hinzugeben.

Die Liebe allein lässt richtig sehen,
sagt Augustinus.
Liebe macht nicht blind, sondern sehend.
Und nur mit dem Herzen sieht man gut,
lässt Antoine de Saint-Exupéry den kleinen Prinzen sagen.

Der Liebende geht im Geliebten auf,
entdeckt und findet sich selbst in der Liebe,
ist mehr er selbst, als er vorher war.
Wenn man liebt,
kann man nicht anders als lieben.

Die Heilkraft der Liebe

»Seht, was die Liebe tut«, so heißt es in der Kantate 85 von Johann Sebastian Bach. Überall dort, wo es um Heilung und Behandlung von Menschen geht, ist die entscheidende Heilkraft die Liebe. Das wird heute durch zahlreiche empirische Forschungsergebnisse gestützt, auch wenn wir insgesamt über die Pathophysiologie von Krankheiten noch weitaus mehr wissen als über die Heilkräfte der Liebe.

Die zahlreichen, von dem amerikanischen Herzspezialisten Dean Ornish in seinem Buch *Die revolutionäre Therapie: Heilen mit Liebe*[185] zusammengestellten wissenschaftlichen Studien belegen, dass Liebe, Zuwendung, menschliche Nähe für unsere körperliche und seelische Gesundheit und auch für das Überleben von schweren Krankheiten ganz entscheidend sind. Sie helfen z. B. Stress abzubauen, sie vermehren die Anzahl der Immunzellen, sie schützen vor Infektionen, sie verkürzen bei Kranken den Krankenhausaufenthalt, sie fördern den Heilungsprozess nach Operationen. Gruppentherapien, in denen Mitglieder sich gegenseitig unterstützen, in denen Nähe, Akzeptanz erfahren wird, Gefühle ausgedrückt werden und tragfähige soziale Bindungen entstehen, wirken sich auf den Krankheitsverlauf und die Gesundung aus. Hunderte von Studien belegen den heilenden Wert von Berührungen: bei Säuglingen, kranken und alten Menschen, bei Menschen auf den Intensivstationen und in Pflegeheimen.

Ornish belegt die Notwendigkeit eines neuen Paradigmas: Menschen müssen seelisch berührt werden, sie brauchen liebevolle Zuwendung. Und oft ist es etwas ganz anderes, das im Menschen der Heilung und liebevollen Zuwendung bedarf: verletzte Beziehungen, ein schwer verwundetes Selbstwertgefühl, Geschwülste aus Angst und Hoffnungslosigkeit, verhärtete, versteinerte Gefühle, auch wenn diese sich über körperliche Erkrankungen melden. Und gegen die spirituellen Herzkrankheiten unserer Zeit: Entfremdung, Kontaktlosigkeit, Isolation, Depression, Zynismus und Gewalt, hilft nicht Hightechmedizin.

Sich auf die Liebe einzulassen heißt, selber heiler zu werden. Liebe macht aus uns vollständigere Menschen. Heilige, Heilgewordene, sind solche Menschen, die ganz und gar liebende Menschen geworden sind. Wenn wir die Liebe nicht mehr bei anderen suchen, bei jemandem, der uns liebt, sondern im eigenen Herzen, ist der entscheidende Schritt zum spirituellen Leben, zum Erwachen und Reifen getan. Der wichtigste Unterschied, der ein spirituelles von einem materiell ausgerichteten Leben unterscheidet, ist, dass Glück, Erfüllung und Liebe nicht länger im Außen gesucht, sondern als etwas erfahren werden, das vor allem in uns selbst vorhanden ist. Der amerikanische Psychologe und Meditationslehrer Richard Allport (Ram Dass) sagte am Ende seiner jahrzehntelangen spirituellen Suchwanderung: »Eigentlich ist das Höchste, was der spirituelle Weg für uns bereithält, die Chance, in die uns angeborene mitfühlende Natur unseres eigenen Herzens zurückzukehren.«[186]

Sufis trauen der Kraft der Liebe *alles* zu. Liebe kann heilen und verwandeln, wenn wir sie ausstrahlen, und für das, was wir aussenden und ausstrahlen, sind wir verantwortlich. Dies betont auch Willigis Jäger: »Wir sind für das verantwortlich, was wir ausstrahlen. Und es geht immer etwas von uns aus: Wohlwollen, Abneigung, Hass, Mitleid … Liebe beginnt nicht beim Wort und bei der

Umarmung, sie beginnt bei unseren Gedanken und Gefühlen, auch in den Gedanken, die wir über uns selbst haben. Selbstzerstörerische Gedanken zerstören. Die Liebe hingegen heilt offensichtlich mehr als alle anderen Mittel.«[187]

Die spirituellen Dimensionen der Liebe

Wenn wir in Zukunft von Gott
noch etwas sagen können, dann nur dies:
Gott ist, daß wir lieben können.
Gott ist die Kraft, das Feuer,
das unsere Liebe trägt.
Wenn wir so weit gekommen sind,
wird die Angst vor der Banalität
aufhören.

DOROTHEE SÖLLE[188]

Liebe öffnet die alltägliche Welt auf eine tiefere Seinsebene hin. Sie erweitert die Grenzen der Wahrnehmung und des Erlebens und lässt die Verbundenheit der menschlichen Existenz mit allen Lebewesen erkennen. So werden die spirituellen Dimensionen Mitgefühl, Anteilnahme, schöpferisches Leben, Bezogenheit in einem umfassenden Sinne durch die Liebe geweckt und gefördert. Auch aus soziologischer Sicht wird konstatiert: »Die Liebenden«, so Ulrich Beck und Elisabeth Beck-Gernsheim, »sehen anders und *sind* daher anders, *werden* anders, erschließen einander andere Wirklichkeiten.«[189]

Liebe und Sehnsucht

Liebende finden in der Religion der Liebe etwas, das in dieser Welt und doch nicht von dieser Welt ist. Sie erfahren das Mysterium, dass auch Grenzen und Entfernungen nur eine andere Form von Gegenwärtigkeit bedingen. Es ist die Erfahrung, dass die Nähe, die Einheit mit dem Geliebten, den Liebenden erst zu einem vollständigen Menschen macht, ihn mit seinem innersten Selbst in Verbindung bringt, ihn lebendig sein lässt, so wie im mittelalterlichen König-Artus-Mythos Lancelot zu Guinevra sagt: »Ich lebe nur, weil ich Euch liebe.«

In der Geschichte von Leila und Madschnun heißt es:

Eine Liebe, die nicht immerwährende Liebe ist, bleibt der Sinnenlust Spielzeug und vergeht wie die Jugend. Was vergeht, ist die Zeit, nicht aber Liebe. Mag sonst alles nur Tand und Gaukelei und Einbildung sein: sie ist es nicht. Denn das Kohlenbecken, auf dem sie brennt, ist die Ewigkeit selbst, die weder Anfang noch Ende hat.[190]

In der Erfahrung des Du bin ich zugleich mehr ich selbst als je zuvor, kann ich den anderen und die ganze Welt in das sich erweiterte Herz aufnehmen, ohne mich zu verlieren. Liebende transzendieren die Grenzen von Raum und Zeit. »Liebende«, so Rumi, »begegnen sich nicht endlich irgendwo. Sie sind schon immer ineinander.«[191]

Wirkliche Liebe ist die Aufhebung aller Dualität, aller scheinbaren Verschiedenheit. Und über diese Erfahrungen lässt sich so schwer sprechen.

Der Dichter Ernesto Cardenal ist die lateinamerikanische Stimme der mystischen Liebe und der Sehnsucht. Für ihn ist alles in der Welt und das ganze Universum eine Manifestation der Liebe Gottes. So schreibt er: »Die Liebe Gottes umgibt uns von allen Seiten. Seine Liebe ist das Wasser, das wir trinken, die Luft, die wir atmen, und das Licht, das wir schauen. Alle natürlichen Phänomene sind nichts anderes als verschiedene materielle Formen der Liebe Gottes. [...] Die Natur ist die fühlbare, die materialisierte Liebe Gottes.«[192] Auch wir sind eine Manifestation dieser Liebe: »Gott ist, dass wir lieben können«[193], formuliert Dorothee Sölle. Die Liebe ist Gott, und Menschen verwirklichen das Göttliche, wenn sie lieben.

Die Liebe zu Gott

Für Mystikerinnen und Mystiker ist die Beziehung zum Göttlichen die entscheidende Liebesbeziehung ihres Lebens. Aber sie geraten dann in Schwierigkeiten, wenn sie versuchen, die Innigkeit, Radikalität und Glückseligkeit ihrer Erfahrungen auszudrücken. Diese Liebe zu Gott ist eine radikale Richtungsänderung des Lebens. Bei Rumi heißt es: »Nur Liebe, nur Liebe – wir haben sonst kein Werk!«[194]

Erich Fromm untersucht in seinem Werk *Die Kunst des Liebens* verschiedene Formen der Liebe, u. a. Nächstenliebe, Mutterliebe, erotische Liebe, Selbstliebe und Gottesliebe. Über Letztere schreibt er: »In dem vorherrschenden westlichen Religionssystem ist die Liebe zu Gott im wesentlichen dasselbe wie der Glaube an Gott, an Gottes Existenz, an Gottes Gerechtigkeit und an Gottes Liebe. Die Liebe zu Gott ist im wesentlichen ein gedankliches Erlebnis. In den östlichen Religionen und in der westlichen Mystik ist die Liebe zu Gott ein intensives Gefühlserlebnis der Einheit und der Liebe, untrennbar verbunden mit dem Ausdruck dieser Liebe in jedem Akt des Lebens. Die radikalste Formulierung dieses Zustandes stammt von Meister Eckehart: ›Ganz so werde ich in [Gott] verwandelt, daß er mich als sein Sein wirkt, (und zwar) als eines, *nicht* als *gleiches*; beim lebendigen Gotte ist es wahr, daß es da keinerlei Unterschied gibt… Manche einfältigen Menschen wähnen, sie sollten Gott (so) sehen, als stünde er dort und sie hier. Dem ist nicht so. Gott und ich, wir sind *eins*. Durch das Erkennen nehme ich Gott in mich hinein; durch die Liebe hingegen gehe ich in Gott ein.‹ (Meister Eckehart, Predigt 7).«[195] Für Fromm ist wichtig, dass die reife Liebe, auch die reife Gottesliebe, die infantilen Formen der Bindung an eine beschützende Muttergöttin oder einen strafenden und belohnenden Vatergott überwunden hat, er meint auch, dass bei vielen Menschen die Art ihrer Gottesbeziehung unbewusst sei.

Die Unio mystica, über die Meister Eckehart in Fromms Zitat so frei spricht, wird aber vor allem durch eigene Bilder und Vorstellungen des Ich erschwert und behindert. Sie bewirken Trennung, sind Schleier. Der Sufi-Mystiker Hafis sagt:

»Zwischen den Liebenden und dem Geliebten darf kein Schleier sein. Du selbst bist dieser Schleier, Hafis. Hebe dich hinweg.«[196]

Der erste Schritt hin zum Göttlichen – und immer wieder erneut der erste Schritt – ist, damit aufzuhören sich vorzustellen, von Gott entfernt zu sein, sich vom Göttlichen zu isolieren. Es geht darum, die Isolierschichten aufzulösen, und je dicker und älter diese sind, desto schwieriger kann es sein. Das »Lösungsmittel« ist die Meditation. Das Feuer der Sehnsucht und Liebe, das in der Meditation immer wieder entfacht wird, kann langsam, aber beständig die Schleier und Gedankenkonstrukte, die die Erfahrung der Einheit behindern, auflösen, bis »Selbst« und »selbst« zusammenkommen.

Die »Wolke des Nichtwissens«, die Schrift eines unbekannten christlichen Meisters aus dem 14. Jahrhundert, ist eine außerordentlich hilfreiche Anleitung zur Meditation, auch für heutige Menschen:

»Gott selbst lässt sich nicht durch Nachdenken erfassen. Man kann ihn lieben, ihn aber nicht denken, Liebe kann ihn begreifen und umfassen, nicht aber der Gedanke. [...] Versuche nur mit einer innigen und starken Regung der Liebe das Dunkel über dir zu durchstoßen. Stoße mit dem scharfen Speer einer sich sehnenden Liebe in jene dichte Wolke des Nichtwissens und gib nicht auf, was immer auch kommen mag.«[197]

Wenn wir uns auf den Weg der Liebe begeben, dann geschieht etwas: »Die Suche nach Liebe verändert uns. Unter denen, die die Liebe suchen, ist keiner, der nicht auf dem Weg zu ihr an Reife gewann. Sobald du die Liebe zu suchen beginnst, setzt deine innere und äußere Veränderung ein.«[198]

Manche, die begeistert die Texte von Rumi und anderen Mystikern als eine Seelennahrung lesen, fragen sich gleichwohl, ob mystische Erfahrungen der Gottesliebe auch heutigen Menschen möglich sind. Dorothee Sölle sagt dazu: »Ich meine nicht, dass

Menschen heute Gott weniger erfahren als früher; Gottes Präsenz und Gottes Abwesenheit sind im Jubel und in der Verzweiflung und manchmal gar in der rätselhaften Vermischung beider auch uns gegeben. Das Leben selber ist von dieser Qualität, die wir Gott nennen, so durchdrungen, dass wir gar nicht umhinkönnen, von ihr zu zehren und nach ihr zu hungern. Nur wissen wir das oft nicht, weil wir sprachunfähig gemacht worden sind. Wir wagen nicht, das, was in der Tat Gotteserfahrung genannt zu werden verdiente, mit Gott in Beziehung zu setzen.«[199] Ist es also auch uns heutigen Menschen möglich, so zu lieben? Sölle meint dazu: »Vielleicht trennt uns nichts so sehr von der Liebe wie der anthropologische Pessimismus, der der Liebe nichts zutraut, weil er nicht weiß, dass sie ›das von Gott in uns‹ artikuliert.«[200]

Der Guru und sein Schüler

Zu einem Guru kam ein junger Mann und sagte: »Ich möchte gerne dein Schüler werden.« Der Guru antwortete: »Ich nehme dich als meinen Schüler an, unter einer Bedingung. Beantworte mir eine Frage: Liebst du Gott?«
Der Schüler dachte nach und wurde traurig: »Dass ich Gott liebe, kann ich nicht wirklich sagen.«
»Wenn du Gott nicht liebst, sehnst du dich denn danach, ihn zu lieben?«
Der Schüler schwieg und überlegte. Nach einer Weile sagte er: »Doch, ganz manchmal kann ich die Sehnsucht spüren, aber im Alltag bin ich meist so beschäftigt, dass sie von allem zugedeckt wird.«
Der Guru fragte weiter: »Du kannst also die Sehnsucht, Gott zu lieben, nur manchmal spüren – sehnst du dich denn danach, diese Sehnsucht nach Gott zu haben?«
Da fing das Gesicht des Schülers an zu strahlen, und er sagte: »Ja genau, ich habe Sehnsucht danach, die Sehnsucht zu haben, Gott zu lieben.«
»Das reicht«, sagte der Guru. »Du kannst mein Schüler werden, denn du bist auf dem Weg.«

Manchmal gibt es in uns nur diese Sehnsucht nach der Sehnsucht. Vielleicht magst du mit Hilfe einiger Fragen darüber nachdenken, wie es dir mit Liebe und Sehnsucht ergangen ist und ergeht.

Fragen: Mein Verhältnis zu Gott

Ein Hinweis: Das Wort »Gott« steht für alle die wichtigen Namen und Gottesbilder oder Umschreibungen des Göttlichen, umfasst also personale und apersonale Aussagen und Bilder. Fühl dich frei, das für dich Passende hier einzusetzen.

- Nimm dir Zeit, dich zu erinnern, suche nach Spuren in deiner religiösen Biographie: Gibt es für dich eine Geschichte mit Gott?
- Wenn du auf diese religiöse Biographie schaust: Was hat sich seit seiner Kindheit daraus entwickelt?
- Wie bist du mit Gott bekannt geworden?
- Was war wichtig an deinem Kinderglauben?
- An welchen Orten bist du IHM/IHR begegnet?
- Was waren schwierige Phasen in diesem Verhältnis?
- Was ist Gott für dich vor allem: Vatergott, Muttergott, das lebendige Licht, Lebenskraft, die Leben schenkt, Sophia, die große Erwartung, das verzweifelt Gesuchte, der Unsichtbare, der Schöpfergott, DER/DIE/DAS, die LIEBE?
- Gab es Trennungen, Für-tot-Erklärungen, Auferstehungen, Wiederannäherungen?
- Wann fühlst du dich IHM nah?
- Wann spürst du Gottesferne?
- Welche Form, mit Gott in Kontakt zu kommen, ist für dich hilfreich: Gebet, religiöse Texte, Musik, Gottesdienst, Eintreten in einen Kirchenraum, Sein in der Natur, Schönheit, Meditieren …?

Liebe im Sufismus

Liebe und Sehnsucht sind ein und dasselbe.
IRINA TWEEDIE[201]

Der Sufismus versucht, die Menschen ins Herz zu führen und sie mit Hilfe der Liebe dazu zu bringen, die zu werden, die sie sind: Liebende.

Wenn Sufis von Liebe sprechen, meinen sie nicht die im Allgemeinen als »Liebe« bezeichnete Emotion, nicht die Beziehung, die »Ich« zu einem »Du« habe. Aus Sicht des Sufismus ist Liebe das, was wir sind, es ist unsere »wahre« Natur, ein Seinszustand. Sufis meinen eine bedingungslose Liebe, die für sie die unbeschreibliche Anziehung des Göttlichen ist: Der Mensch wird von Gott zu Gott gezogen. Dies ist nicht unbedingt ein beglückendes, sanftes, beseligendes Gefühl; kann sehr unterschiedlich erfahren, aber nicht erklärt werden. Das beklagt auch Rumi:

Wie ich die Liebe auch erklären will –
Komm ich zur Liebe, schweig beschämt ich still.
Erläut'rung mit der Zunge leuchtet sehr –
Doch Liebe ohne Zunge leuchtet mehr.
Die Feder eilt im Schreiben, kaum zu halten –
Kommt sie zur Liebe, wird sie gleich zerspalten.[202]

Und doch hat es die Dichter, die Mystiker und Mystikerinnen immer wieder gedrängt, von der Liebe zu sprechen, sie auszudrücken; sie will, wenn auch noch so unvollkommen, mitgeteilt werden.

Die Sehnsucht des Herzens

Wenn Sufis von Liebe sprechen, dann sprechen sie erst einmal von der Sehnsucht, denn Liebe und Sehnsucht sind für sie gleich. Irina Tweedie erklärt:

»Wir bringen diese Sehnsucht mit in unser physisches Leben. Wir bringen sie mit von anderen Seinsebenen, und sie bildet einen Teil unserer Seelensubstanz. Sie ist dazu da, uns heimzuführen, dahin, wo wir hingehören. Ohne diese Sehnsucht würden wir, die wir so verblendet sind, nie den Weg nach Hause finden.«

Manchmal sprechen die Sufis auch davon, dass die Liebe ihnen das Herz gebrochen habe. Was für ein gebrochenes Herz ist das? Das Herz ist nicht durchgebrochen, sondern es wird aufgebrochen. Es muss aufbrechen, wie eine Blüte, so dass es immer weiter, immer offener, immer großherziger werden kann, bis alles, Gott, die Welt, das ganze Leben darin Platz haben kann und alles vereint ist in der Liebe.

Ein zentrales Sufi-Symbol für den Zustand des Getrenntseins und der Sehnsucht nach der ursprünglichen Heimat ist die Rohrflöte, auf die Rumi uns immer wieder hinweist. Das Lied der Rohrflöte ist eines der berühmtesten Gedichte aus seinem Werk. Sie ist ein Symbol für die Seele, die sich zurücksehnt nach dem göttlichen Urgrund.

Hör auf der Flöte Rohr, wie es erzählt
und wie es klagt, vom Trennungsschmerz gequält!
»Seit man mich aus der Heimat Röhricht schnitt,
weint alle Welt bei meinen Tönen mit!
Ich such ein Herz, vom Trennungsleid zerschlagen,
um von der Trennung Leiden ihm zu sagen.
Sehnt doch nach dem In-Einheit-Lebens-Glück,
wer fern vom Ursprung, immer sich zurück![203]

Sufi-Mystik ist vor allem: eine Praxis der Herzensöffnung. Es geht darum, selbst zur Liebe zu werden, untrennbar eins mit dem Göttlichen. Der Mystiker Halladsch sprach in Ekstase diese innere Erfahrung aus: »Ich bin der, den ich liebe, und Er, den ich liebe, ist ich.«[204] Er wurde dafür im Jahr 922 gefoltert und hingerichtet.

Die Liebe, die in der Meditation geweck wird, ist die entscheidende transformative Kraft. Aber ihr Ort ist nicht die Innerlichkeit, sondern das alltägliche Leben. So sagt Idries Shah: »Der Sufismus gründet sich in der Liebe, wirkt durch die Dynamik der Liebe und manifestiert sich durch das gewöhnliche menschliche Leben [...].«[205] Bei Abu Said heißt es: »Der vollkommene Mystiker ist weder ein ekstatischer Anhänger [...] noch ein heiligmäßiger Einsiedler, der jeden Kontakt mit der Menschheit scheut. Der wahre Heilige geht vielmehr bei den Menschen ein und aus, ißt und trinkt mit ihnen, kauft und verkauft auf dem Mark, nimmt am sozialen Leben teil und vergißt niemals auch nur einen Augenblick Gott.«[206] Wir vergessen immer wieder, verlieren uns in den Alltagsgeschäften, lassen uns davon so in Beschlag nehmen, bis das eigene unruhige Herz wieder nach innen lenkt, die Sehnsucht im Herzen wieder lauter wird. »Ruhelos ist das Herz, bis es ruht in dir«, sagt bekanntlich Augustinus.

Vieles, was zur Essenz des Sufi-Weges zu sagen ist, lässt sich auch in der Essenz anderer spiritueller Traditionen finden. Das Besondere des Sufismus ist vielleicht, dass die Entfaltung aller Liebesfähigkeit im Mittelpunkt steht.

Lieben lernen

Rumi sagt: »Wo du auch bist und wie immer es dir ergeht, strebe stets danach, ein Liebender zu sein.«[207]

Was kann uns dabei helfen, das Herz offener, weiter zu machen, liebevollere Menschen zu werden? Die Dichterin Ricarda Huch hat einmal gesagt: »Liebe ist das einzige, das wächst, indem wir es verschwenden.« Es geht also um Freigiebigkeit, Großherzigkeit, darum, so viel Liebe zu schenken, wie wir können. Und dann ist es wie bei den Quellen: Je mehr wir geben, desto mehr strömt nach. Das Schenken in jeder Form ist eine wichtige Übung der Herzenserweiterung. Was das Herz immer wieder eng macht, ist die Angst, nichts zurückzubekommen, nicht wiedergeliebt zu werden, missverstanden zu werden, und sich abhängig davon zu machen, ob wir von anderen richtig gesehen und beurteilt werden. Lieben lernen heißt, Liebe verschenken, ohne Unterschiede zu machen.

Großherziger zu werden, bedeutet, nicht zu überlegen, ob der andere auch liebenswert ist, meine Liebe überhaupt verdient. Einfach lieben. »Die Ros ist ohn Warum; sie blühet, weil sie blühet«[208] (Angelus Silesius). Dies ist deshalb auch schwierig, weil wir uns selbst oft so wenig liebenswert finden. Wir suchen daher in der Liebe oft jemanden, der oder die uns bestätigt, dass wir trotz unserer Fehler und Schwächen liebenswert sind. Lieben lernen heißt aber, aus der Engstirnigkeit des ständigen Be- und Verurteilens bei uns selbst und anderen herauszufinden, in die Weite des Herzens. Jeder spirituelle Weg muss letzten Endes ein Weg zur Herzenserweiterung sein. Es geht darum, das Herz so weit zu öffnen, bis alles und jedes, was uns im Leben begegnet, darin Platz finden kann.

Lieben lernen bedeutet auch, sehr genau wahrnehmen zu können, wie die Schleier von Ärger, Ablehnung, Antipathie immer wieder das Herz zudecken. Auch wenn wir uns auf diesem Weg bemühen, lieben zu lernen, gibt es dennoch Situationen, wo wir uns feindselig, ärgerlich, wütend und defensiv verschließen und selbst spüren, dass wir innerlich fest, hart, verschlossen sind. Dann heißt es vor allem, Geduld mit sich selbst zu haben.

Es gilt, gegen den Widerwillen, die Ablehnung, den Ärger, den Hass und auch gegen die Gleichgültigkeit Mitgefühl und Liebe zu setzen, in sich selbst den inneren Raum immer wieder frei zu machen, der Liebe in uns die Chance auf Antwort zu geben. In jeder Situation ist ein Ruf, der nach dem Echo einer liebevollen Antwort verlangt. Liebevoll zu sein, lernen wir, indem wir darauf Acht haben, wie lieblos wir oft sind.

Am Ende zählt, wie weit wir im Erlernen der Kunst des Liebens in unserem Leben gekommen sind, wie weit wir menschliche Menschen geworden sind, ob wir sehen können, wie alles der Liebe bedarf.

Wenn die Liebe fehlt, dann kann auch vieles andere nicht gut gelingen. Ich weiß nicht, ob es stimmt, aber Laotse werden die folgenden weisen Sätze zugeschrieben:

Pflicht ohne Liebe macht verdrießlich.
Verantwortung ohne Liebe macht rücksichtslos.
Gerechtigkeit ohne Liebe macht hart.
Wahrheit ohne Liebe macht kritiksüchtig.
Erziehung ohne Liebe macht widerspruchsvoll.
Klugheit ohne Liebe macht gerissen.
Freundlichkeit ohne Liebe macht heuchlerisch.
Ordnung ohne Liebe macht kleinlich.
Sachkenntnis ohne Liebe macht rechthaberisch.
Macht ohne Liebe macht gewalttätig.
Ehre ohne Liebe macht geizig.
Glaube ohne Liebe macht fanatisch.[209]

Fragen: Mein bisheriges Leben als Schule der Liebe

1. Was hat dich das Leben gelehrt über »Liebe«?
   Welche Lektionen hat es dir hier bis jetzt gegeben?
2. Welche Formen der Liebe hast du in deinem Leben kennenlernen können, welche nicht?
   Wonach suchst du noch immer?
3. Was ist dein liebstes Liebeslied/Liebesgedicht?
4. Welche/-r Liebende hat dich besonders beeindruckt (als reale Person, als Gestalt aus der Literatur, in einem Film)?
5. Was waren die wichtigsten Liebesgeschichten in deinem Leben?
   Waren es glückliche oder unglückliche?
   Gab es darin für dich Momente von Transzendenz?
6. Was kannst du in einer liebevollen Beziehung selbst gut geben? Was fällt dir schwer?
7. Was erwartest du und brauchst du selbst besonders in einer liebevollen Beziehung?
8. Was sind für dich Warnzeichen, dass eine Beziehung in eine Krise gerät?
9. Was waren besonders bittere und schmerzhafte Erfahrungen mit der Liebe in deinem Leben?

10. Was waren/sind tief beglückende Liebeserfahrungen?
11. Von wem hast du am meisten gelernt in der »Kunst des Liebens« (Erich Fromm)?
12. Wer oder was kann dein Herz in Brand setzen?
13. Was könnte deine gegenwärtige Lektion sein in der Schule der Liebe?

Was also ist die Aufgabe der Menschen auf dem spirituellen Pfad, der Mystiker und Mystikerinnen von heute? Ein liebevoller Mensch zu werden, liebevolle, mitfühlende Kräfte am jeweils eigenen Lebensort in die Welt senden – das ist die Antwort des Sufismus.

Was die Liebe tut

Einer der größten Schätze des Neuen Testaments sind die Verse des Korintherbriefs von Paulus (1 Kor 13), in denen beschrieben wird, was die Liebe tut. Es ist ein wunderbarer Meditationstext, der für mich unbedingt in dieses Kapitel über Liebe gehört (in einer Übersetzung von Jörg Zink):

Die Liebe ist langmütig und freundlich,
sagt Paulus.
Sie nimmt es in Kauf,
dass sie getäuscht wird.
Sie nimmt es in Kauf,
dass man ihr Vertrauen ausbeutet
und ihre Geduld ausnützt.
Sie lässt sich geduldig sagen,
sie unterschätze die Bosheit und ihre Macht,
sie sei naiv
und erkenne die harte Wirklichkeit nicht.

Sie lässt es sich sagen,
weil sie die Wirklichkeit anders kennt

und von einer anderen Seite her,
als der Hass und die Menschenverachtung
die Wirklichkeit zu kennen meinen.
Sie ahnt, wie Gott die Menschen sieht
und was Gott mit ihnen gemeint hat.
Sie lässt sich lieber betrügen
als dass sie Misstrauen hegte,
denn nichts ist so sehr gegen die Wahrheit
wie der böse Verdacht
und das vorschnelle Urteil.

Die Liebe gibt niemanden auf.
Sie rechnet mit Wundern.
Wer sollte in dieser Welt mit Wundern rechnen,
wenn nicht die Liebe?
Sie rechnet vor allem immer und immer wieder
mit dem Wunder, dass ein Mensch sich wandelt,
gegen alle Befürchtungen und Prognosen.
Sie hält jedem Menschen den Raum frei,
in dem er sich wandeln kann,
und kennt keine hoffnungslosen Fälle.
Sie setzt keine Fristen.
Sie resigniert nicht
und lebt im Frieden mit der langen Zeit.

Die Liebe ist frei von Gewohnheiten
und von Konventionen.
Sie muss nicht tun, was man tut.
Sie darf nicht immer nur, was man darf.
Sie hat ihre eigenen Wege,
ungewöhnliche manchmal und gefährliche,
und manchmal liebt sie gegen das Recht
und gegen die Sitte.
Um eines Menschen willen.

Aber die Liebe verstößt niemals ohne Not
gegen den Takt und die Zartheit,
auf die die Menschen so sehr angewiesen sind.
Und oft wird sie ein Wort nicht sagen,
obwohl es wahr ist.

Die Liebe wird immer wieder,
was falsch läuft unter den Menschen,
beim Namen nennen.
Aber nicht, um Recht zu haben.
Und sie wird unermüdlich neu beginnen
und kein Gedächtnis haben
für erlittenes Unrecht.[210]

8. Lauschen mit dem Dritten Ohr: spirituelle Traumarbeit

In vielen spirituellen Traditionen und therapeutischen Verfahren wird den Träumen der Menschen eine besondere Bedeutung zugemessen. Sie galten in der Vergangenheit oft als göttliche Offenbarungen. In den griechischen Heiltempeln etwa erschlossen Priester aus den Träumen der Kranken Hinweise für deren Heilung.

In den Sufi-Traditionen gelten Träume als Botschaften, die ganz besonders zu beachten sind. Sie zeugen vom Hintergrundwissen der Seele. In der Sufi-Arbeit mit Träumen werden tiefenpsychologische und spirituelle Ansätze und Deutungsmöglichkeiten miteinander verbunden. Traumarbeit eröffnet den Zugang zur inneren, spirituellen Welt in uns, von der Novalis sagt:

Wir träumen von Reisen durch das Weltall:
ist denn das Weltall nicht in uns?
Die Tiefen unseres Geistes kennen wir nicht.
Nach innen geht der geheimnisvolle Weg.[211]

Traumarbeit ermöglicht aber ebenso, Probleme in der Alltagswelt in einer größeren Perspektive zu erkennen. Besonders hilfreich ist das Besprechen von Träumen in einer spirituellen Gruppe. Hierbei brauchen die Träume ein Netz aus Achtsamkeit, empathischem Mitschwingen und aktiver Resonanz, sie benötigen ein besonderes Hinhorchen und Hinhören. Die spirituelle Gruppe bietet hierfür einen besonderen Raum. Das Traumverstehen ist ein Weg zu eigenen inneren Wahrheiten.

Die Bedeutung von Träumen aus neurologischer und psychologischer Sicht

Unser Gehirn ist im Schlaf nicht abgeschaltet, sondern hochaktiv. Im Schlaf speichert das Hirn Tageseindrücke und Informationen ab und schafft Verbindungen zu älteren Gedächtnisinhalten und Erinnerungen.

Künstlerische Gestaltungen und wissenschaftliche Entdeckungen basieren zum Teil auf nächtlichen Trauminspirationen; Dichterinnen und Schriftsteller ließen sich von ihren Träumen zu ihren Werken inspirieren. Ebenso geben manche Träume auch wichtige Hinweise auf das Alltagsleben des Träumers, der Träumerin, was vor allem für Psychologie und Psychotherapie von Bedeutung ist.

Träume sind ein psychisches Geschehen, das normal und notwendig für die seelische Gesundheit ist. Sie gehen mit hochkomplexen psychischen und hirnphysiologischen Prozessen einher, bei denen verschiedene Hirnareale zusammenarbeiten und neue neuronale Verknüpfungen entstehen. Wie wir heute aus der psychologischen Forschung wissen, träumt jeder Mensch in der Nacht ein bis zwei Stunden lang, auch wenn es sein kann, dass er sich daran nicht erinnert. Die Fähigkeit, sich an Träume zu erinnern, kann sehr unterschiedlich sein.

Träume haben für die Psyche wichtige Funktionen, etwa Stress abzubauen, die seelische Balance aufrechtzuerhalten, Problemlösungen zu finden und die Identität zu stabilisieren. Wenn ein Mensch träumt, sind die linkshemisphärischen Hirnregionen besonders aktiv, die stärker gefühlsbetont, assoziativ und bildhaft arbeiten; es geht in Träumen daher vor allem um Emotionen, Konflikte und Wünsche.

Ein Traum will erzählt werden, denn so kann er besonders wirksam werden und Lern- und Veränderungsprozesse in Gang setzen, wie auch Michael Ermann betont: »Das Träumen als eine besondere Form des Lernens modifiziert das Gedächtnis. Das gilt für das Träumen an sich, wie C. G. Jung bereits wusste, mehr noch für das Erzählen von Träumen und am meisten für Traumdeutungen, die den Traum für den Träumer in einem neuen Licht erscheinen lassen.«[212]

Wenn wir träumen, eröffnet sich uns eine eigene innere Welt: Hier werden Wahrnehmungen verarbeitet, Anregungen für das Wachbewusstsein gegeben und Probehandeln ermöglicht. Dabei sind Träume nicht an die Grenzen von Raum und Zeit gebunden; manche Träume haben einen Vergangenheitsbezug, andere einen zukünftigen, prospektiven. Oft enthalten sie ein spezifisches inneres Wissen.

Träume haben immer Bezug zur Psychodynamik. Sie geben wichtige Hinweise in Bezug auf den inneren Zustand eines Menschen, zeigen Veränderungen auf und können zu einem Mehr an Einsicht und Selbsterkenntnis führen. Aus diesem Grund ist psychotherapeutische Traumarbeit bzw. das Gespräch über Träume zwischen spiritueller Lehrerin und Schülerin so wichtig.

Das tiefenpsychologische Verständnis von Träumen und Traumarbeit

Um die Bedeutung von Träumen zu verstehen, sind die tiefenpsychologischen Traumtheorien von C. G. Jung besonders hilfreich. Für ihn ist der Traum »jenes Theater, wo der Träumer Szene, Spieler, Souffleur, Regisseur, Autor, Publikum und Kritiker ist«[213].

Aus tiefenpsychologischer Sicht eröffnen uns Träume den Zugang zu den unbewussten Bereichen der Psyche. Jeder Traum ist Ausdruck der schöpferischen Kräfte des Unbewussten und seine Symbole sind gestaltgewordene seelische Energie.

Träume steigen aus den Tiefen des Unbewussten ans Bewusstsein. Sie sind geheimnisvoll, aber zuweilen auch so eindringlich, dass ihre Botschaft nicht einfach beiseitegeschoben werden kann. Es gibt eine Spannung zwischen dem erinnerten Traum, der noch nicht verstanden ist und noch geheimnisvoll bleibt, und dem Traum, dessen Botschaft erfasst ist. Daher heißt es im Talmud: Ein nicht verstandener Traum ist wie ein ungelesener Brief.

Es gibt verschiedene Arten von Träumen:

- oberflächliche Träume zur Verarbeitung von Tageseindrücken,
- Träume, die Orientierung geben,
- Warnträume,
- Albträume,
- Träume aus dem Bereich des persönlichen Unbewussten,
- Individuationsträume,
- kollektive Träume,
- spirituelle Träume bzw. besondere, sogenannte Große Träume, die von tiefer Bedeutung und Wirkung sind.

Träume sind wichtige Helfer auf dem Weg der Individuation, denn sie reichen über das Tagesbewusstsein hinaus und können wichtige Impulse aus dem Unbewussten vermitteln, die in bestimmten Lebenssituationen Orientierung ermöglichen. Träume verbinden lebensgeschichtliche Erfahrungen und Erinnerungen, aktuelle Lebenssituation sowie zukünftige Möglichkeiten und Potentiale miteinander.

Der Traum impliziert einen Sinn, er will geahnt, verstanden, angenommen sein, und er spielt über die Grenzen von Raum und Zeit hinweg. In Träumen verdichtet sich die Zeit zu einem besonderen Zugleichsein von Vergangenheit, Gegenwart und Zukunft. Träume sind psychische Integrationsprozesse, quasi nächtliche Therapiestunden. Träume verweisen auch auf Urmuster menschlicher Erfahrung, auf Archetypen.

Der Traum ereignet sich; wie lang, wie kurz, wie symbolisch verschlüsselt oder in sehr konkreten Bildern er sich zeigt, all das kann die Träumerin nicht beeinflussen – außer in sogenannten luciden Träumen. Traumbilder und Traumserien sind ein »sehr feiner Stoff«. Sie verflüchtigen sich schnell beim Aufwachen. Daher empfiehlt es sich, für das baldige Festhalten der Traumbotschaften ein entsprechendes Traumtagebuch zu führen.

Die meisten Träume beschreiben den gegenwärtigen Zustand eines Menschen, seinen Entwicklungsprozess, seine Lebensweise und seinen Bezug zur Welt. In der Sufi-Tradition gibt es den Satz:

»Mitten in der Welt, aber nicht von dieser Welt.« »Mitten in der Welt« bedeutet, mitten im Leben zu stehen, sich nicht in einer falsch verstandenen Spiritualität von der Welt zurückzuziehen. Träume können zeigen, wo das Verhältnis zur Welt gestört ist, wenn Menschen sich nicht wirklich auf ihr Leben und seine Herausforderungen einlassen. Die tiefenpsychologische Arbeit mit Träumen zielt auf die seelische Ganzheit des Träumers hin.

Träume zeigen oft Veränderungen an, die zu einem erweiterten Selbstbild führen, aber auch Ausdruck besonderer Verunsicherung sein können:

Ich bin unterwegs auf einer mir unbekannten Straße. Plötzlich entdecke ich, dass aus meinem Rucksack meine Ausweispapiere verschwunden sind. Ich suche im Rucksack und auch auf dem Weg, aber sie sind weg. Ich erwache mit großer Beunruhigung und der Frage: Wer bin ich denn?

Im Nachdenken über den Traum spürt der Träumer, wie sehr er sich seit der Teilnahme an der Meditationsgruppe und dem regelmäßigen Meditieren irgendwie verändert hat, nicht mehr »der Alte« ist, dass die alte Identität sehr in Frage gestellt ist.

Die Traumsprache ist eine symbolische. Symbole als sichtbare Zeichen einer unsichtbaren Wirklichkeit verbinden die innere und die äußere Welt miteinander. Beim Traumverstehen geht es darum, *wie* man sich auf die Botschaften der Träume einlässt. Es erfordert eine besondere Bereitschaft, sich vom Traum berühren, inspirieren zu lassen, nach innen zu horchen und dabei Bereiche der Innenwelt kennenzulernen, die mit dem Alltagsbewusstsein nicht zu erfassen sind.

In der Traumarbeit müssen das Licht und die Erkenntnismöglichkeiten des Bewusstseins mit den Botschaften und Weisheiten des Unbewussten in Kontakt kommen. Bei der Erarbeitung von Bedeutungen ist dabei entscheidend, dass die Träumerin intuitiv erkennt, was für sie stimmig ist, die Botschaft des Unbewussten also vom Bewusstsein erkannt und verstanden wurde.

Das Besprechen eines Traumes kann für den Träumer ein subtiler, aber intensiver Wandlungsvorgang sein und mit einer besonderen Einsicht, Selbsterkenntnis, einer veränderten Haltung zu seiner Problemsituation einhergehen. Psychologische Ebene und spirituelle Bedeutungsebene wirken dabei zusammen.

Träume zeugen vom Hintergrundwissen der Seele: So schreibt Ingrid Riedel in ihrem Buch *Träume. Wegweiser in neue Lebensphasen*: »Träume lehren uns immer wieder staunen über das innere Wissen unserer Psyche, über ihr Ahnungsvermögen und ihr Vorauswissen von der symbolischen Bedeutsamkeit unseres Entwicklungsweges. Sie erst lehren uns überhaupt, daß es einen Entwicklungsweg, einen inneren Fahrplan des menschlichen Lebens gibt, dessen Phasen und Rhythmen unserer Psyche eingestiftet zu sein scheinen. Dies zu erfahren ist für viele tröstlich und schafft Vertrauen in die größeren und tieferen Zusammenhänge unseres Lebens.«[214]

Der Traum weiß etwas, was das bewusste Ich nicht weiß. Über das nächtliche Traumgeschehen erhält die Psyche Zugang zu den Inhalten des persönlichen und kollektiven Unbewussten, die weit über das Alltagsbewusstsein hinausreichen. Das beschreibt Gisela Rieß sehr schön: »Träume vermögen Türen zu öffnen zu bisher unzugänglichen Bereichen, Wege zu weisen durch das Dunkel unseres Selbstwerdungsprozesses und unserer Beziehungsgestaltung im Alltag und auf Lösungen und Ziele hinzudeuten, die nicht unserer bewussten Vorstellung und Planung entstammen.«[215]

Die Beschäftigung mit Träumen geschieht im Grenzbereich zwischen dem Bewussten und dem Unbewussten, wobei sich Traumarbeit im Bereich der Psyche des Einzelnen zwischen dem Selbst und dem bewussten Ich bewegt und besondere Beziehungen zwischen beiden schafft.

Spirituelle Traumarbeit in der Sufi-Gruppe

»Träume sind von Wichtigkeit. Sie sind Führer.«[216] So zitiert Irina Tweedie ihren Lehrer in der Beschreibung ihres Schulungswegs. Das Ziel jeder spirituellen Schulung ist, so Bhai Sahib, ein geführtes Leben zu leben. Das bedeutet auch, die Hinweise zu erfassen, die das Leben selbst auf sehr unterschiedliche Weise gibt, oft in »merk-würdigen« synchronistischen Phänomenen – auch in Träumen.

Auch in der Sufi-Gruppe des Sophia-Zentrums ist das Beachten der Träume und die gemeinsame Deutungs- und Verstehensarbeit in der Gruppe von besonderer Wichtigkeit.

Die spirituelle Bedeutung von Träumen

In verschiedenen mystischen Traditionen waren Träume wichtige Hilfsmittel. Die Arbeit mit Träumen öffnet die Tür zur inneren, spirituellen Welt in uns und zur äußeren Welt, in der wir bewusst leben. Sie ist die Brücke zwischen beiden Bereichen.

Manche Träume sind in ihrer symbolischen Bedeutung und ihrem Alltagsbezug leicht verstehbar, es gibt jedoch auch Träume mit einem besonderen spirituellen Sinnbezug. Diese bedürfen sowohl der psychologischen als auch der spirituellen Sichtweise. Spirituelle Träume haben oft eine besondere Präsenz im Bewusstsein und eine Dringlichkeit, mitgeteilt und verstanden zu werden. Sie gehen mit dem Gefühl einher: »Das geht mich unbedingt an.« Besonders in Schwellensituationen und krisenhaften Lebensphasen können sich seelische Bedürfnisse nach Sinn und spiritueller Ausrichtung besonders melden, nicht selten steigen dann auch entsprechende Träume aus den Tiefenschichten der Seele ins Bewusstsein auf.

Spirituelle Träume sind vor allem Träume mit universaler religiöser Symbolik, z. B. Träume von Engeln, Christusbildern und Buddhas oder bei Muslimen Träume vom Propheten Mohammed. Es geht in solchen Träumen manchmal um Stimmen mit einer unabweisbaren Botschaft, die gehört werden will; es kann dabei um Göttinnen und Götter gehen, um Sophia, die Gestalt der weiblichen Weisheit, um Zusammenkünfte mit spirituellen Lehrerinnen und Lehrern. Es sind Träume, die von ihrer Symbolik her auf Religiöses verweisen und den Träumer bzw. die Träumerin an heilige Orte, in Kirchen, Kapellen, Tempel führen. Manche Träumer haben besondere Lichterfahrungen, oft taucht das Thema der Suchwanderung auf. Ebenso gibt es häufig innige Begegnungen mit lebenden oder auch verstorbenen Menschen, zu denen eine besondere Beziehung besteht, oder das Zusammensein mit einer besonderen unbekannten Gruppe. Die jeweilige Symbolik hängt u. a. ab von den Symbolen und Inhalten, die in der religiösen Sozialisation erlebt wurden. Spirituelle Träume sind Träume, die für den Träumer oder die Träumerin eine numinose Qualität haben und lange, oft über Jahre hinweg als ein wichtiger, »großer« Traum im Gedächtnis bleiben, bis sie beim Erzählen und Besprechen mit anderen entschlüsselt und verstanden werden.

Es gibt Phasen des intensiven Träumens und Erinnerns sowie Zeiten, in denen man kaum die nächtlichen Träume ins Bewusstsein holen kann. Immer wieder aber gibt es die Erfahrung, dass Träume vor einem Gruppentreffen und besonders auch in Retreat-Zeiten ins Bewusstsein dringen.

Spirituelle Traumarbeit in der Gruppe

C. G. Jung sagt: »Der Traum ist die kleine verborgene Tür im Innersten und Intimsten der Seele, welche sich in jene kosmische Urnacht öffnet, die Seele war, als es noch längst kein Ichbewußtsein gab, und welche Seele sein wird, weit über das hinaus, was ein Ichbewußtsein je wird erreichen können.«[217] Entsprechend bedarf es einer Haltung offener und wertschätzender Achtsamkeit, der Empathie und einer besonderen Aufmerksamkeit in der ganzen Gruppe. Träume brauchen ein Netz aus empathischem Mitschwingen und aktiver Resonanz. Die Gruppe ist hier ein besonderer Raum, eine Art Temenos.

Wenn ein Traum in der Gruppe besprochen wird, geht es zunächst um die Situation der Träumerin und ihre Entwicklung. Manchmal entfaltet ein Traum erst seine Bedeutung im Resonanzfeld einer Gruppe und ermöglicht der Träumerin ein tieferes Verstehen, als ihr allein möglich war. Das Bedeutungsvolle und besonders Wichtige eines Traumes wird erst in der Reflexion und Spiegelung der Gruppe erkennbar. Die Gruppe erfasst dies oft intuitiv.

In der gemeinsamen Arbeit an einem Traum ist dieser aber zugleich eine Lehr-/Lerngeschichte mit Bedeutung für alle Beteiligten. Für die Mitglieder der Gruppe ist es wichtig, sich von dem Thema des Traums, seinen Symbolen wirklich berühren zu lassen: Was von dem, was der Traum erzählt, berührt mich und wie betrifft es mich? Was sind seine Botschaften?

Für die Traumarbeit ist wichtig, ohne vorgefasste Meinung offen zu sein, sich ohne vorschnelles Urteilen und Bescheid-wissen-Wollen, sich ohne kritische Wertung dem Geheimnis des Traums zu nähern, achtsam und besonders aufmerksam für den Sprechenden und seine Bedürfnisse zu sein und ihn auf seinem Entwicklungsweg zu sehen. Manche Träume sind unmittelbar so verständlich, manches muss interpretiert bzw. gedeutet, d. h. seine Bedeutung muss hervorgehoben werden. Für alle ist dabei etwas zu lernen: über die jeweiligen Themen, über die Weisheit des Unbewussten; Selbsterkenntnis durch das, was sich in der Resonanz beim Zuhören und Mitfühlen zeigt und meldet, wird möglich.

Bei der Traumarbeit ist eine rezeptive Wahrnehmung wichtig: Wie wird der Traum erzählt – mit welcher Haltung, Stimme, Atmung, mit welchen Körperbewegungen? Reaktionen auf den Traum können sein: benennen, beschreiben, klären, assoziieren, amplifizieren, schöpferische Phantasie.

In der Gruppe des Sophia-Zentrums werden spirituelle und psychologische Ansätze und Betrachtungsweisen miteinander verbunden. Das entspricht auch C. G. Jungs Auffassung: »Zum Verständnis der religiösen Dinge gibt es heute wohl nur den psychologischen Zugang.«[218]

Jeder erzählte Traum ist für die Gruppe eine besondere Geschichte, die Sinnhaftes vermittelt. Die Arbeit an einem Traum hat unter Umständen tiefe Wirkungen. Sie bahnt Wege im Dialog zwischen dem Bewussten und dem Unbewussten, wird als Anerkennung und Bestätigung für das Unbewusste gesehen, bewirkt verstärkte Zuwendung zu diesem Dialog, bei dem Botschaften aus Tiefen aufsteigen können und ein inneres Wissen dabei deutlich wird.

Die Träume zeigen zugleich auch, wie unterschiedlich die individuellen Erfahrungen auf dem inneren Weg sind, sie verdeutlichen etwas vom Transformationsprozess, denn jeder spirituelle Erfahrungsweg ist ein Prozess der inneren Entfaltung und Wandlung und einer immer klareren Ausrichtung auf der/die/das Göttliche in uns.

Träume sind nichts Statisches. Wenn sie sich im kollektiven Bewussten und Unbewussten der Gruppenmitglieder bewegen, zeugt die Gruppendiskussion von ihrer Dynamik: Ihre Bewegungen fließen hin und her, Aufmerksamkeitspole verschieben sich, überraschend treten oft scheinbare Nebenaspekte als bedeutsam in den Vordergrund. Nicht selten rüttelt ein Traum an den Denkmustern und Konditionierungen des Träumers oder der Träumerin. Er vertieft die Selbsterkenntnis und verweist auf notwendige Befreiungsarbeit von Hemmungen und Beschränkungen, um mehr aus dem Selbst zu leben.

Die Vieldeutigkeit eines Traumsymbols versetzt immer wieder in Erstaunen, wenn mehrere Gruppenmitglieder ihre Einfälle zu einem Traum mitteilen. Die Gruppe in der Traumarbeit ist wie ein Prisma; viele verschiedene Facetten leuchten auf, weil das Bewusste und das Unbewusste der Gruppenmitglieder es reflektieren. Es geht um die gemeinsame Betrachtung eines Traums; der Traum schwingt so in einem kollektiven Feld des gemeinsamen Bewussten und Unbewussten.

Das gemeinsame Verstehen von Träumen wird von der ganzen Gruppe als ein kreativer Prozess erlebt. Es ist zugleich eine besondere Schulung der Intuition. Manchmal gibt es – für die Träumerin und die Gruppe – ein plötzliches Erkennen und gemeinsames Lachen, weil ein bestimmtes Detail sich als vom Unbewussten sehr »humorvoll gewählt« erweist und genau ins Schwarze trifft. In einer Gruppe, die miteinander unterwegs ist, gibt es eine besondere Resonanz und Anteilnahme, eine Mitfreude, wenn es bei einem Gruppenmitglied einen Durchbruch, eine Erkenntnis gibt, die Bereitschaft da ist, sich zu wandeln, wenn etwas Numinoses aufleuchtet und ehrfürchtig erkannt wird.

Dadurch, dass der Traum im Raum der Gruppe erzählt wird,

wird er als solcher gewürdigt und bestätigt. Er hilft der ganzen Gruppe, sich auf die Ebene tieferer Bedeutungen einzulassen, sich quasi auf einer anderen geistigen Schwingungsebene zu bewegen. So können Träume zu einer Lehrgeschichte für alle werden.

Immer gilt es, nach der Verbindung des Traumes zur gegenwärtigen Lebenssituation des Träumers, der Träumerin zu suchen, so dass der Traum im realen Leben ankommen kann. Die Beziehung der Träumerin zur realen Welt, zu ihrem sozialen Umfeld und ihren Aufgaben im Leben muss stimmig sein, darf nicht blockiert und nicht halbherzig sein. Einige Beispiele mögen den wegweisenden Charakter der Träume verdeutlichen.

Traum I: »Stirb, bevor du stirbst.«

Ich hänge kopfüber einen Abgrund herunter, hänge mit den Füßen noch in einer Art Holzgeländer oder so etwas fest, bin mit den Fußgelenken dort eingehängt, und zwar weil ich mit den Händen da etwas einsammeln oder aufräumen will. Ich merke dann aber, dass ich nicht mehr kann, dass mich die Kräfte verlassen, und rufe laut nach Martin, der im Hintergrund ist, zusammen mit Eva. Es ist wie ein Ferienhaus aus Holz, mit Veranda oder so, an der Steilküste – da, wo ich drüberhänge. Wasser oder Meer sehe ich aber nicht. Es ist einfach ein Bergabhang, ein Abgrund.

Ich rufe: »Martin, komm ganz schnell her!« Und Martin kommt dann auch, und ich spüre, dass er meine Fußgelenke umfasst und versucht, mich wieder hochzuziehen, aber er schafft es nicht, ich bin zu schwer. Dann spüre ich, dass Eva versucht, mir ein Seil um die Fußgelenke zu binden und mich festzubinden. Ich selbst lasse dann los, bereit, zu fallen und zu sterben. Dieses Loslassen hat keinen Schrecken, es ist keine Panik, sondern es ist Erleichterung.

Aber Martin hat mich dann doch irgendwie packen und hochziehen können und ich falle nicht in den Abgrund.

Zu Beginn des Traumes erfährt sich die Träumerin in einer Extremsituation: kopfüber über einem Abgrund hängend. Sie ist jedoch mit irgendetwas beschäftigt, mit den Händen, nimmt keinen

Bezug zur Situation des Abgrunds. Die Stimmung ist wie bei einer Feriensituation am Meer. Erst als die eigenen Kräfte sie verlassen, erfolgt der Hilferuf zu zwei Menschen, die ihr nahestehen und zu Hilfe kommen, aber sie nicht halten können, sie nicht vor dem Abgrund bewahren können.

Erst als die Träumerin sich auf ihre Situation wirklich einlässt, in einem Akt der Ergebung, des Loslassens, erlebt sie Befreiung von Angst und Schrecken, ist sie erleichtert. Ihr Gefühl in diesem Moment ist: »So könnte ich loslassen, sterben, ohne Erwartung menschlicher Rettung.«

Der Traum verdeutlicht eine Aufforderung und Erfahrung auf dem Sufi-Weg: »Stirb, bevor du stirbst.« Die Träumerin ist sehr tief berührt von diesem Traum, er hat für sie den Charakter einer Mahnung und einer Aufforderung, sich auf das Thema Sterben und Tod wirklich einzulassen. Der Traum verweist auf die Notwendigkeit, Sterben und Tod im Leben als Realität zu akzeptieren, was zugleich für das Leben selbst öffnet und bereit macht – die Ars moriendi als Ars vivendi. »Stirb, bevor du stirbst« meint nicht Todessehnsucht im Sinne der Verneinung des Lebens, wohl aber die innere Befreiung von Lebens- und Todesfurcht bzw. von einem achtlosen Beschäftigtsein, ohne den »Abgrund« zu realisieren, wie zu Beginn des Traums.

Traum 2: Die Nuss muss geknackt werden

Ich habe einen Avocadokern vor mir, der aber sehr klein ist, so daumennagelgroß. Es geht irgendwie darum, das Innere des Avocadokerns zu essen. Denn da ist noch etwas drin, so wie manche Pfirsichkerne sich aufspalten und dann nochmals ein weicher, nussartiger Kern drin ist. Es ist aber ein Avocadokern, und ich muss auch noch so eine Haut um den Kern abmachen.

Dem Träumer fällt beim Berichten des Traumes ein Sufi-Spruch ein: »Wenn die Nuss nicht geknackt und geöffnet wird, kommt man nicht an das wertvolle Nussöl heran.«

Rückfragen aus der Gruppe an den Träumer waren dann:

- »Mit welchem Thema bist du denn gegenwärtig so beschäftigt? Was ist für dich eine Nuss, ein Kern, der zu knacken oder zu schälen ist?«
- »Was kommt dir vielleicht riesig vor, glitschig wie ein Avocadokern, ist aber in der Präsentation des Traumes nur daumennagelgroß?«
- »Was steckt in diesem Problem, dessen Inneres wirklich einverleibt, gegessen und richtig verstanden werden muss?«

Erst solche Rückfragen brachten den Träumer auf die Spur, welches seiner gegenwärtigen Probleme ihm über den Traum nahegebracht wurde, ein Problem, das er immer wieder von sich wegzuschieben versuchte.

Traum 3: Gespräch mit dem Seelenvogel

Ich bin in meinem Schlafzimmer und höre ein Geräusch. Ich sehe, dass ein Vogel in mein Zimmer gekommen ist und darin herumflattert. Ich will ihm helfen, wieder rauszukommen, er ist aber gar nicht so hilflos, wie ich dachte, sondern findet selbst den 15 cm breiten Schiebetürspalt, wo er reingekommen ist. Er ist dann draußen und kommt aber, glaub ich, wieder rein, d.h. das Rausbringen wiederholt sich.
Ich stehe dann in der Schiebetür und habe auf einmal den Vogel auf meinem Finger. Es ist ein schwarzer Star, und er hat goldene Punkte im Gefieder. Ich komme dann in ganz vertrauten Kontakt mit ihm, kraule ihm die Federn durch, umfange ihn mit der hohlen Hand.
Ich frage ihn, ob das nicht sehr ungewöhnlich ist, dass ein wilder Vogel so vertraut mit einem Menschen wird, zu einem Menschen hinfliegt etc. Wir reden darüber – ich weiß nicht mehr genau, was er sagte. Der Vogel kam immer dann, wenn ich singe. Ich wache mit einem ganz beglückten Gefühl auf.

Die Sprache der Vögel zu verstehen, ist ein Symbol für besondere Fähigkeiten, die auf dem spirituellen Weg erwachen können.

Für die Träumerin, die eine enge Beziehung zu Vögeln hat, war sehr rasch klar, dass der Vogel, mit dem sie in diesem Traum spricht und zunächst in einem immer wieder unterbrochenen Kontakt ist (rein – raus), ihr »Seelenvogel« ist.

Das schillernde Federkleid der Stare mit manchmal aufleuchtenden Goldsprenkeln ist ein passendes Symbol für das Geheimnisvolle des Seelenvogels. Im vertraulichen Kontakt mit ihm macht sie die Erfahrung, dass sie ihn mit Hilfe ihres eigenen Gesangs – »auf den Flügeln des Gesangs« (Heine) – zu sich rufen kann.

Schon in der ägyptischen Mythologie ist der Vogel ein Seelensymbol. Ein Text aus der Zeit ca. 2200 v. Chr. überliefert das Gespräch eines Lebensmüden mit seinem Ba, seiner Seele, dargestellt als Vogel mit einem menschlichem Kopf. Und auch in einigen schamanischen Ritualen ist der Vogel ein Seelensymbol, das dem Schamanen erlaubt, die höheren Welten zu erreichen.

Allgemein verkörpern Vögel geistige Kräfte, sie bewegen sich im Element Luft, können die Verbindung zwischen Himmel und Erde darstellen. Sie stehen für Transzendenzerfahrungen, für die Fähigkeit, die Grenzen von Raum und Zeit, Diesseits und Jenseits überwinden zu können.

Das Singen ist ein Symbol für Frohsinn, Lebendigkeit, Sehnsucht. Der Klang der Musik ist etwas Geheimnisvolles, als Lied in allen Dingen. Singen steht auch für den Ausdruck von Gefühlen. Und so versteht die Träumerin, die sich mit dem Leben selbst und seinen Gegebenheiten schwertut, was ihr Seelenvogel ihr sagen will: leichter und freier das Leben zu nehmen und wirklich auch öfter zu singen. Und Zugang zum Glücklichsein zu suchen.

Traum 4: Das archetypische Symbol des Kindes

Ich habe ein neugeborenes Kind vor mir. Es ist mein Kind und gleichzeitig nicht mein Kind. Es ist gleichzeitig auch uralt. Ich frage es nach der Verbindung zum Göttlichen, danach, wo es herkommt. Die Antwort, so weiß ich, gilt auch für mich. Es sagt mir einen Satz – es kann ganz selbstverständlich sprechen –, der mich beruhigt, der die Verbindung bestätigt. Im Traum versuche ich, ihn mir zu merken, und ich weiß schon, dass das schwierig wird. Es sagt auch noch einen zweiten Satz.

Es geht dann um die Versorgung des Kindes. Ich sage zu jemandem, der/

die dabei ist, dass ich ihm jetzt die Brust geben muss und ich gar nicht weiß, wie das geht.

Geburtsträume künden seelische Erneuerung an, und wenn das Neugeborene gleichzeitig uralt ist, tritt es als Archetyp des Göttlichen Kindes in Erscheinung. Er konstelliert sich in der Seele nicht selten in schwierigen und bedrohlichen Zeiten und als Ankündigung von etwas Neuem. Zum besonderen Kraftfeld des Archetyps des Göttlichen Kindes gehören Energien der Wandlung und des Aufblühens, Entwicklungsmöglichkeiten, die aus dem Selbst kommen. Bei Meister Eckehart ist die Gottesgeburt in der Seele ein zentrales Symbol mystischer Erfahrung.

Für die Träumerin ist es klar, dass es ihr Kind ist, gleichzeitig aber auch nicht ihres, und es zeigt in dieser Paradoxie und seiner Fähigkeit, mit ihr zu sprechen, seine Besonderheit. Sie kann es befragen, fragt nach der Verbindung zum Göttlichen. Die Träumerin erfährt etwas, das ihre innerste Frage nach dem Göttlichen zutiefst beruhigt. Sie erinnert aber nur die Wirkung des Gesprächs, das Geheimnis selbst ist nicht weiter mitteilbar. Sie weiß nur, dass sie dieses Neue in sich nun nähren und pflegen muss, weiß aber nicht, wie das gehen könnte.

Träume als Wegweiser

C. G. Jung hat einmal gesagt: »Im Verlauf des Individuationsprozesses erreicht der Mensch die Eingangsschwelle zum Hause Gottes.«[219] Umgekehrt gilt: Ein spiritueller Weg beginnt auf der psychologischen Ebene und ist in weiten Teilen ein Prozess der Selbsterkenntnis, Klärung, Reinigung, Bewusstwerdung, ist Arbeit am Schatten, bedeutet Auflösung von Fixierungen im Denken und Fühlen, ist Entkonditionierung. Wer sich auf intensive regelmäßige spirituelle Übung und Meditation einlässt, der begegnet auf dem Weg der Selbsterfahrung auch unweigerlich seinen Schattenseiten, die angenommen und integriert werden wollen. Der Weg zur seelischen Ganzheit ist für Jung immer auch eine Konfrontation mit den eigenen Gegensätzen, deren Spannungspotential und dem Versuch der Vereinigung der Gegensätze.

Abschließend ein Wort aus C. G. Jungs Rotem Buch:

»Die Träume sind die leitenden Worte der Seele. Wie sollte ich daher meine Träume nicht lieben und ihre rätselvollen Bilder nicht zum Gegenstand meiner täglichen Beobachtung machen?«[220]

9. Arbeit mit Sufi-Geschichten und Sufi-Symbolen

Sufi-Geschichten und wie sie wirken

Ein Vater zum schielenden Sohn:
»Mein Sohn, du siehst leider alles doppelt!«
Sohn: »Aber Vater! Dann müsste ich doch
vier Monde am Himmel sehen statt zwei!«
SUFI-GESCHICHTE

Im Lehren und Lernen der Sufis haben Geschichten, Parabeln und Symbole immer eine ganz besondere Bedeutung gehabt. Sie waren Hilfsmittel zur spirituellen Entwicklung, zum Umlernen, Neulernen, zum Verlassen von Routinen und Aufgeben starrer, automatisierter Denk- und Verhaltensweisen – eben Hilfsmittel zur Transformation.

Bei dem Lernen, von dem hier die Rede ist, geht es nicht um kognitiven Wissenserwerb wie im schulischen Lernen, es geht vielmehr um eine achtsame Lebenspraxis, die hinter allem, in den Tiefendimensionen auch der alltäglichen Dinge, etwas Wesentliches erahnt und die erspüren kann, was durchscheint und für die Augen des Herzens sichtbar ist (siehe Kapitel 10). Es gilt Rumis Hinweis:

Des Freunds Geheimnis möge niemand lichten,
du horche auf den Inhalt der Geschichten:
in Sagen, Märchen aus vergangnen Tagen
läßt sich des Freunds Geheimnis besser sagen![22]

Sufi-Geschichten sind sehr unterschiedlich: Einige sind wie frische Früchte, sie dürfen nicht vorgekaut werden, man genießt sie einfach. Auf manchen kann man eine Weile herumkauen, dann entfaltet sich nach und nach ihre Bedeutung. Einige Sufi-Geschichten sind harte Nüsse, die man knacken muss, um an den nahrhaften Kern zu gelangen. Um sie zu verstehen, helfen manchmal ein paar Hinweise zur Aufschlüsselung ihrer Symbole. Dann liefern sie dem Geist erhellende Einsichten.[222]

Sufi-Geschichten sind zunächst einmal ein Spiegel für das Menschlich-Allzumenschliche. Sie fordern Witz und Humor heraus, sie wollen wach machen, sie rühren in der Seele Erinnerungen an und versuchen mit Hilfe des Symbolischen, das Nichtsagbare anzudeuten. Diese Geschichten sind natürlich nicht nur lustig, sondern auf verschiedenen Bedeutungsebenen zu verstehen, aber der Humor ist zunächst unabdingbar. Beim Hören der an der Oberfläche einfach witzigen und unterhaltsamen Geschichten entspannen sich die Beteiligten, werden sie offener für die Inhalte und Botschaften auf den tieferen Ebenen. Beim Lachen werden viele Muskeln beteiligt, die Lungen füllen sich mit mehr Luft, das Zwerchfell zieht sich zusammen, die Sauerstoffaufnahme ist erhöht, im Gehirn werden bestimmte Schaltkreise, die sogenannten Humorschaltkreise, aktiviert. Lachen hat kognitive, emotionale und körperliche Aspekte – und alle sind gut für Lernprozesse. Der Humor hilft auch, eigene Vorurteile und Denkmuster wiederzuerkennen, vielleicht auch aufzuweichen. Sufi-Geschichten können der Neigung zu Intoleranz und absoluten Standpunkten entgegenwirken.

Natürlich hatten die Geschichten in der Vergangenheit auch den Vorteil, dass Menschen sie erinnerten und weitererzählten, bis vielleicht der Groschen bzw. die Münze fiel. Sie wurden auf diese mündliche Weise tradiert – in Zeiten, in denen Menschen auf den mystischen Pfaden, so auch die Sufis, von Verfolgung durch die etablierten Religionssysteme bedroht waren. Doch selten waren die strengen Sittenwächter und Hüter der Ordnung und Moral in der Lage, die verborgenen Botschaften der Geschichten zu verstehen. Und so konnte man durch Weitererzählen – was ja nicht zu verbieten war – Wichtiges weitergeben. Und es galt: »Wer Ohren hat zu hören, der höre.«

Geschichten von Mulla Nasrudin

In vielen Sufi-Geschichten geht es auf den unteren Stufen zunächst darum, die Zuhörenden mit ihren einfachen kognitiven Mustern zu konfrontieren und die Begrenztheit der menschlichen Vorstellungen deutlich zu machen. Vor allem die Geschichten von Mulla Nasrudin tun dies immer wieder auf humorvolle Weise.

Die Geschichten von Mulla Nasrudin sind lustig und unterhaltsam – für einige Menschen nur närrisch, für andere enthalten sie tiefgründige Weisheiten. Sie ermöglichen ein lockeres, humorvolles Erkennen der eigenen Vorurteile und Denkweisen – Mulla Nasrudin hält den Spiegel vor. Er ist ein wunderbarer Lehrer, der beschränkte Sichtweisen immer wieder aufdeckt und die Absurdität des Menschlich-Allzumenschlichen ausleuchtet.

Es ist vor allem das Verdienst von Idries Shah, viele Sufi-Geschichten, nicht nur die von Mulla Nasrudin, gesammelt und sie in seinen Büchern dem Westen zugänglich gemacht zu haben.[223]

Das falsche Pferd

Mulla Nasrudin weilte einmal als Gast am Hof eines Fürsten, und man bot ihm ein prächtiges Reitpferd an. Erfreut stolzierte er auf das Tier zu, setzte den rechten Fuß in den linken Steigbügel, stieg schwungvoll auf und – klar, dass er mit dem Gesicht zum Schwanz auf dem Rücken des Tieres landete. »Vielleicht sind Sie nicht an einen Reitsattel gewöhnt«, bemerkte einer der adligen Herren. »Vielleicht nicht«, antwortete Nasrudin. »Aber ich glaube an meine Fähigkeit, die Tricks von Leuten zu durchschauen, die mir unbrauchbare Pferde andrehen, bei denen der Kopf hinten und der Schwanz vorn ist.«

Hast du auch schon mal so reagiert, wenn du aufs falsche Pferd oder dich falsch aufs Pferd gesetzt hast?

Auf den unteren Stufen des Lernens geht es in vielen Sufi-Geschichten zunächst um die Gabe, sich nicht von Äußerlichkeiten, von Status, Kleidung oder ähnlichen Dingen beeindrucken zu lassen. Auch dazu eine sehr bekannte Geschichte von Mulla Nasrudin:

Das türkische Bad

Mulla Nasrudin gönnt sich ein türkisches Bad. Er kommt in ärmlicher Kleidung, erhält ein äußerst schäbiges, zerfetztes Badetuch und nur ein winziges Krümelchen Seife. Waschungen oder Massagen bekommt er nicht. Beim Verlassen des Badehauses gibt er jedem der Bediensteten zum Lohn ein fürstliches Trinkgeld, ein Goldstück. Nach einigen Wochen kommt er wieder, prächtig gewandet, man behandelt ihn mit ausgesuchter Höflichkeit, und er wird von vorn bis hinten bedient und massiert und mit den wertvollsten Essenzen behandelt. Nach dem Bad gibt er jedem eine kleine Kupfermünze und sagt: »Das ist für das letzte Mal. Für dieses Mal habt ihr ja schon die Goldmünze gekriegt.«

Wenn wir ehrlich sind, passiert es auch uns, dass wir auf Äußerlichkeiten und Unterschiede hereinfallen. Und wir stutzen das, was wir sehen und wahrnehmen, immer wieder nach unseren Vorstellungen und Konzepten zurecht. Nochmals Mulla Nasrudin:

Der Falke

Eines Tages traf Mulla Nasrudin auf einen seltsamen Vogel, der sich auf der Fensterbank niedergelassen hatte. Es war ein königlicher Falke. Nasrudin hatte noch nie einen solchen Falken gesehen. Er nahm den Vogel, kürzte ihm die Krallen, stutzte ihm die Flügel, schnitt ihm den Schnabel gerade und sagte: »So, mein Lieber, jetzt siehst du schon eher wie ein richtiger Vogel aus. Man hat dich wirklich sehr vernachlässigt.«

Nimm einmal an, du selbst bist ein kostbarer, einzigartiger Vogel, anders als andere ...

Die Suche nach Vollkommenheit und Perfektion sind menschliche Bestrebungen. Wir suchen immer wieder nach dem idealen Partner oder der idealen Partnerin, nach einer vollkommenen Lehre oder einem perfekten Lehrer, nach einer idealen Gruppe, die alle spirituellen Aspekte schon repräsentiert. Auch darüber haben sich Sufis immer wieder lustig gemacht und davor gewarnt, z. B. in der Geschichte vom Heiraten:

Vom Heiraten

Mulla Nasrudin saß in einem Café und trank mit Freunden, Nachbarn und Bekannten aus dem Dorf einen Kaffee. Ein Freund kam aufgeregt in das Café gerannt und rief: »Ich werde heiraten, Mulla! Hast du eigentlich jemals ans Heiraten gedacht?« »Ja, und ob!«, sagte Nasrudin. »Als ich jung war, da wünschte ich es mir sehr. Ich suchte nach der vollkommenen Frau und reiste umher, um sie zu finden, zuerst nach Damaskus. Dort traf ich eine wunderschöne Frau. Sie war freundlich und großzügig, sie war spirituell sehr entwickelt, aber sie verstand überhaupt nichts von weltlichen Dingen. Ich reiste weiter und kam nach Isfahan. Dort traf ich eine Frau, die war sowohl weltlich als auch spirituell, schön in vielerlei Hinsicht, aber wir verstanden uns nicht besonders gut. Und endlich kam ich nach Kairo, und nach langem Suchen – da fand ich sie: Sie war spirituell sehr fortgeschritten, sie war anmutig, sie war schön in jeder Hinsicht, sie war sowohl in dieser Welt zu Hause als auch in der jenseitigen. Ich fand, ich hatte die vollkommene Frau gefunden.« »Ja, und –«, fragten die Leute, »hast du sie dann geheiratet?« »Nein«, sagte Nasrudin und zuckte mit den Schultern, »sie wartete unglücklicherweise auf den vollkommenen Ehemann.«

Suchst du vielleicht auch nach einem vollkommenen Lehrer oder einer perfekt zu dir passenden spirituellen Gruppe aus lauter geistig hoch entwickelten Persönlichkeiten?

Eine der bekanntesten Sufi-Geschichten ist die von der Schlüsselsuche:

Die Schlüsselsuche

Ein Freund traf Mulla Nasrudin, wie er, tief gebückt, beim Schein einer Straßenlaterne am Boden etwas suchte: seinen Schlüssel. Der Freund half ihm eine Weile und fragte ihn dann: »Wo hast du ihn denn verloren?« »Zu Hause.« »Ja, aber warum suchst du dann hier?« »Weil hier mehr Licht ist zum Suchen.«

Vielleicht kennst du das auch: die Suche nach etwas am falschen Ort?

Eine andere Geschichte zum Thema »Auch die weiteste Reise beginnt immer mit dem ersten Schritt«:

Der Flötenunterricht

Mulla Nasrudin hatte auf dem Basar günstig eine Flöte erworben. Damit ging er zu einem Musiklehrer, um das Flötespielen zu lernen. »Was muss ich für den Unterricht bezahlen?«, fragte er. »Drei Silberstücke für die erste Unterrichtsstunde und jeweils eines für jede weitere«, antwortete der Lehrer. »Gut«, meinte Nasrudin, »dann fange ich doch gleich mit der zweiten Stunde an.«

Natürlich hat Mulla Nasrudin auch eine Frau. In einigen Geschichten kommt sie vor:

Der entlaufene Esel

Mulla Nasrudins Frau kommt aufgeregt ins Haus gelaufen und ruft: »Mulla, Mulla, dein Esel ist weg!« »Ah, wie gut, dass ich nicht darauf gesessen habe«, meint Nasrudin. »Dann wäre ich jetzt ja auch weg!«

Kannst du das auch, wenn etwas Ärgerliches passiert ist oder etwas negative Folgen hat: in dem Ereignis auch eine mögliche positive Seite sehen?

Sufi-Geschichten sind wie Zwiebeln

Manche Sufi-Geschichten – vor allem die, die nicht zum Kontext von Mulla Nasrudins Heldentaten gehören – sind wie Zwiebeln, d. h. mehrschichtig, und haben »sieben Häute« bzw. sieben Ebenen:

1. Auf der äußeren Ebene ist eine Geschichte unterhaltsam oder lustig, amüsant; man lacht darüber.
2. Etwas weiter betrachtet, erzählt sie etwas Menschlich-Allzumenschliches: »So sind Menschen eben.«
3. Wenn man dann weiterfragt, um welche Verhaltensweisen und Einstellungen von Menschen es genau geht, kommt man auf die

psychologische, reflexive Ebene: Die Geschichte zeigt z.B. die Ängste, Bedürfnisse, Fehler wie Stolz, Ignoranz oder Gier von Menschen auf.

4. Bis hierhin hatte alles noch nichts mit mir selbst zu tun. Wenn ich mich dann auf die nächste Ebene einlasse, als Leserin oder als Leser in Beziehung zu der Geschichte trete, kann ich mich fragen: Welche Gedanken, Gefühle und Assoziationen werden durch die Geschichte in mir geweckt?
5. Dann kann ich noch tiefer gehen und weiterfragen: Was könnte das Erzählte mit mir selbst, mit meinem Verhalten, meinen Mustern und Schattenseiten zu tun haben?
6. Wenn ich dann feststelle, dass die Geschichte etwas in mir wirklich trifft, ich mich von ihr treffen lasse, dann kann ich akzeptieren, welche Einsicht sie mir auf der Ebene der Selbsterkenntnis bietet.
7. Und erst wenn die Geschichte tatsächlich wirkt, es zu Veränderungen von Einsichten, Haltungen und Verhalten kommt, dann erfüllt sie ihren Sinn, geschieht echtes Lernen. Diese Ebene der Transformation ist die eigentliche Wirkungsebene von Sufi-Geschichten.

Begrenzte Sichtweisen erweitern

Lernen bedeutet immer wieder Entprogrammieren, die Erweiterung von Wahrnehmungskonzepten. So oft sind wir davon überzeugt, dass die Art und Weise, wie wir die Welt betrachten, die einzig richtige ist:

Der schielende Sohn

Ein Vater sagte zu seinem schielenden Sohn: »Mein Sohn, du siehst leider alles doppelt!« »Aber Vater!«, antwortete der Sohn. »Dann müsste ich doch vier Monde am Himmel sehen statt zwei!«

Um das Verständnis von manchen spirituellen Übungen, wie z.B. die Meditation von Mantras, geht es in der folgenden Geschichte:

Das Mantra

Einmal hielt ein Guru einen Vortrag über die Kraft des Mantra. Er sagte: »Ein stetig wiederholtes Mantra besitzt die Kraft, uns zu Gott zu bringen.« Unter den Zuhörern befand sich ein Skeptiker, der, sobald er dies gehört hatte, aufstand und rief: »Das ist Unsinn! Wie kann die Wiederholung eines Wortes uns zu Gott bringen? Wenn wir immerzu ‚Brot, Brot, Brot' wiederholen, wird daraus Brot entstehen?«

Der Guru wies ihn zurecht: »Setz dich, du Dummkopf!« Der Mann fing an zu zittern und sein Gesicht wurde rot. »Wie kannst du es wagen, so mit mir zu sprechen?«, schrie er. »Du willst ein heiliger Mann sein, und trotzdem gehst du einher und beleidigst andere! Was für ein Mensch bist du?« »Mein Herr, es tut mir sehr leid, wenn ich Euch beleidigt habe«, erwiderte der Guru. »Aber sagt mir, was fühlt Ihr in diesem Augenblick?« »Siehst du nicht, was ich fühle? Ich bin außer mir vor Wut!« »Oh, mein Herr«, sagte der Guru, »ich habe nur ein einziges Schimpfwort gebraucht, und es hatte eine derart starke Wirkung auf Euch! Wenn dies der Fall ist, warum sollte dann nicht auch ein Mantra eine Kraft haben, die wirkt?«

Auch in der folgenden Geschichte geht es um die besondere Art und Weise des Lehrens eines Gurus:

Wasser im Fluss, Wasser in der Schale

Ein indischer Guru versucht, seinen Schülern zu erklären, dass Gott und die Seele dasselbe seien und Er in allen Menschen sei. Einer der Schüler aber fragte: »Wie können wir Gott sein? Er ist doch unendlich groß und wir dagegen sind so klein. Wie kann das sein?«

Der Guru bat ihn: »Nimm eine Schale und bring sie gefüllt mit Wasser vom Jamuna-Fluss zurück.« So tat der Schüler und brachte ihm die Schale mit Wasser.

»Das kann kein Wasser vom Jamuna-Fluss sein«, sagte der Meister.

»Doch, gewiss!«, versicherte der Schüler. »Ich habe das Wasser vom Fluss geholt.«

»Aber im Jamuna-Fluss sind Fische und Schildkröten und kleine Wasserflöhe und Pflanzen.«

Der Schüler sagte: »Aber in der Schale ist doch nur ein kleiner Teil seines Wassers, wie kann es dies alles enthalten?«
»Was du sagst, ist wahr«, entgegnete der Guru. »Bring das Wasser nun zum Jamuna-Fluss zurück.«

Auch uns fällt es oft schwer, in der Verschiedenheit der Gefäße das EINE, das alles lebendig macht, zu erkennen.

Die Wirklichkeit erkennen

Eine berühmte Sufi-Geschichte, die auch in Idries Shahs Buch *Die Sufis* enthalten ist, erzählt:

Der Elefant

»Ein Wanderzirkus hatte seinen Elefanten in einem Stall in der Nähe einer Stadt untergebracht, in der man noch nie einen Elefanten gesehen hatte. Vier neugierige Bürger hörten von dem verborgenen Wunder und machten sich auf, um vielleicht im Voraus einen Blick darauf zu erhaschen. Als sie jedoch zu dem Stall kamen, fanden sie, dass es kein Licht darin gab. Sie mussten ihre Untersuchung also im Dunkeln vornehmen.
Der eine bekam den Rüssel des Elefanten zu fassen und erzählte später, das Tier müsse einer Wasserpfeife ähneln; der zweite erfühlte ein Ohr und schloss, es sei eine Art Fächer; der dritte, der ein Bein anfasste, konnte es nur mit einer lebenden Säule vergleichen; und der vierte schließlich, der seine Hand auf den Rücken des Elefanten legte, war überzeugt, eine Art Thron vor sich zu haben.
Keiner von ihnen konnte sich ein vollständiges Bild machen und den Teil, den ein jeder erfühlte, konnte er nur in Begriffen beschreiben, die ihm bekannte Dinge bezeichneten. Das Ergebnis der Expedition war Verwirrung. Jeder der vier war sicher, dass er Recht hatte, und keiner der anderen Bürger der Stadt konnte verstehen, was wirklich geschehen war und was die vier wirklich erfahren hatten.«[224]

Die Geschichte vom Elefanten, die auch Rumi erzählt, ist eine besondere Lehrgeschichte zur Erkenntniskritik. Sie ist in verschiedenen Varianten bekannt, in der arabischen Welt, in Persien, in der Türkei, in Indien und – seit es Übersetzungen von Rumis Werken gibt – auch im Westen. Vermutlich stammt sie ursprünglich aus indischen Quellen. Es geht in ihr um die Frage der Suche nach Wahrheit und Erkenntnis.

Erkenntnisse, die nur auf sinnlicher Wahrnehmung basieren – hier: auf dem Ertasten mit den Händen –, können nur äußere Merkmale erfassen. In der Geschichte vermag jeder der Beteiligten nur Teilbereiche des Elefanten zu ertasten. Die Kritik richtet sich auf die Verabsolutierung der eigenen jeweils begrenzten Erkenntnis und auf den Anspruch, allein das Eigene sei das Richtige. Niemandem ist es möglich, den ganzen Elefanten zu erfassen, keiner verfügt über die »absolute Wahrheit«. Alle Erkundungen beziehen sich auch nur auf die Oberfläche des Elefanten. Und schließlich finden alle Versuche, den Elefanten zu ertasten, im Dunkeln statt.

Entwicklung und Befreiung

Das Muster

»Ein Sufi vom Orden der Naqshbandi wurde einmal gefragt: ›Der Name deines Ordens bedeutet wörtlich ‚Mustermacher'. Was zeichnest du für Muster und zu welchem Zweck?‹

Er entgegnete: ›Wir machen alle möglichen Muster, und es ist äußerst nützlich. Hier ist eine Parabel von einem solchen Entwurf.

Einem Blechschmied, der zu Unrecht im Gefängnis saß, wurde gestattet, einen von seiner Frau geknüpften Teppich in Empfang zu nehmen. Tag für Tag verneigte er sich auf dem Teppich, um seine Gebete zu sprechen, und nach einiger Zeit sagte er zu seinen Wärtern:

‚Ich bin arm und ohne Hoffnung, und ihr werdet jämmerlich bezahlt. Aber ich bin ein Blechschmied. Bringt mir mein Blech und mein Werkzeug, und ich will kleine Gegenstände anfertigen, die ihr auf dem Markt verkaufen könnt, und wir werden alle einen Gewinn daraus ziehen.'

Die Wachen waren einverstanden, und bald darauf verdienten sie alle daran, kauften von dem Erlös Nahrung für sich und Annehmlichkeiten.

Dann, eines Tages, als die Wachen zur Zelle gingen, war die Tür offen und der Schmied fort.
Viele Jahre später, als die Unschuld des Schmiedes erwiesen war, fragte ihn der Mann, der ihn ins Gefängnis gesteckt hatte, wie er denn entkommen wäre, welche Zauberei er dazu benutzt hätte. Er antwortete: ‚Es ist eine Frage des Musters und des Musters im Muster. Meine Frau ist Weberin. Sie suchte den Mann, der die Schlösser der Zellentür angefertigt hatte, und erhielt das Muster von ihm. Das knüpfte sie an die Stelle im Teppich, die mein Kopf fünfmal am Tag beim Gebet berührte. Ich bin ein Metallbearbeiter, und dieses Muster sah mir wie das Innere eines Schlosses aus. Ich entwarf den Plan mit den Gegenständen, um Material zum Schlüsselschmieden zu bekommen – und floh.'
›Das‹, sagte der Naqshbandi-Sufi, ›ist einer der Wege, auf dem man der Tyrannei seiner Gefangenschaft entrinnen kann.‹«[225]

Wenn man auf der ersten Ebene der Geschichte bleibt, könnte man sagen: »Schön und gut: ein Blechschmied, der mit List aus dem Gefängnis ausgebrochen ist.« Man kann aber auch fragen, wofür der Blechschmied, ein gewöhnlicher Handwerker, symbolisch steht. Wir könnten sagen, er symbolisiert vielleicht das gewöhnliche Alltagsbewusstsein, unser Alltagsleben, eine psychische Gefangenschaft des menschlichen Bewusstseins, einen Zustand von Unfreiheit, z. B. durch Erziehung, kulturelle Normen, strengem Überich.

Was kann dem Gefangenen zu Hilfe kommen? Seine Frau, so wird erzählt, sorgt dafür, dass er einen geknüpften Teppich erhalten darf – es kommt also sehr bald das Weibliche ins Spiel. Die weibliche Seite, die Intuition, die Inspiration, die Anima, muss zu Hilfe kommen, wenn es darum geht, Lösungen für Lebensprobleme zu finden. Sie liefert die Grundlagen, die der eingesperrte Teil zu seiner Befreiung benötigt, und sie macht dies mit den Mitteln, die ihr zugänglich sind: Weben eines Teppichs, durch den eine Botschaft vermittelt wird.

Wie entschlüsselt der eingesperrte Teil, der Blechschmied, diese Botschaft? Es wird erzählt – es ist eine Sufi-Geschichte aus der islamischen Kultur –, dass er sich, wie dies ein Muslim tut, täglich mehrmals auf seinem Gebetsteppich zum Gebet verneigt. Gemeint ist damit vielleicht, dass das erste Hilfsmittel, dem Gefängnis des Alltagsbewusstseins zu entkommen, die regelmäßige Versenkungsübung, die tägliche Meditation, das Gebet ist. Damit beginnt die Befreiung.

Aber es reicht nicht, zu beten und Gottvertrauen zu haben. Gebet und Meditation sind wichtig, aber der nächste zentrale Aspekt der Sufi-Arbeit ist: Sufis sollen nützliche Mitglieder der Gesellschaft sein, etwas für andere tun, dem Wohl anderer dienen. Es heißt: »Der Sufi-Weg, das ist nur Dienst an den Menschen, nicht die Mütze und nicht das Derwischgewand.« Dies gilt selbst dann, wenn man durch andere Unrecht erlitten hat wie der Blechschmied. Er tut etwas für andere, aber zugleich auch etwas für sich selbst und seine Befreiung, durchaus mit listiger Klugheit. Wichtig ist, sich nicht in seinem gewohnten Dasein einzurichten, sich nicht mit dem Zustand von Annehmlichkeiten zu arrangieren, die man durchaus im vertrauten Gefängnis erreicht haben kann.

Die Geschichte erzählt, dass der Blechschmied zu Unrecht eingesperrt ist – wir alle haben ein Geburtsrecht, freie Menschen zu sein. Es geht darum, sich selbst zu befreien, und dann ist auch z. B. zu fragen: »Was ist mein Gefängnis? Was sind meine Wärter? Was sind die eigenen beschränkenden Lebensmuster, Haltungen und Einstellungen, mit denen ich mich selbst gefangen halte, mit denen ich scheinbar ein günstiges Arrangement getroffen habe, während aber der wesentliche Teil von mir unfrei bleibt?«

Zu seiner Befreiung braucht der Blechschmied die wesentliche Fähigkeit eines jeden Meditierenden: Achtsamkeit – die Grundvoraussetzung für jeden spirituellen Übungsweg. Es bedarf der Aufmerksamkeit und Achtsamkeit, der bewussten Wahrnehmung, um das Muster im Muster zu sehen. Notwendig ist aber auch, ganz nüchtern zu fragen und zu überlegen, was das Leben selbst uns an Hinweisen liefert, die wir zur Befreiung nutzen können. Letztlich gelingt auch die Befreiung und das Wieder-Zusammenkommen des Blechschmieds und seiner Frau nur, wenn sie mit ihren jeweiligen Fähigkeiten, den männlichen und weiblichen, optimal kooperieren und zusammenwirken – auch dies ein interessanter Hinweis, wie männliche und weibliche Seelenanteile zusammenwirken können.

Wie in der Arbeit mit Märchen lassen sich symbolische Geschichten wie diese auf verschiedene Weise deuten – die hier genannten Hinweise und Symboldeutungen sind *eine* Möglichkeit, ihren Sinngehalt zu entschlüsseln.

Transformation

Die folgende, berühmte Sufi-Geschichte handelt vom Geheimnis der Transformation:

Der Bach und die Wüste

Ein Bach, der schon viele Landschaften durchquert hatte, erreichte den Rand einer Wüste. Bei allen seinen Versuchen, die Wüste zu durchqueren, musste er erleben, dass sein Wasser nur vom Sand aufgesogen wurde.

»Aber ich muss doch hier hindurch«, sagte er sich in wachsender Verzweiflung, »das ist doch mein Weg.«

Da hörte er die leise Stimme des Sandes: »Der Wind kann es«, hörte er. »Und so geht es auch für dich.«

»Aber wie denn?«, fragte der Bach. »Alle meine Versuche haben nur dazu geführt, dass mein Wasser im Sand versickerte.«

»Du musst dich dem Wind anvertrauen. Er kann dir helfen, er nimmt dich auf und trägt dich über die Wüste.«

Der Bach war voller Zweifel, und er fürchtete, sich dabei gänzlich zu verlieren. »Werde ich dann wieder der Bach sein, der weiter fließt?«, fragte er.

Die leise Stimmer erklärte: »Der Wind nimmt alle deine Feuchtigkeit – das, was wesentlich an dir ist – auf, und jenseits der Wüste wird sie als Regen wieder zur Erde hinabkommen, und es kann wieder ein Bach sein. Die Menschen werden dich vielleicht anders nennen – aber dies ist der einzige Weg.«

Und so willigte der Bach schließlich ein, überließ sich dem sanften Wind,

und jenseits, an den Abhängen eines Gebirges, gab der Wind das aufgenommene Wasser wieder frei.
Aber etwas beschäftigte den Bach noch: Er selbst hatte nicht gewusst, wie es geschehen könnte. Der Sand wusste es, hatte es ihm sagen müssen. Und wie einen fernen Gruß hörte er nochmals die feine Stimme des Sandes: »Der Sand weiß, der Sand ist dabei. Er kennt den Weg, von der Quelle bis zum jenseitigen Gebirge. Er kennt den Strom des Lebens.«[226]

Sufi-Symbole

Und jedes Gleichnis ist ein offenes Tor,
durch welches die Seele, wenn sie bereit ist,
in das Innere der Welt zu gehen vermag.
HERMANN HESSE[227]

Was ist ein Symbol?

Symbole sind in sich geheimnisvoll, sie sind nicht nur Zeichen und Metaphern. Ein Symbol ist immer mit einem bestimmten geistigen Aspekt, einer besonderen Bedeutung verbunden und bildet damit eine Einheit. Es ist das sichtbare Zeichen einer nichtsichtbaren Wirklichkeit, mit dem es auf einer inneren Ebene in Bezug steht.

Symbole sind die »Zeichensprache der Seele«. Mit ihrer Hilfe wird die komplexe innere Welt von Erfahrungen, Gefühlen, Ahnungen und Erkenntnissen fassbar und vermittelbar. Die bildhafte Sprache der Symbole vermag die Vielschichtigkeit und Komplexität unserer Erfahrungen auszudrücken. Zum Beispiel kann ein Seelenzustand innerer Leere, des Ausgetrocknetseins und der Orientierungslosigkeit treffend durch das Bild der Wüste symbolisiert werden.

Die Grundfunktion der Symbole ist, vielfältige Aspekte einer sehr komplexen Realität zusammenzufassen. Mit Hilfe von Symbolisierungen konstruiert der Mensch seine Wirklichkeit und vermag ihr Sinn zu verleihen. »Symbolisieren«, so Verena Kast, »meint also einmal, vordergründige Wirklichkeit auf eine hintergründige Wirklichkeit hin zu befragen, auf der anderen Seite die vordergründige Wirklichkeit im Spiegel dieser uns unbekannten hintergründigen Wirklichkeit zu betrachten.«[228] Symbolbildung, Symbolerfahrung und Symbolverständnis gehören zur geistigen Welt und prägen Mythen, Kultur und Religion.

Immer weist ein Symbol über sich selbst hinaus, umfasst es Sinn und Bedeutung, die verstanden bzw. erschlossen werden müssen. Vor allem dann, wenn es um tiefe seelische Erlebnisse geht, sind wir auf Urbilder und Symbole angewiesen, die als Schatz des Kollektiven Unbewussten in der Seele vorhanden sind. »Alle großen Erlebnisse des Lebens, alle höchsten Spannungen rühren deshalb an den Schatz dieser Bilder und bringen sie zur inneren Erscheinung [...]«[229], so C. G. Jung.

Ein Symbol muss emotional bedeutsam werden, man muss in wirklichen »Fühl-Kontakt« mit ihm treten, so dass es seine Wirkung entfalten, den Menschen ansprechen und ihm eine Botschaft vermitteln kann. Wenn wir uns auf ein Symbol wirklich einlassen, uns ihm öffnen, können wir erfahren, welche seelische Resonanz es in uns hat und welche Sinngehalte es uns nahebringt. Über das Symbolerleben erweitert sich unser Selbst- und Weltverständnis.

In der Arbeit mit Symbolen geht es darum, sich einzulassen auf die unerschöpfliche Vielfalt und den Reichtum an Sinnbezügen und Bedeutungen eines Symbols. Dies geschieht in der sogenannten Symbolamplifikation. Amplifikation (von lateinisch *amplificatio,* »Ausweitung«) geht über das Assoziieren hinaus. Durch Amplifikation wird das Bedeutungsspektrum eines Symbols unter Verwendung von mythologischen, kulturellen, religionsgeschichtlichen, literarischen und anderen Analogien erforscht. Dabei werden Gedanken, Gefühle, Empfindungen, Erinnerungen und vielleicht auch die eigene schöpferische Kreativität angesprochen und angeregt. Auf diese Weise kann es gelingen, ein Symbol nicht nur von verschiedenen Seiten her zu betrachten, sondern in sein geheimnisvolles Wirkungsfeld selbst einzutauchen, in den »Weltinnenraum«[230], von dem Rilke spricht. Wir richten das Gewahrsein auf die inneren Bilder, die dabei auftauchen, mit dem Ziel, dem Bewusstsein kreative, korrigierende und weiterführende Impulse aus dem Unbewussten verfügbar zu machen.

Die mystische Rose

Seit Jahrtausenden sind die Menschen in besonderer Weise fasziniert von jener Blume, die sie die »Königin der Blumen« nennen. Vermutlich beginnt die Rosenkultur mit dem Anlegen von Gärten in Mesopotamien, und von dort ist wohl auch der biblische Schöpfungsbericht vom Garten Eden beeinflusst. Ihre Verbreitung fand die Rose zunächst im Osten, bis nach China.

Erste westliche Zeugnisse haben wir aus dem antiken Griechenland und der Römerzeit. Bei den Griechen und Römern war die Rose die Blume der Liebesgöttin Aphrodite bzw. Venus. Diese galt als Göttin der Schönheit und der Liebe. Die Rose symbolisiert Grazie, Anmut, Sinnlichkeit und Verführungskunst der irdischen Liebe, ebenso – mit ihren Dornen – die Schmerzen der Liebe.

Rosen galten bei den Griechen und Römern als Geschenke der Zuneigung und Liebe, sie waren Symbole des Eros. Zum Schmuck bei Festen gehörten die Rosengirlanden. Die Rosen mahnten aber auch an die Vergänglichkeit. In Rom wurden jährlich die sogenannten Rosalia, die Feste der Rosen und der Toten, gefeiert, bei denen auch die Gräber der Verstorbenen mit Rosen geschmückt wurden.

Das Motiv der Rose wanderte durch die nächsten Jahrhunderte und taucht im Minnegesang der Troubadoure wieder auf. Eine der berühmtesten Erzählungen ist der *Roman de la Rose*, ein altfranzösischer Versroman, in dem die Geliebte in einem höfischen Minnespiel verehrt wird. Von seiner großen Verbreitung zeugt, dass es über 300 erhalten gebliebene Handschriften gibt.

Ganz besonders findet die Rosensymbolik ihren Ort in der christlichen Marienmystik und Marienverehrung des Mittelalters. Maria ist nun die Rosa mystica, sie erhält alle Bilder und Beinamen der vormals verehrten Göttinnen der Liebe, sie ist nun die himmlische Jungfrau, die Himmelskönigin. Ihren besonderen Ausdruck findet dies vor allem in den Bildwerken der Gotik, in der »Madonna im Rosenhag«. Die Rosenhag-Madonnen finden sich vor allem auf Andachtsbildern, und Maria wird zum Vorbild für die gläubige Hingabe an Gott. Das Herzstück der Marienverehrung ist dann das Rosenkranzgebet, das zu einer spirituellen Übung wird: Die Perlen gleiten durch die Finger, der Mund spricht die Gebete – vor allem das Ave Maria – und Gegenstand der Kontemplation sind Glaubenssätze. Zahlreiche Mariengebete beginnen mit dem Gruß »Ave Rosa«, Maria ist die »Rose ohne Dornen«. Auch in Advents- und Weihnachtsliedern ist das Symbol der Rose erhalten geblieben, etwa: »Maria durch ein Dornwald ging«, oder: »Es ist ein Ros' entsprungen«.

Ein besonderes Bild der mystischen Rose ist auch in Dantes *Göttlicher Komödie* zu finden. Dante Alighieri verfasst dieses große Werk der Weltliteratur zwischen 1306 und 1321. Durch Hölle und Fegefeuer wird der Dichter – im Gespräch mit berühmten Verstorbenen – zum Paradies geleitet, ein Aufstieg des Geistes zu Gott. Das Paradies wird im Bild einer riesigen Rose geschildert. Und in der Himmelsrose ist alles vereinigt, ganz oben Maria, »die Ros', in der das ew'ge Wort zum Fleische ward« (XXIII, 74).

Zur mystischen Rose gehören auch die zeitlosen Sätze des Mystikers und Barockdichters Angelus Silesius aus dem *Cherubinischen Wandersmann*. Johann Scheffler, so sein bürgerlicher Name, ist ein Sucher und Wanderer auf mystischen Wegen, der in seinen Zweizeilern die Menschen mahnt:

Halt an, wo läufst du hin, der Himmel ist in dir;
Suchst du Gott anderswo, du fehlst ihn für und für.[231]

Auch für Angelus Silesius hat das Symbol der Rose, ähnlich wie für die Sufis, einen Bezug zum Göttlichen und Ewigen:

Die Ros ist ohn warum; sie blühet weil sie blühet,
Sie acht nicht ihrer selbst, fragt nicht, ob man sie siehet.[232]

*

Die Rose, welche hier dein äußres Auge sieht,
Die hat von Ewigkeit in Gott also geblüht.[233]

*

Dein Herz empfähet Gott mit alle seinem Gut,
Wenn es sich gegen ihn wie eine Ros auftut.[234]

Die durch diese Symbolamplifikation gesammelten Aspekte der mystischen Rose können dazu ermutigen, selbst aus den reichen Schätzen von Literatur und Dichtung nach weiteren Symbolen und Bildern zu suchen, die für die spirituelle Suche hilfreich sind. Gerade auch im Sufismus ist die mystische Rose ein wichtiges Symbol.

Rose, Herz und Spiegel – ausgewählte Sufi-Symbole

Die Sufi-Literatur ist reich an Symbolen, in denen Erfahrungen des spirituellen Weges beschrieben werden:

- die spirituelle Suche als innere Reise,
- das Meer als Symbol der Unendlichkeit,
- die Rohrflöte und ihre Töne als Symbol für die Sehnsucht nach dem Ursprung,
- der Falter, der sich, angezogen vom Licht, in die Flamme stürzt,
- die menschliche Geliebte und ihre Schönheit als Verkörperung des Göttlichen Geliebten,
- der Wein der Gottesliebe, der einen Zustand des Rausches und der Ekstase bewirkt,
- der königliche Falke als Symbol der Seele, die auf den Ruf horcht, der sie zurückruft zu ihrem Herrn,
- die kostbare Perle, die nur von demjenigen gefunden wird, der es wagt, das sichere Ufer zu verlassen und in die Tiefe des Meeres zu tauchen,
- die mystische Rose,
- das Herz als Symbol des Wesentlichen am Menschsein,
- der Spiegel und – in Verbindung mit dem Symbol des Herzens – das Putzen des Herzensspiegels.

Drei der genannten Sufi-Symbole sollen etwas näher beschrieben werden: die Rose, das Herz und der Spiegel.

Die Rose

In der Sufi-Literatur hat die Rose, vor allem bei Rumi und dem persischen Dichter Saadi, eine besondere Bedeutung. »Die Rose grüßt die Seele von der Heimat«, so Rumi, »die Seele d'rum vergesse nie der Rose.«[235] An anderer Stelle heißt es:

Die Rose ist das höchste Liebeszeichen,
Dem Herzensfreund will ich die Rose reichen.[236]

Und auch:

Jede Rose, die in der äußeren Welt duftet,
spricht vom Geheimnis des Ganzen.[237]

Das wohl populärste Werk der persischen Literatur ist *Der Rosengarten* von Saadi (1210–1292), eine Mischung aus Versen, Erzählungen und Geschichten, die der Dichter auf seinem Wanderleben durch zahlreiche Länder gesammelt hatte. Die Schönheit der Rosen verwelkt in wenigen Tagen, aber sein Gülistan, sein Rosengarten, mit seinen Texten sollten für die Wahrheitssuchenden ein überdauernder Rosengarten sein – so leitet er sein Werk ein. Und so wirkten die Blüten dieses Rosengartens, seine Gedichte und Spruchweisheiten, über die Jahrhunderte, wurden seine Ghaselen überall im islamischen Orient bekannt und beliebt.

In Saadis *Rosengarten* findet sich auch das Liebespaar Rose und Nachtigall. Die Nachtigall widmet ihre ganze Energie ihrem Gesang, um damit die Rose zu bewundern und ihre Freude an den Gärten auszudrücken. Doch die emsige Ameise, so erzählt Saadi, tadelt sie deswegen: Sie habe vergessen, dass auf Frühling und Blüte der Tod im Herbst und Winter folgt. Zumeist aber ist die Nachtigall das Symbol der Sehnsucht und des Verlangens der liebenden Seele nach Gott. Da die Nachtigallen zu derselben Zeit singen, in der die Rosen aufblühen, und auch der Klang beider Namen, *gül* und *bülbül,* in der türkischen Sprache ähnlich ist, wurden Rose und Nachtigall in vielen Geschichten als Liebespaar beschrieben. Der Gesang der Nachtigall gilt aber vor allem als Sehnsuchtslied und Klage über den Schmerz der Liebe.

Die Rose hat auch einen Bezug zum Herzen. So heißt es bei Mir Dard, einem indischen Sufi-Meister des 18. Jahrhunderts:

Gleich sind an Form und Gestalt
Freude und Leiden. Die Rose –
nenn sie geöffnetes Herz,
nenn sie gebrochenes Herz![238]

Das Herz

In der mystischen Literatur, so auch im Sufismus, steht das Herz für den ganzen Menschen, für das, was ihn wesentlich ausmacht. Zwischen Herz, Seele und Geist wird nicht unterschieden. Aber es ist das Herz, das den unmittelbaren Zugang zum Göttlichen hat. So erklärt Al Ghazali (1058–1111) in seinem berühmten Werk *Das Elixier der Glückseligkeit* im Kapitel über Selbsterkenntnis: »Wenn wir also vom Herzen sprechen, so wisse, daß wir damit das wahre Wesen des Menschen meinen, das man sonst bald Geist, bald Seele nennt.«[239]

Für Al Ghasali ist die Erkenntnis Gottes die »Wesensbestimmung« des Herzens, und zu dieser Erkenntnis sei jeder Mensch fähig. Rumi, der in seinem Mathnawi immer wieder auf Al Ghasali zurückgreift, formuliert dies mit den Worten:

Ich blickte in mein Herz,
da sah ich ihn, an keinem andern Ort war er.[240]

Zur Erkenntnis des Göttlichen gelangt das Herz aber nur durch die Liebe – wenn die Liebe das Herz entzündet hat. Es ist das Feuer der Liebe, das alle Fehler des Ich reinigt und alle Schleier, die den Liebenden vom Geliebten trennen, verbrennt. Deshalb schreibt Rumi:

Ich will, daß das Herz verbrennt.
Dieses Brennen bedeutet alles, [...]
da es dasjenige ist, was Gott
im Dunkel der Nacht heimlich ruft.[241]

Die Liebe bewirkt den Schmerz der Sehnsucht, den Schmerz des Getrenntseins vom Geliebten. »Lieben wird deutlich am Schmerz des Herzens«[242], so Rumi.

Rumi selbst fasst seine Erfahrungen aus der überwältigenden Liebe zu seinem Lehrer Shams von Täbris in den Zeilen zusammen:

Ein einz'ger Funke nur sprang über,
es brennt die Heimstatt meines Herzens [...].[243]

Und: »Ich brannte, ich brannte, ich verbrannte.«[244]

Die Erkenntnis des Göttlichen im Herzen kann ein loderndes Feuer sein, das alles verbrennt, es kann aber auch als ein sanftes Aufgehen in der Weite der Liebe geschehen. So schreibt Rumi:

Des Liebenden Herz
ist angefüllt mit einem Ozean,
in seinen rollenden Wogen
wiegt sanft sich das All.[245]

Für das Herz werden aber immer wieder auch andere Symbole verwendet, z. B. die Sonne der Liebe, der Falke, der zu seinem Herrn zurückkehrt, das Meer und das Feuer der Liebe.

Lieben und Erkennen sind wie die zwei Seiten einer Münze. In den *Vogelgesprächen* von Attar muss der berühmte und von vielen Schülern verehrte Scheich Sanaan lernen, dass er noch nichts erkannt hat, weil er noch nie geliebt hat. Erst als die Liebe zu einem jungen Christenmädchen sein Herz erreicht und er als alter Mann der Liebe verfällt, muss er erfahren: »Was spielt es für eine Rolle, ob man alt oder jung ist, die Liebe ergreift alle Herzen.«[246]

Vielleicht verbirgt sich das tiefste Geheimnis des Herzens in der Liebe zum Göttlichen Geliebten in den Zeilen:

Um den Geliebten aufzuspüren,
muss man der Geliebte werden.[247]

Der Spiegel

Besonders häufig wird in den Sufi-Texten auch auf das Spiegelsymbol verwiesen. In früheren Zeiten wurden Spiegel aus Stahl gefertigt, und um in ihnen etwas erkennen zu können, mussten sie sehr sorgsam poliert werden. Dies wurde auf das Herz übertragen, auf dem sich – bildlich gesprochen – Staub, Rost, Schmutz befindet.

Herzensreinheit wird durch ständiges Gottgedenken gesucht. Durch diese fortgesetzte »Putzarbeit« wird der Herzensspiegel so gereinigt, dass er das göttliche Licht reflektieren kann. Das reine Herz wird so zum Spiegel des Göttlichen. Ein Mensch, der durch Arbeit an sich selbst zu einem solchen reinen Herzensspiegel wurde, vermag dann auch in sich die Gefühle und Gedanken anderer Menschen zu erkennen, in sich zu spiegeln, wie wir auch heute durch die Forschungen zu den Spiegelneuronen wissen.[248] Und ein bekannter Hadith gibt den Hinweis: »Der Gläubige ist ein Spiegel des Gläubigen.«[249] Wenn man im anderen ungute Gedanken und Fehler entdecke, solle man sie als eigene Fehler erkennen und versuchen, sie in sich selbst zu bekämpfen.

Sufis verstanden letztlich die ganze Welt als eine Art Spiegel, der überall die Schönheit des Göttlichen zeigt: »Jede Gestalt, die ich sehe, ist Deine eigene Gestalt.«[250]

10. Lehren und Lernen im Sufismus

Lernen, wie man lernt

> Ich bin ein geborener Schüler.
> Alles, was existiert,
> ist mein Meister.
> Ich lerne von allem!
> KESHAB

Jeder spirituelle Weg hat mit Lehren und Lernen zu tun, auch wenn man Spiritualität nicht lehren kann. In manchen Traditionen gibt es ritualisierte Formen wie Dokusan im Zen. In anderen Traditionen, z. B. in den Schulen der chassidischen Rabbis, fand das Lehren und Lernen neben dem Studium der heiligen Schriften und Texte im Alltagskontext statt. So erzählt eine kleine chassidische Geschichte, dass die Schüler erstaunt und irritiert beobachteten, wie sich ihr Lehrer den Anforderungen des täglichen Lebens gegenüber verhielt, mit wie viel ungeteilter Aufmerksamkeit, Konzentration er Dinge tat, z. B. seine Schuhe zuband.

Ebenso vermitteln aber auch viele Zen-Geschichten, wie die Meister ihre Schüler lehrten – beim Verrichten der alltäglichen Dinge: Holz hacken, kochen, die Reisschale waschen, Toiletteneimer säubern. Wesentliches wurde durch Vorleben und im Zusammenleben vermittelt. Die wichtigsten Lektionen für Anfängerinnen und Anfänger waren stets: Achtsamkeit und Gegenwärtigkeit.

Auch im Sufismus gibt es neben der Praxis der Meditation eine große Vielfalt an Lehr- und Lernmethoden, die vor dem Hintergrund der politischen, sozialen, emotionalen und intellektuellen Bedingungen der jeweiligen Zeit entstanden. Zu den Lehr-/Lernmaterialien und Arbeitsformen auf dem Sufi-Weg der Herzensbildung gehört manches:

- die Übung der Achtsamkeit in den Geschehnissen des Alltags, in denen das Leben selbst Hinweise gibt,
- das Lernen aus den Botschaften der Träume, die Wegweiser für die eigene Entwicklung sein können (siehe Kapitel 8),
- das Studieren von Weisheitstexten der verschiedenen spirituellen Traditionen, natürlich auch das Benutzen moderner Lernmaterialien, z. B. besondere Filme.
- die Arbeit mit Sufi-Geschichten und Geschichten aus anderen spirituellen Traditionen (siehe Kapitel 9),
- Symbolarbeit im tiefenpsychologischen Verständnis von Symbolen als Hilfen auf dem Individuationsweg (siehe Kapitel 6),
- spirituelle Gruppenarbeit (siehe Kapitel 5 und dieses Kapitel),
- Einzelgespräche bei der spirituellen Wegbegleitung (siehe dieses Kapitel),
- Lehrvorträge zu verschiedenen Themen,
- Pilgerreisen zu besonderen Orten.

Was heißt Lernen im Sufismus?

Sufis glauben: Menschen sind zum Lernen hier, um am Prozess der Evolution teilzunehmen, der mit dem uranfänglichen Feuerball begann und sich zum Menschen hin weiterentwickelte, vom Präpersonalen über das Personale zum Transpersonalen. Der Mensch ist zum Lernen und zum Erkennen in diesem Leben:

Der Bär ist stärker als der Mensch,
der Elefant ist größer,
der Löwe tapferer,
das Vieh kann mehr fressen,
die Vögel sind potenter.
Der Mensch aber wurde zum Lernen erschaffen.
Al Ghasali[251]

Und Lernen bedeutet nicht Erwerb von Wissen im üblichen Sinne. Lernen bedeutet Bewusstseinserweiterung und vor allem: sich zu erinnern, den Zugang zum eigenen inneren Wissen zu finden. Dazu sind u. a. bestimme Formen des Verlernens notwendig, das Verlernen von konditionierten Wahrnehmungs-, Denk- und Verhaltensmustern. Es bedeutet, Ballast loszuwerden, Gewohnheiten, Sicherheiten, Fixierungen. Lernen heißt auch, den Geist freizumachen vom ungeordneten Informationschaos unserer Zeit, immer wieder leer zu werden und Raum zu schaffen für innere Erfahrungen. Auf dem spirituellen Weg des Sufismus geht es zunächst nicht darum, etwas zu bekommen, zu erhalten, aber man kann manches loswerden: eine Menge inneren Müll, Seelenballast, Sorgen, alte Erlebens- und Verhaltensmuster. Der Mensch ist oft von seinen eigenen inneren Wahrnehmungsmöglichkeiten abgeschnitten, kann sein Potential nicht entfalten, weil er voller subjektiver Vorstellungen und Konditionierungen ist, weil die Menschen innerlich so »zugemüllt« sind, auch mit falschen Vorstellungen von dem, wer und was sie sind und wie wir leben.

Richtiges Lernen setzt die Gabe der Unterscheidung voraus, und es gibt viel Schein, Pseudowissen und esoterische Geschäftsinteressen. Aber die Sufis sagen: Es gibt drei Gründe für das Vorhandensein von Falschgold: erstens die menschliche Gier, zweitens die Unfähigkeit zu unterscheiden und drittens die Tatsache, dass es echtes Gold wirklich gibt.

Die Konditionierung, mit der wir die Welt betrachten, ist immer wieder Zielscheibe des Spotts der Sufis:

»Wie absurd«, sagte die Eintagsfliege, als sie das erste Mal das Wort »Woche« hörte.

Für Sufi-Schulung braucht man vor allen Dingen eins: Humor – ohne dies geht es nicht. Es geht nicht um theoretisches Wissen, theoretischen Unterricht – davon halten Sufis traditionell nicht viel, denn: Das gesteigerte Wissen führt nicht zu gesteigertem Verstehen. So wird gewarnt:

Zeige einem Menschen zu viele Kamelknochen oder zeige ihm die Kamelknochen zu oft, und er wird nicht mehr in der Lage sein, ein lebendes Kamel zu erkennen, wenn er einem begegnet.

Verstandes- und Lehrmeinungen werden im Sufismus nicht sehr geschätzt. Tradiert wurden auch nicht Wissensbestände, sondern Wege der Entwicklung und der Transformation. Das Tradieren von Glaubenssätzen oder Lehrmeinungen von Generation zu Generation wurde sogar für unsinnig erachtet. Das verdeutlicht eine Geschichte von Mulla Nasrudin:

Mulla Nasrudin bekam eines Tages Besuch von einem Verwandten aus dem Hinterland, und dieser brachte als Gastgeschenk eine Ente mit. Sehr erfreut ließ Nasrudin die Ente zubereiten und teilte ein köstliches Mahl mit seinem Gast.
In der Folgezeit kamen immer häufiger Leute vom Lande zu Nasrudin, jeder ein Freund oder Verwandter des Mannes, der ihm die Ente mitgebracht hatte, und jeder erwartete, von Mulla Nasrudin entsprechend bewirtet zu werden. Weitere Gastgeschenke gab es nicht.
Eines Tages erschien wieder ein Fremder. »Ich bin der Freund des Freundes des Freundes deines Verwandten, der dir die Ente mitgebracht hat«, stellte er sich vor. Und er setzte sich nieder und erwartete, wie alle anderen, köstlich bewirtet zu werden. Mulla Nasrudin setzte ihm eine Schale mit heißem Wasser vor. »Was ist das?«, fragte der Gast erstaunt. »Das ist die Suppe von der Suppe von der Suppe von der Suppe von der Ente, die mir mein Verwandter mitgebracht hat.«

Das Mahl, die Speise muss jeweils frisch zubereitet werden. Es gibt keine »secondhand« spirituellen Erfahrungen.

Der Sinn der Sufi-Schulung, so heißt es, ist, den Menschen aus einem rohen, unbewussten, unerwachten Zustand in einen Zustand der Verfeinerung, des Gargekochten zu bringen, zur Weiterentwicklung seines Bewusstseins.

Lernen, wie man lernt, bedeutet daher, aufmerksam, im Hier und Jetzt Sinnzusammenhänge, Übungsmöglichkeiten, notwendige Lebenserfahrungen zu sammeln, insbesondere auch in Fehlern, im Gelungenen wie im Misslungenem. Mit einer solchen Einstellung dem Leben gegenüber relativiert sich die in früheren Zeiten so zentral und absolut gesetzte Bedeutung eines Lehrers oder einer Meisterin.

Wie lernt man Lernen? Irina Tweedie, die sich selbst stets nur als Schülerin ihres indischen Lehrers und nicht als Lehrerin oder Sufi-Meisterin bezeichnete, hat immer wieder betont: »Das Leben ist der größte Guru.« Das Leben selbst ist das wichtigste Lern-/Lehrmaterial, lehrt uns durch die Situationen, in die es uns hineinstellt, und es gibt keine Situation, die nicht in diesem Sinne eine mehr oder weniger verborgene Lektion enthalten kann.

Lernen als Transformationsprozess

Der Sufi-Weg ist ein geistiger Erkenntnis- und Reifungsprozess. Man erwirbt kein Wissen, sondern verliert zunächst einiges, was man bislang für unabdingbar und bedeutsam gehalten hat: Selbstbilder, persönliche Überzeugungen, Meinungen, kann rigide Verhaltensmuster und Konditionierungen hinterfragen. Wie im Zen führt Sufismus zur Erkenntnis, dass viele unserer Vorstellungen letztlich leer sind, es ist ein schmerzhafter Weg der Ent-täuschung.

In der Sufi-Literatur gibt es zahlreiche Beschreibungen von Stufen und Entwicklungsphasen auf dem inneren Pfad. Ich würde die Entwicklungsstufen in psychologischer Sprache so benennen:

- Orientierung und Lernen, wie man lernt,
- Reinigung, Dekonditionierung und Deprogrammierung (therapeutische Arbeit der Selbsterkenntnis), Schattenerkenntnis,
- bessere Balance von Innenwelt und Außenwelt,
- Erwachen, Bewusstseinserweiterung und innere Erfahrungen durch Meditation, Sinn im Leben finden,
- Fortschreiten auf dem Weg der Individuation, des »Werde, der/die du bist«,
- ein liebender Mensch werden und mehr und mehr in das Kraftfeld der Liebe einbeziehen können,
- mystische Erfahrungen von DER/DIE/DAS.

Natürlich lassen sich solche Stufen nicht klar voneinander abgrenzen.

Der Weg beginnt für viele dort, wo ein Suchender erkennt, dass er bislang das Wesentliche, den Sinn des Lebens nicht gefunden hat. C. G. Jung schreibt:

»Nur wenn ich weiß, daß das Grenzenlose das Wesentliche ist, verlege ich mein Interesse nicht auf Futilitäten und auf Dinge, die nicht von entscheidender Bedeutung sind. [...] Letzten Endes gilt man nur wegen des Wesentlichen, und wenn man das nicht hat, ist das Leben vertan.«[252]

Der Schüler lernt zunächst, wie wenig er weiß, und erkennt, wie seine Denkmuster, Emotionen und unbewältigten psychischen Konflikte ihn beeinflussen und geprägt haben. Auf den ersten Stufen des Sufi-Weges geht es um die Unterscheidung von Wissen und Weisheit, um Prozesse der Klärung und Reinigung. Je nach Grad an Störungen, Konditionierungen und Beeinträchtigungen ist hier vor allem analytische bzw. psychotherapeutische Arbeit hilfreich und notwendig. So kann es durchaus sein, dass ein verständiger spiritueller Lehrer Schülern in Anfangsphasen empfiehlt, eine Analyse oder eine Therapie zu machen.

Für Lernen im Sinne der Selbsterkenntnis und Spiritualität ist gerade die Analytische Psychologie C. G. Jungs hilfreich, weil sie in ihrem Menschenbild hinreichend offen ist für Spiritualität, das höhere Selbst und, wie Jung vorsichtig sagte, »das Numinose«. So kann man sagen, dass ein heutiger Mensch zunächst den psychologischen Weg der Individuation gehen muss, wenn wir den Weg der Individuation beschreiben als jenen natürlichen und autonomen Reifungsprozess, welcher der Psyche als Entwicklungstendenz mitgegeben ist, als Drang zur Selbstverwirklichung. Für Jung ist der Individuationsprozess als Arbeit an der Psyche eine Wegbereitung auf das Ziel einer psychischen Ganzheit. Und zu dieser angestrebten Ganzheit gehört für Jung der Bezug zur Transzendenz (vgl. Kapitel 4).

Sufi-Weisheiten zum Thema Lernen

Vertraue auf Allah, aber binde zuerst deinem Kamel die Füße fest.
ARABISCHES SPRICHWORT

*

Der Mensch stolpert häufiger über seine Zunge als über seine Füße.
ARABISCHES SPRICHWORT

*

Ein Sufi zu sein bedeutet, sich von fixen Ideen und vorgefassten Meinungen zu lösen und nicht zu versuchen, dem eigenen Los zu entgehen.
SUFI-WEISHEIT

*

Für einen Lernenden ist Aufregung dasselbe wie Schlaf für einen Jäger.
SUFI-WEISHEIT

*

Lerne Benehmen von denen, die keines haben.
SUFI-WEISHEIT

*

Ein Affe warf eine Kokosnuss nach einem Derwisch und traf ihn am Bein. Dieser nahm die Nuss, trank die Milch, aß das Kokosfleisch und machte aus der Nussschale einen Becher.
NACH ANTHONY DE MELLO[253]

*

Zeige einem Menschen zu viele Kamelknochen oder zeige sie ihm zu oft, dann wird er ein lebendiges Kamel nicht erkennen, wenn er einem begegnet.
SUFI-WEISHEIT

*

Unglücksrabe darfst du dich erst dann nennen, wenn dein Beruf Sargmacher ist und die Menschen aufhören zu sterben.
ARABISCHES SPRICHWORT

Spirituelle Gruppenarbeit

Was in früheren Zeiten die Derwisch-Orden und Tariqas waren, sind heute die Sufi-Gruppen. Die Bedeutung der Gruppe, der spirituellen Weggemeinschaft, hat das alte klassische Lehrer-Schüler-Verhältnis weitgehend abgelöst; Lehren und Lernen geschieht in der Gruppe.

Die Sufi-Gruppe heute

Spirituelle Gruppen sind etwas Besonderes. Ihre Kohäsion wird nicht durch ein Wir-Gefühl und aufgrund von Sympathie bestimmt, sondern der Zusammenhalt der Gruppe ist das Energiefeld und die Kraft, die durch eine spirituelle Lehrerin oder einen Meister und auch durch eine gemeinsame Praxis regelmäßiger Meditation und Gruppenarbeit entsteht.

Sufi-Gruppen sind offene, gastfreundliche Gemeinschaften, man kümmert sich um die Nöte von Mitgliedern, um Gäste, und Menschen auf der Suche sind willkommen. Es gibt keine rituellen Bedingungen für die Zugehörigkeit. Das Kriterium ist das Angezogensein vom Sufi-Weg und die Suche nach jemandem, der auf diesem Weg weiter fortgeschritten ist und Hilfestellung geben kann. Das Gruppenleben ist ein geistiges Miteinander-Unterwegssein.

In Sufi-Gruppen hat alles Platz: gemeinsame Meditation – in unserer Gruppe ist es die stille Herzensmeditation –, Arbeit an Träumen, Besprechen von Problemen, über Witze lachen (ein Sufi ohne Humor ist gänzlich unvorstellbar), Teetrinken und zusammen feiern, Antworten suchen auf Fragen, Austausch, Gebet, Gespräche mit der Lehrerin bzw. dem Lehrer, Geschichtenerzählen, Weinen, Lachen, Anteilnahme, Umarmungen und schweigendes Beisammensein. Das Klima in Sufi-Gruppen ist warmherzig, es herrscht zumeist eine entspannte, friedvolle Atmosphäre, denn nur unter solchen Bedingungen ist das Loslassen von Alltagsstress möglich, können tiefere Zustände der inneren Stille und der Meditation erreicht werden.

Die Formen einer Sufi-Gemeinschaft müssen der jeweiligen Zeit, dem Ort und den Lebensbedingungen ihrer Mitglieder entsprechen, um für ihr Lernen passend zu sein und ihre spirituelle Entwicklung zu ermöglichen. Die Themen, an denen gearbeitet wird, ergeben sich aus der aktuellen Situation, aus dem, was die Mitglieder an Fragen, Träumen, Erfahrungen mitbringen. In Sufi-Gruppen geht es um spirituelles Wachstum und Entwicklung.

Natürlich gibt es auch manchmal Schwierigkeiten und Reibung aneinander, wie in der Dynamik jeder Gruppe, aber für Sufis ist es wichtig, auch einen guten Umgang mit den menschlichen Schwächen zu lernen, im Spiegel der anderen die eigenen Schattenseiten zu erkennen, Projektionen zurückzunehmen, sich auf der Ebene des Ich nicht so schrecklich wichtig zu nehmen und vor allem Geduld mit sich und anderen zu üben.

Viele Jahre bin ich selbst immer wieder für einige Tage zu meiner spirituellen Lehrerin Irina Tweedie nach London gefahren, zu Gruppentreffen bei ihr, das erste Mal skeptisch und voller Misstrauen mit dem Gedanken: Ich muss sehen, wie sie lebt. Sie lebte ein gänzlich einfaches, bescheidenes, zurückgezogenes Leben in einer kleinen Wohnung in einem Reihenhaus in einem eher schäbigen Londoner Vorort. Für die Stunden des Nachmittags war »open house«: Wer als Suchende/-r kam, wurde bereitwillig und herzlich empfangen. Viele Menschen kamen so wie ich aus allen Teilen der Welt immer wieder dorthin, so wie es die Alltagspflichten jeweils erlaubten – eine immer wieder andere bunte Mischung von Menschen unterschiedlicher Herkunft, Nationalität, Hautfarbe und Kultur, Frauen und Männer, angezogen von ihrem Buch *Wie Phönix aus der Asche*[254] bzw. dessen späterer Langfassung *Der Weg durchs Feuer*[255], einem Erfahrungsbericht ihrer eigenen Schulung bei einem indischen Sufi-Meister.

Was geschah bei Irina Tweedie in London? Äußerlich wenig.

Wir hockten auf dem Boden und füllten die zweieinhalb Zimmer – mit den Jahren wurden es immer mehr Menschen, es wurde enger und enger, aber das machte nichts. Gewöhnlich wurde eine Zeit in tiefer Stille miteinander meditiert, für Menschen in Not wurde gebetet. In der kleinen Küche gab es einen Becher Tee und Obst und Gebäck – das, was mitgebracht worden war, wurde geteilt. Anschließend wurden in der Gruppe Träume besprochen, Fragen beantwortet, Witze und Geschichten erzählt und gelacht. Es gab hin und wieder »lectures«, Lehrvorträge, oder Mrs Tweedie, so nannten wir sie, erklärte und verdeutlichte etwas zu einem bestimmten Thema – für wen auch immer es wichtig war. Zumeist waren es Gruppengespräche über »Gott und die Welt« in einer Atmosphäre der Heiterkeit, des Friedens, der liebevollen Herzlichkeit im Umgang miteinander. Aber: Uns »brannte das Herz«.

Manche blieben lange in tiefer Meditation versunken, anderen liefen die Tränen über das Gesicht, wenn etwas Inneres, Verhärtetes weich wurde und sich verflüssigte. Die meisten hörten voller Hingabe dem Gespräch zu, dem, was Mrs Tweedie erzählte oder kommentierte. Einige berichteten etwas aus ihrem Leben, stellten Fragen, die sie sehr beschäftigten.

Was dort wirklich geschah, innerhalb, oberhalb und unterhalb dieser Ebene der Realität lässt sich nur schwer beschreiben – eine Sufi-Schulung, bei der ich durch Zustände von Verwirrung, Orientierungslosigkeit, Zweifel, Augenblicken tiefen Friedens und innerer Gewissheit zur Konfrontation mit mir selbst, zu subtilen Veränderungen in vielen Bereichen meiner Wahrnehmung, meiner Einstellungen zu mir und anderen gebracht wurde. Wohl bei keiner Ausbildung und bei keinem Studium habe ich mehr psychologische Einsichten gewonnen, nirgendwo mehr gelernt über Wesentliches im Prozess eines langsamen Erwachens.

Wodurch zeichnet sich eine Sufi-Gruppe aus? Es kann von ihr erwartet werden, dass es zwischen ihren Zielen und ihrer sozialen Realität keine krassen Widersprüche gibt, bei aller menschlichen Unzulänglichkeit und auch den gruppendynamischen Problemen, wie sie in allen Gruppen auftreten können. Ist eine Gruppe auf dem Weg des Herzens, so muss von dieser Herzqualität im Umgang miteinander etwas spürbar sein. In einer Sufi-Gruppe geht es auch um soziales Lernen; Menschlichkeit entwickelt sich nur im herzlichen Umgang miteinander. Dennoch ist der Brennpunkt nicht soziale Geselligkeit, Zugehörigkeit, regelmäßige Treffen usw., sondern das Miteinander-Unterwegssein auf dem spirituellen Weg, vor allem die Meditation.

Sufismus als eine Seinsweise bezieht alle Dimensionen des Lebens mit ein: Beziehungen, Partnerschaft, Familie und Beruf. Für Menschen auf dem spirituellen Weg geht es darum, zunächst das eigene Leben in Ordnung zu bringen. Sufismus heißt sehen lernen: »das, was durchscheint durch das, was erscheint« (Hazrat Inayat Khan). Jeder hat seinen Platz in der menschlichen Gesellschaft, in Familie und Beruf an seinem Lebensort, und soll ein nützliches Mitglied der menschlichen Gemeinschaft sein. Saadi von Shiraz sagt dazu:

Der Weg, das ist nur
Dienst an den Menschen;
nicht der Rosenkranz,
nicht der Gebetsteppich
und nicht das Derwischgewand.

Voneinander lernen

Die spirituelle Gruppenarbeit gewinnt eine besondere Qualität und Atmosphäre, wenn die Gruppenmitglieder sich in einer tiefen Ernsthaftigkeit offen, achtsam, mit Zuwendung und Wertschätzung aufeinander einlassen. So können existentielle Probleme, Fragen, Sorgen und ebenso innere Erfahrungen und Träume besprochen werden. Es geht um ein Miteinander- und Voneinanderlernen, auch um ein großzügiges Teilen von Weisheiten und Erfahrungsschätzen, die jede aus ihrem Leben mitbringt und in den Lernprozess einbringen kann – als Lehren und Lernen voneinander. Und es gibt dabei auch immer wieder die Erfahrung besonderer Momente, wo spürbar ist, dass der Geist eines Meisters oder einer Lehrerin, auch wenn sie längst verstorben ist – in unserer Gruppe ist das Irina Tweedie –, in den Herzen, im Bewusstsein der Gruppe präsent ist.

Gruppen und spirituelle Gemeinschaften, die für heutige Menschen förderlich sind, können ihre Konzepte und Arbeitsformen nicht einfach aus der Vergangenheit entlehnen, sondern müssen heutigen Bedingungen entsprechen. Wollen sie geistig nahrhaft sein, so muss – in Anlehnung an die Geschichte von Mulla Nasrudin (siehe S. 186) – die Suppe frisch zubereitet werden. Das Rezept mag sich an überlieferten Hinweisen auf notwendige Zutaten orientieren. Aber die Zutaten müssen frisch sein, es darf nichts Abgestandenes, kein Fertiggericht sein, sondern es geht um geistige Vollwertkost.

Die Chancen einer guten spirituellen Schulung oder Gruppe bestehen nicht so sehr in dem, was man bekommt, sondern vor allem auch in dem, was man loswird: an unnötigem Lebensballast, konditionierten Verhaltensmustern, an Sorgen um Unwichtiges, an allzu festen Meinungen. »Die höchste Einsicht ist die Freiheit von Überzeugungen« (Padma Sambhava).

Immer geht es um Selbsterkenntnis. Diese kann durchaus schwierig und schmerzhaft sein, jeder ernsthafte spirituelle Weg ist in dem Sinne ein Läuterungsweg, als er zur Konfrontation mit falschen Selbstbildern und eigenen Schattenanteilen führt und auffordert zum »Werde, der/die du bist«. Die Lernziele heißen: einfacher, stimmiger, aufrichtiger werden, kurz: ein menschlicherer Mensch auf dem je eigenen Weg der Individuation. Es ist eine Schälkur. Die Arbeit einer spirituellen Gruppe und einer spirituellen Lehrerin bzw. eines spirituellen Lehrers besteht darin, bei dieser Schälkur hilfreich zu sein.

Nicht alle, die in eine spirituelle Gruppe kommen, sind ernsthaft an Spiritualität interessiert. Manche suchen nur eine Autorität oder Kontakt, Geselligkeit oder geheimnisvolle Esoterik. Zunächst sind alle Suchenden auf dem Sufi-Weg willkommen, erhalten sie eine Einweisung in die Meditationsform, und jede/-r Suchende/-r kann dann für sich selbst herausfinden, ob der Sufi-Weg oder ein anderer spiritueller Weg für ihn oder sie passend ist.

Lehren und Lernen in der Lehrer-Schüler-Beziehung

Zu vielen Formen des Lernens gehört eine Person, die als Lehrer bzw. Lehrerin tätig ist. Wer würde dies für das Erlernen eines Musikinstruments oder des Autofahrens bestreiten, auch wenn es Menschen gibt, die Autodidakten sind. So ist auch für den spirituellen Weg eine Lehrerin bzw. ein Lehrer mit Kenntnis der inneren Landschaften und Wegschwierigkeiten wichtig. Bhai Sahib erläutert die Notwendigkeit eines spirituellen Lehrers mit den Worten: »Ein Guru ist eine Abkürzung – eine sehr große und sehr scharfe. Aber nicht ein Guru ist von Notwendigkeit, sondern ein Freund, ein spiritueller Führer.«[256] Auch Hazrat Inayat Khan empfiehlt: »Du brauchst nach einem Heiligen, einem Meister nicht zu suchen, ein weiser Mensch genügt dir zur Führung auf dem Pfad.«[257]

Ein zeitgemäßes Verhältnis zwischen Lehrer und Schüler

Auf dem spirituellen Weg ist ein Sufi-Lehrer dem Schüler einige Schritte voraus, aber er bleibt nah. Er muss nicht »erleuchtet« sein, weder perfekt noch unfehlbar. Ibn Arabi, ein Sufi-Meister des 13. Jahrhunderts, kommentiert die Anforderungen an einen spirituellen Lehrer so: »Die Leute erwarten von Lehrern Wunder und offensichtliche Erleuchtung. Aber von einem Lehrer sollte man eigentlich nur fordern, dass er all das besitzt, was der Schüler braucht.«[258]

Das Verhalten eines spirituellen Lehrers entspricht oft nicht den Erwartungen der Schüler oder einem festen Schema. Er orientiert sich an dem, was spirituell Suchende und Lernende brauchen, und dies kann sehr unterschiedlich sein. Ein Kriterium für eine/-n gute/-n Lehrer/-in ist, dieser Unterschiedlichkeit gerecht zu werden und nicht alle über denselben Leisten zu schlagen. Menschen sind unterschiedlich, brauchen auch zu verschiedenen Zeitpunkten ihres Lebens Unterschiedliches. So heißt es in Martin Bubers Buch *Der Weg des Menschen nach der chassidischen Lehre*: »Es geht nicht an, dem Menschen zu sagen, welchen Weg er gehen soll. Denn da ist ein Weg, Gott zu dienen durch Lehre, und da durch Gebet, da durch Fasten und da durch Essen. Jedermann soll wohl achten, zu welchem Weg ihn sein Herz zieht, und dann soll er sich diesen mit ganzer Kraft erwählen.«[259]

Kennzeichnend für heutige spirituelle Schulen und Gruppen ist ein zeitgemäßes Verhältnis zwischen Schülerin und Lehrerin, frei von Personenkult. Beide wissen sich unterwegs auf dem Weg, die Lehrerin ist Weggefährtin.

Jeder Meister, jede spirituelle Lehrerin behält persönliche Schwächen und Grenzen, ist eben menschlich. Was die Lehrerin zu vermitteln hat, entspricht ihren Erfahrungen und Erkenntnissen. Im Übrigen gilt: Es gibt keinen Menschen, von dem man nicht etwas lernen kann. Und wenn du einen guten Lehrer suchst, dann werde selbst ein guter Schüler – so heißt der klassische Sufi-Rat.

Ein guter spiritueller Lehrer beansprucht keine persönliche Bedeutsamkeit. »The teacher has no name and no face«; Name, Titel, Ansehen zählen nicht. Der Lehrer wirkt vor allem durch sein Sein. Ein Schüler, der in das Kraftfeld eines Lehrers eintaucht, wird von dessen Energien beeinflusst und beschleunigt. Ohne diese Einwirkung und Hilfestellung kommen Schülerinnen und Schüler nicht so leicht über eine bestimmte Bewusstseinsebene hinaus, ins Erwachen der Seele.

Für Menschen, die für andere in der Rolle eines spirituellen Wegbegleiters oder einer Lehrerin sind, ist es wichtig, dass sie ganz gewöhnliche Menschen bleiben, mit ihren Fehlern und Schwächen, und dass sie sich davor hüten, etwas Besonderes sein zu wollen, Gurus oder Meister. Sie sollten sich bemühen, einfache, authentische Menschen zu sein, die selbst lebenslang unterwegs sind, Menschen, durch die etwas hindurchtönen und hindurchscheinen kann, durch ihr Sein und ihre Worte.

Die entscheidende Qualität eines spirituellen Lehrers oder einer Wegbegleiterin ist die Herzensqualität des Mitgefühls und des Wohlwollens. Hildegard von Bingen hat es einmal so formuliert:

Die Seele ist wie ein Wind, der über die Kräuter weht;
Und wie ein Tau, der auf die Gräser träufelt,
Und wie die Regenluft, die wachsen macht.

Genauso ströme der Mensch sein Wohlwollen aus
Auf alle, die da Sehnsucht tragen.
Ein Wind sei er, indem er den Elenden hilft,
Ein Tau, indem er die Verlassenen tröstet
Und Regenluft, indem er die Ermatteten aufrichtet
Und sie mit der Lehre erfüllt wie Hungernde:
Indem er ihnen seine Seele gibt.[260]

Die Aufgabe des Lehrers ist, bildlich gesprochen, die Deckschichten, die auf dem Bewusstsein des Schülers liegen, abschleifen zu helfen. Es geht darum – im Bild eines alten Sufi-Symbols –, den Herzensspiegel zu putzen, bis sich das Gesicht des Göttlichen Geliebten darin spiegeln kann, so heißt es im Sufismus. Daher ist die Aufgabe der spirituellen Weggefährtin das Klären und auch die Hilfestellung bei der Beseitigung von Entwicklungshindernissen. Wesentlich ist, dass jeder Zugang zu seinem eigenen inneren Wissen erlangen kann, durch eigene Anstrengungen, eigene Erfahrungen und eigene Entwicklung.

Letztlich geht es darum, den Lernenden zu helfen, das Göttliche in sich selbst zu erfahren und somit schließlich auch die Wegweisung durch einen Lehrer überflüssig zu machen. Im Zen heißt es: »Der Finger, der auf den Mond zeigt, ist nicht der Mond.«

Von Herz zu Herz

Die Beziehung zwischen Lehrer und Schüler ist im Sufismus eine Herzensangelegenheit, nicht in einem romantischen Sinne, sondern als eine schicksalhafte Begegnung, die anruft, aufrüttelt und verändert. Die Gegenwart einer Meisterin ist daher ein tiefes Glück, das zugleich eine starke Sehnsucht weckt, selbst »dorthin« zu gelangen, von wo die Ausstrahlung dieser Lehrerin kommt.

Als ich Irina Tweedie zum ersten Mal begegnete, durchzuckte es mich: »Niemals zuvor habe ich einen Menschen getroffen, der so viel Liebe ausstrahlt.« Sie hatte mich vom ersten Moment der Begegnung an auf eine bislang unbekannte Weise angesprochen und angezogen in ihrer Mischung aus Gewöhnlichkeit, Natürlichkeit,

Humor und Integrität und zugleich mit einer so außergewöhnlichen Ausstrahlung von Liebe, Licht und Weisheit, wie ich sie zuvor bei keinem Menschen erlebt hatte. Ihre Gegenwart und Ausstrahlung hatte auf uns alle eine ganz besondere Wirkung. Ihr Sein war – so würde ich es heute sagen – die eigentliche Lehre, die zu Herzen ging, das Herz öffnete. »Wahrhaft große Seelen werden zu Strömen der Liebe« (Hazrat Inayat Khan).

Eine Meisterin bzw. eine spirituelle Lehrerin kann nur lehren, was sie selber ist. Ihre Lehrmittel sind vor allem ihr Sein und ihre Lebensweise. Manchmal ist es eine nährende geistige Mütterlichkeit, mit deren Hilfe die Schülerin wachsen kann. Dazu ist Zusammensein erforderlich, nicht Kommunikation, sondern Kommunion, etwas, das von Herz zu Herz geht. Auf dem Sufi-Weg begegnen sich Lehrerin und Schülerin im Energiefeld der Liebe und der gemeinsamen Meditation. Dadurch entsteht eine besondere Verbindung zwischen ihnen.

Auf dem spirituellen Entwicklungsweg wird der eigene Mangel an Liebesfähigkeit von manchen Menschen als schmerzhaft erlebt. Auf dem Sufi-Weg lernt ein Schüler, eine Schülerin mehr und mehr, die verschiedenen Formen der Liebe wahrzunehmen, selbst warmherziger, freundlicher und offener zu werden, damit Liebe in seinem Leben Raum greifen kann.

Wie findet ein Suchender seinen Lehrer bzw. seine spirituelle Wegbegleiterin? Es heißt im Sufismus: Der Lehrer ist da, wenn der Schüler bereit ist. Auf der äußeren Ebene ist das Suchen und Finden bestimmt von »Zufällen«, Synchronizitäten. Letztlich geschieht Begegnung und ein Zueinanderfinden auf einer tieferen Ebene.

Spirituelle Einzelgespräche

Einzelgespräche bzw. -begegnungen zwischen Lehrer/-in und Schüler/-in gehören in vielen spirituellen Traditionen zu den Methoden der spirituellen Schulung. Im Zen beispielsweise gibt es das ritualisierte Doksan, bei dem der Schüler mit seinem Meister spricht. In der christlichen spirituellen Praxis, etwa bei den Ignatianischen Exerzitien, führt der geistliche Begleiter Einzelgespräche mit den Teilnehmenden. In indischen Yoga-Traditionen wird das Beisammensein von Lehrer/-in und Schüler/-in *Satsang* genannt. Auch in der Sufi-Gruppe des Sophia-Zentrums sind spirituelle Einzelgespräche eine wichtige Form der Begleitung auf dem spirituellen Weg, sie finden statt während der Workshops und Retreats und auch zu besonders vereinbarten Terminen außerhalb der Gruppenveranstaltungen.

Ein solches Gespräch kann unterschiedliche Ebenen umfassen, je nachdem, was das aktuelle Anliegen ist. Manche Gruppenmitglieder suchen eher psychologisch-therapeutische Unterstützung, manche haben Probleme auf ihrem Individuationsweg, andere haben Schwierigkeiten mit der Meditation, machen besondere spirituelle Erfahrungen, die sie beunruhigen, oder haben Fragen, die sie tief bewegen.

Einzelgespräche haben oft eine besondere Intensität und Bedeutung. Die Arbeit besteht darin, sich miteinander in der seelischen Innenwelt zu bewegen und gemeinsam zu verstehen, was die innere Wahrheit ist. Was in solchen Gesprächen geschieht, ist: »Das lebendige Geheimnis des Lebens ist immer zwischen Zweien verborgen, und es ist das wahre Mysterium, das Worte nicht verraten und Argumente nicht erschöpfen können.«[261] (C. G. Jung)

Kennzeichen ernsthafter Suche

Was zeichnet Menschen aus, die sich in einem spirituellen Lernprozess befinden?

- Sie nehmen sich selbst und ihre spirituellen Bedürfnisse ernster.
- Sie halten sich für nichts Besonderes (vielleicht nur für ein bisschen verrückter).
- Sie werden immer selbstkritischer.
- Sie können toleranter sein gegenüber den Einstellungen und Meinungen anderer.
- Sie bemühen sich mehr um ein anderes Verhältnis zu ihren Mitmenschen und Mitlebewesen.

- Es gibt eine zunehmende Gewissheit in ihrem Herzen, auf *ihrem* spirituellen Weg zu sein.
- Sie wissen, was Liebe bedeutet: Achtsamkeit im Alltag, Geduld, Freundlichkeit, Güte, Herzenswärme, Verstehen, Toleranz, Hilfsbereitschaft.

11. Von Heiligen und Mystikerinnen lernen: Rabia und Rumi

Im Zeitalter der ekstatischen Verehrung von Musikstars und Fußballidolen ist die Beschäftigung mit dem Leben von Heiligen und Mystikerinnen weitgehend aus der Mode gekommen – sie erscheint unpassend, frömmlerisch oder komisch. Was könnten die Motive sein, es dennoch zu tun?

Für mich sind es mehrere Gründe: Heilige und Mystikerinnen sprechen die Sehnsucht und das tiefe innere Heimweh in uns an, denn Mystik ist Heimweh der Seele nach dem, was sie in Wahrheit ist und was durch die Wirrnis ihres irdischen Daseins nur undeutlich hindurchscheint. Bei den Heiligen scheint es klar und deutlich hindurch.

Ein zweiter Grund, sich mit Heiligen zu beschäftigen, ist: Heilige waren keine egoistischen Seligkeitsstreber, sondern zur Freundschaft begabte Menschen – zur Freundschaft mit Gott. Der Freund oder die Göttliche Geliebte – das ist auch das Gottesbild der Sufis (siehe Kapitel 3, S. 65–67).

Ein weiterer Grund dafür, sich mit dem Leben der Heiligen und Mystikerinnen zu beschäftigen, ist, dass sie jene Wandlung und Veränderung vollzogen und durchlitten haben, in der auch wir uns befinden mit all unseren Mühseligkeiten, Verstrickungen und persönlichen Schwierigkeiten. Auch sie haben sich immer wieder aus den inneren und äußeren Abgründen erhoben und haben weitergesucht, sind weitergegangen. Auch ihr Leben war keineswegs leicht und nicht frei von Irrtümern, Fehlern, Rückfällen oder menschlichen Beschränkungen, auch wenn die Heiligengeschichten dies vielfach verklären. Heilige und Mystikerinnen waren Menschen wie wir, nur sehnsuchtsvoller, liebevoller, radikaler, brennender. Ihre eigene Unheiligkeit und Unvollkommenheit spüren Menschen umso schmerzlicher, je näher sie dem Heiligen kommen. Je mehr Licht es gibt, desto klarer erkennt man alle Flecken und

Schatten der eigenen Seele, die Finsternisse des eigenen Herzens. Es ist nicht bloß Koketterie, wenn Heilige wie Teresa von Avila immer wieder betonen, wie unzulänglich und sündig sie sich fühlen; es ist eine Folge ihres spirituellen Fortschritts, einer Gewissensverfeinerung.

Heilwerden, Heiligwerden, ist ein spiritueller und seelischer Entwicklungsprozess, der in diesem Leben zu keinem Abschluss kommt. Er erfordert immer wieder den vollen Einsatz unserer Energien, wie Kierkegaard, der Existenzphilosoph, es ausgedrückt hat: »Es gilt, Gott so nahe zu kommen wie möglich.« Heilige und Mystikerinnen sind Gott in diesem Leben so nahe gekommen wie möglich, und diese Nähe hat sie transparent gemacht, so dass das Göttliche nun mehr und mehr durch sie hindurchstrahlt. Ihr Verhältnis zum Göttlichen in der mystischen Liebesbeziehung ist vertraut, familiär, freundschaftlich. So zeigen sie uns, dass Gott nicht etwas Fernes, Unerkennbares, Jenseitiges ist, sondern hier, in der Welt erlebbar, erfahrbar in uns selbst.

Alle Heiligen sind Angehörige *einer* Religionsgemeinschaft, der Religion der Liebe. Daher heißt es auch bei Kabir, dass es töricht sei, einen Heiligen nach seinem Stand und seiner Religion zu fragen.[262] Heilige lassen sich weder christlich noch buddhistisch oder muslimisch vereinnahmen. Das Licht, das durch sie hindurchscheint, strahlt für alle Menschen.

Heilige zu beschreiben, ist nicht einfach. Man kann dies, wie bei allen großen Wahrheiten, nur in Paradoxen tun: Je tiefer ein Mensch auf dem Weg des Heiligwerdens nach innen gegangen ist, je mehr er das Göttliche verinnerlicht hat, je beständiger er innerlich auf das Göttliche ausgerichtet ist, desto mehr strahlt davon nach außen, fließt aus dem inneren Gefäß über in sein Verhalten, Reden und Tun. Es ist Licht, das durch die Jahrhunderte hindurchstrahlt, Leuchtspuren, die Zeit und Raum überdauern. So sind Rumi, Teresa von Avila, Meister Eckehart, Ramana Maharshi und andere in dem, was überliefert ist, wichtige spirituelle Lehrerinnen und Meister des inneren Lebens, auch für heutige Menschen auf dem spirituellen Weg.

Und es ist scheinbar paradox: Heilige haben im Prozess der Entwerdung ihr Ego überwunden, und sie sind zugleich ganz einzigartige, unverwechselbare, starke Persönlichkeiten. Dies gilt ganz besonders für zwei Lichtgestalten des Sufismus: Rabia und Rumi.

Rābi'a al-Adawiyya – Liebe um der Liebe willen

> Ich bekenne Dich
> als meinen wahren Geliebten.
>
> RABIA[263]

Annemarie Schimmel bezeichnet Rabia als die erste wirkliche Heilige des Islam. Sie ist es, »die das Element der selbstlosen Liebe in die herbe Lehre der frühen Asketen einführte und damit den Sufismus in echte Mystik verwandelt hat«[264].

Rabias absolute Gottesliebe hat eine solche Leuchtspur hinterlassen, dass sie in den islamischen Ländern seit dem 9. Jahrhundert bekannt blieb. Eine besonders fromme Frau wird noch heute im Islam als eine »zweite Rabia« bezeichnet. Was ist so bemerkenswert an dieser Frau? Vor allem ihre Kompromisslosigkeit, ihre Radikalität. Rabia machte keine Konzessionen an Erwartungen, Zeitgeist oder Geschlechterrollen. Unerschrocken, so berichten die Legenden, legte sie sich immer wieder mit den Theologen und Gelehrten ihrer Zeit an. Sie war gänzlich ausgerichtet auf Gott, den Absoluten, in einer nicht berechnenden, zweckfreien, nicht interessegebundenen Liebe – Liebe um der Liebe willen. Dorothee Sölle beschreibt diese Liebe so: »Gott zu lieben, nicht weil mächtige Institutionen oder auch er selber es befehlen, sondern in einem Akt ungeschuldeter Freiheit, ist Ursprung der mystischen Beziehung, es ist Grund genug. [...] Man kann die Mystik als die antiautoritäre Religion schlechthin begreifen, in der aus dem befehlenden Herrn der Geliebte wird, aus dem Später das Jetzt, aus dem nackten oder auch dem aufgeklärten Selbstinteresse, das sich nach Lohn und

Strafe richtet, die mystische Freiheit.«[265] Genau diese mystische Freiheit verkörpert Rabia in besonderer Weise.

Nach den Überlieferungen lebte Rabia von 713–801 n. Chr. in Mesopotamien, im heutigen Irak. Sie wurde in Basra geboren, wo sie den größten Teil ihres Lebens verbrachte, und war wohl die vierte – daher auch ihr Name Rabia (d. h. »die Vierte«) – der Töchter sehr armer Eltern. Diese starben, als Rabia noch klein war, so dass sie als Sklavin verkauft wurde. Ihr Herr ließ sie jedoch frei, nachdem er, so erzählt eine Legende, sie von einem göttlichen Licht umstrahlt sah, als sie nachts im Gebet verharrte und sich bei Allah darüber beklagte, dass sie so viel habe tun müssen und so spät erst frei wäre für das Gebet.[266] Rabia ging fort in die Wüste und richtete sich später eine Einsiedelei ein, wo sie ein asketisches Leben führte und sich ausschließlich dem Gebet widmete. Aus dieser frühen Zeit ihres Lebens gibt es viele Legenden, die erzählen, wie Rabia sich von der Welt abwandte, um dem Göttlichen zu begegnen und ihm nahe zu kommen.

Wir haben nur wenig gesicherte Daten, nur Geschichten und Legenden über Rabias Wirken. Aber auch in diesen wird Bedeutsames tradiert. Vor allem dem Sufi-Dichter und -Mystiker Fariduddin Attar verdanken wir Hinweise auf Rabias Leben. Er rühmt sie in seiner Sammlung von Heiligen des Islam als diejenige, die entflammt ist von Liebe und Sehnsucht, und auch in seinem berühmten Buch *Vogelgespräche*[267] gibt es mehrere Hinweise und Geschichten über sie.

Rabia war in den islamischen Kontext und islamische Frömmigkeitsformen eingebunden, und so gibt es auch verschiedene Geschichten über ihre Pilgerfahrt zur Ka'aba:

Einst wallfahrtete Râbia nach Mekka. Als sie die Kaaba sah, zu deren Verehrung sie gekommen war, sprach sie: »Ich bedarf des Herrn der Kaaba, was taugt mir die Kaaba? Ich bin so nahe an ihn herangekommen, daß sein Wort ›Wer mir eine Spanne naht, dem nahe ich eine Elle‹ von mir gilt – Was soll mir noch die Kaaba?«[268]

Rabia lebte allein, eine Lebensform, mit der sie in der islamischen Kultur immer wieder Anstoß erregte. Es wurden viele Versuche unternommen, sie zur Ehe zu drängen, und in den Geschichten wird es häufig Hassan von Basra[269] zugeschrieben, dass er sie zur Ehe mahnt. Sie hingegen entgegnet:

»Mein Wesen ist längst schon ehelich gebunden. Deswegen sage ich, daß mein Sein in mir erloschen, in ihm (Gott) aufgelebt ist. [...] Wer mich nun zur Braut verlangt, verlange mich nicht von mir, sondern von ihm.« Hassan frage sie, wie sie sich zu dieser Stufe erhoben hätte. Sie sprach: »Dadurch, daß ich alles, was ich gefunden hatte, in ihm verlor.« Als jener weiter fragte: »Auf welche Weise hast du ihn erkannt?«, antwortete sie: »O Hassan! du erkennst auf eine bestimmte Art und Weise, ich aber ohne Weise.«[270]

Es sind vor allem immer wieder kurze Gebete überliefert, wie Rabia vertrauliche, intime Zwiesprache hält mit Allah – etwas für die Gläubigen ihrer Zeit Neues und Unerhörtes, das dem damaligen Gottesbild eines allmächtigen Herrschers in keiner Weise entsprach.

In der Nacht ging Rabia häufig auf das Dach und betete: »O mein Gott! Nun schweigt das Getümmel des Tages, die Stimmen schweigen, und im heimlichen Gemach erfreut sich das Mädchen des Geliebten, ich Einsame aber erfreue mich deiner Gegenwart, denn dich bekenne ich als meinen wahren Geliebten!«[271]

Auch das folgende Gebet wird Rabia zugeschrieben:

»Oh meine Freude und mein Verlangen und meine Zuflucht,
mein Freund und mein Ernährer und mein Ziel.
Du bist mein Atem, meine Hoffnung, mein Vertrauter,
und es ist die Sehnsucht nach dir, die mich erhält.
Ohne dich, oh mein Leben und mein Freund,
wie hätte ich wandern können über die Weiten der Erde?«[272]

Eine Geschichte erzählt von Hassan und Rabia und ihren besonderen Fähigkeiten:

Eines Tages traf Hassan Rabia unten am Fluss. Er breitete seinen Gebetsteppich auf der Wasseroberfläche aus, setzte sich darauf und forderte sie auf, sich zu ihm zu setzen. »Musst du dich wirklich auf dem Markt *dieser* Welt verkaufen?«, fragte Rabia. Dann entrollte sie ihren eigenen Gebetsteppich, schwang sich darauf in die Luft und sagte: »Was du gemacht hast, kann jeder Fisch, Hassan, und was ich getan habe, kann jede Fliege. Unsere wirkliche Aufgabe ist jenseits der Werke von Fischen und Fliegen.«[273]

Eine andere Geschichte erzählt, wie ein anderer Gelehrter aus Basra sie besuchte, als sie krank war:

Neben ihrem Lager sitzend, ließ er sich lang und breit über die Schlechtigkeit der Welt aus. Rabia kommentierte dies: »Die Welt ist dir lieb und teuer. Wenn du sie nicht so lieben würdest, würdest du nicht so viel von ihr reden. Es ist immer der Käufer, der die Waren, die er haben will, herabwürdigt. Wenn du mit dem Weltlichen fertig wärest, müsstest du es nicht so oft erwähnen, weder im Guten noch im Bösen.«[274]

Einmal, so wird erzählt, wurde Rabia gefragt: »Was ist Liebe?«, und ihre Antwort war:

»Liebe ist aus der Urewigkeit gekommen und geht in die Ewigkeit, und keinen gibt es in den siebzigtausend Welten, der einen Tropfen von ihr tränke und nicht zuletzt zu Gott geht [...].«[275]

Wahre Gottesliebe ist Liebe um der Liebe willen, verfolgt keinen anderen Zweck. Darauf macht Rabia auf drastische Weise in der folgenden Geschichte aufmerksam:

Eines Tages sah man Rabia, wie sie durch die Stadt lief und dabei Feuer in der einen und Wasser in der anderen Hand hielt. Die Leute fragten sie, was dies bedeuten sollte und wohin sie rennen würde. Sie antwortete: »Ich will Wasser in die Hölle gießen und Feuer ans Paradies legen, damit diese beiden Schleier verschwinden und die Menschen Gott nicht aus Furcht vor der Hölle oder aus Hoffnung aufs Paradies anbeten, sondern allein um Seiner urewigen Schönheit willen.«[276]

So ist Rabias wichtigste Botschaft an die Menschen ihrer Zeit und bis heute: Liebe um der Liebe willen, Gottesverehrung nicht aus Furcht vor dem Jenseits oder aus Hoffnung auf das Paradies oder als eine berechnende Mischung aus Furcht und Hoffnung, sondern als freies Geschenk, ohne Erwartungen. Sie war die erste der Sufis, die lehrte, dass Liebe die Führerin auf dem mystischen Weg ist.

Was also lässt sich von Rabia lernen? Die Geschichten und Legenden zeigen uns das Bild einer Frau, die wohl ohne Bildung und Erziehung die Denkweisen und Vorstellungen ihrer Zeit transzendieren konnte und die ein Mensch von unerhörtem geistigen Mut gewesen sein muss; jemand, die sich nicht darum kümmerte, was die Menschen von ihr erwarteten und dachten. In Rabias Verhalten finden wir Elemente, wie wir sie von den alttestamentlichen Prophetinnen und Propheten kennen: grobes, unerschrockenes und konfrontierendes Zurechtweisen, scharfe Kritik, Aufrütteln und Entlarven von Heuchelei. Vor allem aber dies: Mut, den eigenen Weg zu Gott unabhängig von religiösen Konventionen zu suchen und zu gehen.

Jalāluddīn Rūmī – das brennende Herz

Mein Ort ist das Ortlose,
meine Spur ist das Spurlose;
es ist weder Leib noch Seele,
denn ich gehöre
der Seele des Geliebten.
RUMI[277]

Einer der größten und berühmtesten Dichter im arabischen Sprachraum ist Jalaluddin Rumi (1207–1273), der Lehrmeister der mystischen Liebe. Sein Geheimnis ist das Kraftfeld der Liebe, das zeit- und raumübergreifend wirkt. Seine Botschaften tönen über die Grenzen von Jahrhunderten und Kulturen hinweg, vom 12. Jahrhundert bis heute, sie wecken in den Herzen der Menschen die Sehnsucht und Liebe zu dem EINEN. Seine Poesie entzündet die Herzen, macht sie unruhig und sehnsüchtig, so dass Menschen auf die Suche gehen.

Rumis Texte verdeutlichen die verschiedenen Erfahrungsebenen auf dem mystischen Pfad. Seine bilderreiche Sprache und seine Parabeln nehmen immer wieder die Dinge der Alltagswelt als Symbol für spirituelle Weisheiten. Sein Werk zeigt zugleich eine tiefe Kenntnis der menschlichen Psyche.

Rumis Poesie erhebt sich zum Gipfel der mystischen Vereinigung und zieht die Seelen mit sich in bis dahin unbekannte Seelenbereiche. Für Rumi ist das Wichtigste im Leben die Gottsuche und die Aufwärtsbewegung der Seele, ihr Erwachen. Immer wieder will er mit seinen Bildern und Symbolen die Menschen auf die Nähe Gottes hinweisen. Das Bild des Göttlichen Freundes leuchtet für Rumi überall auf, in allen Schönheiten der Erde, in leidenschaftlich geliebten Menschen. Alles wurde für ihn zum Hinweis auf der/die/das Göttliche. Die Sehnsucht nach dem Herzensfreund und das Zusammensein mit dem göttlichen Du prägen sein Werk.

Rumi und sein Lehrer Shams

Geboren wurde Rumi 1207 im Gebiet des heutigen Afghanistan, in Balch. Fast sein ganzes Leben verbrachte er in Konya, in der heutigen Türkei. Rumis Familie musste vor den Horden Dschingis Khans fliehen – Flüchtlingsströme der damaligen Zeit. Der Vater ging über Syrien in das Gebiet der heutigen Türkei. Der Sultan der Seldschuken bot Menschen, die vor den Mongolen geflohen waren, Zuflucht. 1228 kam der Vater nach Konya, damals ein bedeutendes geistiges Zentrum, und wurde dort Lehrer an einer Koranschule. Nach dessen Tod erbte Rumi seine Stelle, sorgsam erzogen, ein Rechtsgelehrter auch der Sohn, hochgebildet entsprechend dem Wissen seiner Zeit.

Erst mit der mystischen Erfahrung wurde der islamische Rechtsgelehrte zum Liebenden und zum Dichter. Seine Werke sind überreich an Symbolik aus vielen Lebensbereichen, vor allem aber geht es um den Göttlichen Geliebten. »Was gelten mir Worte? Ich brauche ein glühendes Herz! Laß die Herzen in Liebe entflammen und kümmere dich weder um Gedanken noch Rede«[278], so lässt Rumi Gott zu Moses sagen. Und ohne ein in Liebe entflammtes Herz sind Rumis ekstatische Gedichte überhaupt nicht zu lesen und zu verstehen.

Die Liebe wurde bei Rumi durch seinen Lehrer Shamsuddin entzündet. Die Begegnung mit Shams, so die Kurzform des Namens, wurde für Rumi zum mystischen Erwachen. Die Berichte beschreiben Shamsuddin als einen Wanderderwisch, der umherzog, ein Außenseiter, der die Leute in Rede und Aussehen erschreckte, Unruhe und Spannungen in Konya hervorrief. Für Rumi war er jedoch »die Sonne von Täbriz«, der erleuchtete Lehrer, der Seelenfreund, der Geliebte, der den Göttlichen Geliebten widerspiegelte.

Um 1244 – Rumi war 37 Jahre alt – kommt es, so berichten die Quellen, zu einer schicksalhaften Begegnung mit Shamsuddin, die zu einer radikalen Wandlung und Veränderung in Rumis Leben führt. Er wird Shams' Schüler, ist entzündet vom Feuer einer Liebe, die sein Leben veränderte. Er vernachlässigt seine bisherigen Aufgaben, zieht sich mit Shams ganz zurück, seine Schüler erkennen ihn nicht wieder. Was zwischen den beiden an intensiver mystischer Schulung geschah, lässt sich nur ahnen, wenn man Rumis nun entstehende Gedichte und Texte liest. Der geliebte Freund und Lehrer Shams verweist Rumi auf den Göttlichen Geliebten. Er ist für ihn der Spiegel. So schreibt er:

Als einen umfassenden Spiegel
der Ewigkeit begreife ich dich,
ich sehe in deinem Auge
mein eigenes Bild
und sage mir: nun hab' ich endlich
mich gefunden,
in deinem Augenpaar fand ich
einen hellen Weg,
mein Bild ruft mir zu
aus deinem Auge,
daß ich du bin,
du ich, vereinigt immerdar.[279]

Zwei Jahre inniger Verbundenheit haben sie, so berichten die Quellen, aber die Stadt, wohl auch Rumis Familie, ist in Aufruhr und voller Empörung. Shams sieht sich genötigt, unter Bedrohung und Anfeindungen heimlich die Stadt zu verlassen. Rumi sucht ihn verzweifelt, er schickt seinen Sohn Sultan Walad nach Damaskus und an andere Orte, er soll Shams unbedingt zurückbringen.

Dies gelingt, Rumi versucht, den Wanderderwisch bei sich sesshaft zu machen, verheiratet ihn, aber die Unruhe bleibt und Shams ist nach wie vor in Konya unerwünscht und bedroht. Vermutlich wurde er, vielleicht sogar unter Beteiligung eines anderen Sohnes von Rumi, ermordet.

Zwischen Rumi und Shams bestand ein ganz besonderes Liebesverhältnis, wie Annemarie Schimmel beschreibt: »Es war nicht die Liebe eines älteren Mannes zu einem schönen Jüngling, der als Epiphanie der Gottheit, als ›Zeuge‹ der göttlichen Schönheit verehrt wurde; es war die geistige Begegnung zweier gereifter Männer, die eine unvergleichliche Flut ekstatischer Gedichte hervorbrachte und Dschelaleddin in unerhörte Verzückung emporriß.«[280] Die Liebeslieder drangen einfach aus ihm heraus, wenn er in mystischer Ekstase war und auch nicht anders konnte, als sich tanzend zu drehen. Ein mystisch erleuchteter Lehrer hatte wohl einen kongenialen Schüler gefunden. Durch den Verlust und Trennungsschmerz aber gelangte Rumi zur mystischen Erfahrung, in der es zwischen Liebe, Liebendem und Geliebten keine Trennung mehr gibt. Und so unterzeichnet Rumi viele seiner Gedichte mit Shamsuddins Namen: »Ich bin er und er ist ich, o Suchender!«[281]

Rumi, der Dichter und Lehrer

Zwei weitere enge Weggefährten und Lieblingsschüler eröffneten Rumi die Möglichkeit, Lehren in Form von Gedichten und Geschichten zu erzählen und aufschreiben zu lassen: Salahuddin, der Goldschmied, und Husamuddin, der auch sein Schüler geworden war. Es blieb Rumis Aufgabe, sie und die wachsende Zahl seiner Schüler zu unterweisen, unter Einbezug seines profunden Wissens der Philosophie und Theologie seiner Zeit und seiner mystischen Erfahrungen. So entstand das Mathnawi, ein riesiges Werk. Dabei schöpfte Rumi aus den Erzählungen und Werken von Mystikern vor ihm, erzählte sie auf seine Weise neu und anders.

Hinter den Bildern und Symbolen seiner Gedichte und Geschichten sind die Geheimnisse der Mystik verborgen. Daher heißt es gleich zu Beginn des Mathnawis:

Des Freunds Geheimnis möge niemand lichten –
du horche auf den Inhalt der Geschichten:
in Sagen, Märchen aus vergangnen Tagen
läßt sich des Freunds Geheimnis besser sagen![282]

Ein weiteres wichtiges Thema seiner Dichtung ist der Evolutionsgedanke der ständigen Weiterentwicklung von Seele und Bewusstsein:

Siehe, ich starb als Stein und ging als Pflanze auf,
starb als Pflanz' und nahm drauf als Tier den Lauf,
starb als Tier und war ein Mensch. Was fürcht ich dann,
da durch Sterben ich nie minder werden kann?
Wieder, wann ich werd als Mensch gestorben sein,
wird ein Engelsfittich mir erworben sein,
und als Engel muß ich sein geopfert auch,
werden, was ich nicht begreif, ein Gotteshauch.[283]

In der Schönheit der Welt entdeckt der Erwachte überall die Hinweise auf der/die/das Göttliche. So kann alles als dessen Symbol verstanden werden: Sonne, Mond und Sternenhimmel, Blumen, vor allem die Rose, das Licht der Kerze, der Frühling, das Gold. Aus allem wird in frei fließenden Bildern Lobgesang und Hinweis für den, der mit den Augen des Herzens und mit dem Ohr der Seele wahrzunehmen vermag.

In den etwa dreißig Jahren nach der Begegnung mit Shams und der Erfahrung der mystischen Vereinigung, des Mysterium coniunctionis, hat Rumi uns etwa 60 000 Verse geschenkt und dabei ein leuchtendes Licht der Sehnsucht und Liebe in der Welt entzündet.

In seinem Leben gibt es die Phase der entflammten Liebe zu Shams, die der beruhigten Zeit der Freundschaft mit dem Goldschmied Salahuddin, und es gibt den alten Rumi als Lehrer für seinen Schüler Husamuddin – vor allem hier ist er der Meister, Maulana, der der großen Zahl von Schülern und Schülerinnen immer wieder die Nähe Gottes aufzeigt und sie lehrt, das göttliche Wirken überall zu erkennen.

Bis heute ist das Grabmal Rumis in Konya ein heiliger Ort für spirituell Suchende aus aller Welt und für nicht wenige Menschen ein Ort besonderer Erfahrungen.

Bei seinem Tode wurde er von Angehörigen aller Religionsgemeinschaften, die er bereitwillig und tolerant als seine Schüler und Schülerinnen angenommen hatte, als Lehrer und Meister verehrt. Sultan Walad, der ergebene Sohn, der für Rumi überall nach

Shams gesucht hatte, übernahm die Führung der Schüler und Anhänger Rumis. Er formte den Sufi-Orden der Mevlevis und ritualisierte Rumis ekstatischen mystischen Tanz, der bis heute in dieser Richtung des Sufismus praktiziert und auch öffentlich gezeigt wird.

Rumis Werke

Rumis mystische Gedichte und seine Texte wurden vor allem von seinen Schülern aufgezeichnet. Es sind zwei Sammlungen, das *Mathnawi* mit seinen 25 000 Versen, das eine »wahre Enzyklopädie der Mystik«[284] ist. Es ist der spontane Ausdruck mystischer Erfahrungen in immer wechselnden Bildern, Anekdoten, Geschichten, die oftmals unauflösbar miteinander verwoben sind. Einiges bezieht sich auf den Koran, anderes umfasst Geschichten aus griechischen, persischen, indischen und türkischen Erzähltraditionen. Manches klingt an der Oberfläche unterhaltsam, amüsant, manches rührt an tiefe mystische Ebenen.

Rumis Werk *Fihi ma fihi* (»Von Allem und vom Einen«) ist eine Sammlung von Gesprächen und Texten aus seinem letzten Lebensjahrzehnt. Sie unterscheiden sich von den ekstatischen Liebesversen der Jahre zuvor, klingen nüchterner. Es hat mehr als 35 000 Verse – Bruchstücke, Aufzeichnungen von Gesprächen bei den Zusammenkünften. Immer wieder geht es auch um sehr alltägliche Begebenheiten. Rumi erzählt Geschichten, Anekdoten, aber auch die gewöhnlichen Dinge können für Rumi immer wieder zum Gleichnis für tiefere Einsichten werden. Manches ist überraschend in diesen Texten, etwa wenn Rumi in Kapitel 5 von der Notwendigkeit spricht, dass Jesus in jedem von uns mit Schmerzen geboren werden muss, ebenso gibt es »christlich« getönte Gesprächssequenzen. Zum Teil finden sich die gleichen Bilder und Parabeln wie im *Mathnawi*: die Sonne, der Herzensspiegel, der Baum, Gott als verborgener Schatz, der Körper als Gefängnis des Seelenvogels, das lebendige Herz als Ort, wo Gott wohnt.

Warum immer wieder Rumi?

Es ist ein erstaunliches Phänomen, dass der Sufi-Mystiker Rumi, der im 13. Jahrhundert gelebt hat, eine solche Resonanz auch bei so vielen heutigen Menschen hat. Was ist so einzigartig, Zeit und Raum überdauernd an ihm? Rumi, das ist ein Ruf, der das Herz immer wieder aufhorchen lässt. Er zündet sie immer wieder an, wenn sie schwächer zu werden droht – die tiefe Sehnsucht.

Warum immer wieder Rumi? Weil seine Verrücktheit wohltut, die Seele tanzen lässt, auch wenn der Körper still ist, es nur innerlich ekstatisch wird. Andrew Harvey, ein profunder Kenner mystischer Traditionen und Rumi-Begeisterter, erklärt Rumis Anziehung für heutige Menschen so: »Durch seine Leidenschaft, Aufrichtigkeit und überwältigende Bildkraft bietet Rumis Werk Hunderttausenden von Menschen eine Möglichkeit, jenseits aller konfessionellen und dogmatischen Zwänge einen direkten Zugang zum Göttlichen zu finden. Aus dem Feuer einer allumfassenden Erweckung geboren, übt Rumis Werk eine erleuchtende Wirkung von schier beängstigender Unmittelbarkeit aus, wer immer sich ihm offenen Herzens und Geistes aussetzt.«[285]

Ausgewählte Verse von Rumi

Aus den zahlreichen Anthologien mit zum Teil sehr frei und sehr unterschiedlich übersetzten Gedichten und Versen aus Rumis Werk eine kleine Auswahl für dieses Buch zu treffen, fällt wirklich schwer. Nimm diesen Versuch als Einladung, selbst weiter nach Übersetzungen – in Büchern und auch auf CD – zu suchen, um von Rumis Versen das eigene innere Licht und Feuer entzünden zu lassen.

Liebe,
Wenn ich nach Dir Ausschau halte,
merke ich, dass Du mich suchst.[286]

*

Du fragst nach dem Geliebten –
Lauf vor dir selbst nicht davon.[287]

*

Leg deine Seele in Gottes Liebe;
Ich schwör' dir:
Es gibt keinen anderen Weg.[288]

*

Es gibt nur einen Weg, Ihn zu
gewinnen,
Ihn, den Geliebten –
Ich muss Er selber werden.[289]

*

Und denke so inständig Gottes,
bis selber du ganz dich vergißt,
daß du im Gerufenen aufgehst,
wo Rufer und Ruf nicht mehr ist.[290]

*

Alles ist der Geliebte,
und der Liebende ist ein Schleier.[291]

*

Ich bin Wind, und du bist Feuer,
und *ich* habe dich entfacht![292]

*

Mit deiner Seele hat sich meine
Gemischt, wie Wasser mit dem Weine.
Wer kann den Wein vom Wasser trennen,
Wer dich und mich aus dem Vereine?
Du bist mein großes Ich geworden,
Und nie mehr will ich sein dies kleine.
Du hast mein Wesen angenommen,
Sollt' ich nicht nehmen an das deine? [293]

*

Meiner Seele Morgenlicht, sei nicht fern, o sei nicht fern!
Meiner Liebe Traumgesicht, sei nicht fern, o sei nicht fern!
Leben ist, wohin du blickst, Tod, wo du dich wendest ab;
Hier, wo Tod mit Leben ficht, sei nicht fern, o sei nicht fern! [...]
Hör, wie gellend in der Nacht, Rose, jede Nachtigall
Laut aus meiner Seele spricht: sei nicht fern, o sei nicht fern![294]

12. »Und solang du das nicht hast, dieses Stirb und werde …«

Und solang du das nicht hast,
dieses Stirb und werde,
bist du nur ein trüber Gast,
auf der dunklen Erde.

Goethe[295]

Das Menschheitsrätsel Sterben und Tod

Mitten im Leben trifft uns manchmal das Erschrecken beim Gedanken an den Tod, so wie es im Gedicht von Rainer Maria Rilke heißt:

Der Tod ist groß.
Wir sind die Seinen
lachenden Munds.
Wenn wir uns mitten im Leben meinen,
wagt er zu weinen
mitten in uns.[296]

Das Menschheitsrätsel Sterben und Tod hat die Menschen seit der Frühzeit der Entstehung der Kulturen beschäftigt, hat sie gleichzeitig geängstigt und fasziniert. Religionen, Kunst, Literatur, Musik, Märchen und Mythen – überall finden wir vielfältige Zeugnisse davon. Vom Zeitpunkt der Geburt an läuft unser Leben auf den Tod zu, gehört es zur Ars vivendi, der Lebenskunst, auch die Ars moriendi, die Kunst des Sterbens, zu lernen.

Archetypische Bilder und Symbole des Todes

Am Beginn der Entwicklung der Kultur entstanden die Totenkulte: »Die Kultur entspringt dem Wissen um den Tod, oder besser: Das Wissen um unsere Sterblichkeit ist ein Kultur-Generator ersten Ranges«[297], so der Kulturwissenschaftler Jan Assmann. Vorstellungen darüber, dass die Seele nach dem Tod des Körpers weiterbesteht, waren und sind in allen Kulturen vorhanden. Jenseitsvorstellungen gibt es auch in allen Religionen, so im Hinduismus, Buddhismus, Judentum, Islam und im Christentum. Machtvolle Bilder, Rituale und Symbole sind auch in unserer christlich geprägten Kultur fest im kollektiven Bewusstsein verankert.

In den Hochkulturen entwickelten sich Götterbilder und Verehrungskulte. Einige der Götter herrschen in den oberen Sphären, andere in der Unterwelt, im Totenreich. Im Alten Griechenland gilt Thanatos als der Gott des Todes; Hypnos, der Schlaf, ist sein Zwillingsbruder. So sind Schlaf und Tod in der griechischen Mythologie eng miteinander verwandt.

Ängste vor dem Jenseits und dem Urteil der Götter fanden ihren Ausdruck im Symbol des Totengerichts, so im Ägyptischen Totenbuch: Das Herz des Menschen wird gewogen und muss leicht und frei von drückender Schuld sein, so leicht wie eine Feder aus dem Haar der Maat, der Göttin der Weisheit. Diese Idee vom Totengericht wurde in die christliche Vorstellungswelt übernommen.

Auch in Kunst und Literatur zeigt sich die Auseinandersetzung mit dem Tod, der in zahlreichen Bildern im kollektiven Bewusstsein vorhanden ist: als Knochengerippe, Sensenmann, als unheimlicher Fremder, als Anführer und Verführer in den Totentänzen. Wie auch immer er erscheint, in seiner Macht steht es, das Leben zu nehmen: Mors certa, hora incerta (Der Tod ist sicher, die Stunde ist ungewiss.)

Ähnlich wie die Mythen haben auch die Märchen Lebensweisheit und Erkenntnisse der Menschheit zum Thema Tod in der Sprache des Symbolischen tradiert, z. B. im Grimm'schen Märchen *Der Gevatter Tod.*

Alles, was für die Menschen der Vorzeit mit dem Tod und den Toten zu tun hatte, war sozial eingebunden in die Gemeinschaft, in den auch gemeinschaftlich vollzogenen Trauerritualen und Bestattungskulten. Die Umgangsweise heutiger Menschen mit Sterben und Tod ist dagegen bestimmt durch Individualisierung, Privatheit und Verinnerlichung sowie schwindende Bedeutung hilfreicher alter Rituale. Geblieben ist für heutige Menschen das Rätsel um den Tod und die Frage: Wer oder was sind wir als bewusste sterbliche Wesen?

Die Angst vor dem Tod

Sterben und Tod sind in unserer Kultur stark angstbesetzt und werden nicht zuletzt deshalb tabuisiert. Die Angst vor dem Tod zeigt sich in verschiedenen Formen, als Frage, was nach dem Tod geschieht, als Angst vor dem Sterben, vor schlimmen Schmerzen im Todeskampf, als Angst vor der Einsamkeit des Sterbens und der Trennung von vertrauten und geliebten Menschen, als Angst vor dem Ausgeliefertsein an das Unbekannte. Im Sterben ist jeder Mensch auf sich selbst zurückgeworfen und der menschlichen Urangst vor dem Tod ausgeliefert, wenn dieser unaufhaltsam näher kommt. Die Sterbenden spüren, dass sie diesen Weg allein gehen werden und nahe Menschen sie nur bis zu einer gewissen Grenze begleiten können.

Gefühle der Bedrohung, tiefes Erschrecken, Angst und Panik können sehr quälend sein, ebenso Einsamkeit und Verlassenheit im Sterben, wenn Sterbende in ihrer Umgebung auf eine Mauer von Verschweigen, Abwehr und Verleugnung treffen, sie sich mit ihrer Todesangst nicht äußern dürfen und ihre innere Bedrängnis nicht mitteilen können. Die Abwehr der Todesangst zeigt sich manchmal in verschiedenen Formen von Kontrollzwängen und Sichanklammern an heilversprechende medizinische und auch esoterische Therapien.

In unserer Zeit zeigt sich die Tabuierung von Sterben und Tod besonders im Anti-Aging-Kampf. Es gilt, das Alter und seine Zeichen zu verbergen, mit großem Aufwand ein jugendliches Erscheinungsbild aufrechtzuerhalten. Das hohe Alter, Sterben und seine Begleitung werden in Krankenhäuser, Altenheime und Hospize ausgegrenzt.

Warum haben wir solche Angst vor dem Tod? Er ist die Unterbrechung des Lebens, wie wir es kennen. Der Tod ängstigt uns, weil wir uns in unserem gewohnten Leben sicher fühlen, umgeben von vertrauten Menschen und Dingen. Wir haben Angst, dass wir nicht andauern, verdrängen immer wieder, dass sich alles ständig verändert, dass es in dieser Welt keine Dauer gibt.

Wir sterben ja nicht nur einmal

Geburt und Tod durchdringen unser Leben, Leben ist ständige Veränderung und Wandlung, verlangt immer wieder, Altes, Vertrautes loszulassen und Neues zu wagen und ins Leben zu bringen – als »Stirb und werde«. Ernesto Flammer hat dies in einem Text für die Hospizarbeit so formuliert:

»Alles Leben wandelt sich. Jede Veränderung ist der Tod des Bisherigen und die Geburt des Neuen. Der Tod ist notwendig, um neuem Leben Raum zu schaffen. Tod ist der Name für das Ende einer Phase und den Beginn einer neuen. Das Sterben des Samenkorns ist die Geburt der Pflanze. Das Sterben der Kindheit ist die Geburt der Jugend. Kein Zustand dauert und kann bleiben, so wie er ist. Leben ist Bewegung, ist etwas Dynamisches, und das einzig Konstante ist der Wandel.
Wir sterben ja nicht nur einmal im Leben, erleiden nicht nur den körperlichen Tod. Wir sterben viele Male. Jeder Verlust im Leben ist ein Sterben, jede Krise, jedes Loslassen, jedes Abschiednehmen von Menschen, Plänen, Wünschen, Ideen. Dieses »Stirb und Werde« im Alltag anzunehmen, bedeutet eigentlich, das Sterben im Leben zu lernen. Denn Geborenwerden und Sterben ist ein immerwährendes Geschehen, zeitlos. ›Sie können nicht leben, ohne zu sterben. Sie können nicht leben, wenn Sie nicht in jeder Minute innerlich sterben. Um vollkommen, in ganzer Fülle zu leben, jeden Tag in seiner neuen Schönheit zu erleben, müssen wir uns von allem Gestrigen lösen …‹«[298]

Alles, was sterben kann, wird zu seiner Zeit auch sterben, wird im Strom der Vergänglichkeit fortgetragen. So ist das Sterben dem

Leben nicht fremd, es ist, wie Flammer formuliert, ein »Sterben im Leben«, das zum Leben dazugehört: Es gibt Veränderungen, Verwandlungen, Erfahrungen im Leben, die wie Tode sind, ebenso Wiederauferstehungen, »mitten im Leben«. Marie Luise Kaschnitz beschreibt dies in einem wunderbaren Gedicht:

Auferstehung

Manchmal stehen wir auf
Stehen wir zur Auferstehung auf
Mitten am Tage
Mit unserem lebendigen Haar
Mit unserer atmenden Haut.

Nur das Gewohnte ist um uns.
Keine Fata Morgana von Palmen
Mit weidenden Löwen
Und sanften Wölfen.

Die Weckuhren hören nicht auf zu ticken
Ihre Leuchtzeiger löschen nicht aus.

Und dennoch leicht
Und dennoch unverwundbar
Geordnet in geheimnisvolle Ordnung
Vorweggenommen in ein Haus aus Licht.[299]

Das Loslassen üben

Eine Einübung in das Sterben ist immer das bewusste Loslassen, auch das Überprüfen, was wir als unnötigen Ballast im Lebensrucksack mitschleppen und festhalten. Die Kunst des Lassens, Loslassens und Seinlassens zu praktizieren, bedeutet, die vielen verschiedenen Formen des Festhaltens aufzugeben: Festhalten von Ereignissen, die vergangen sind; Festhalten von Plänen für etwas, das zukünftig sein soll; Festhalten von Kränkungen und Enttäuschungen; Festhalten von Erwartungen, Meinungen oder auch von Dingen, die das Leben nicht mehr bereichern, sondern nur Raum einnehmen und einengen: Hausrat, Möbel, Kleidung, Bücher…

Loslassen ist ein inneres Verabschieden. Es ist etwas, das wir lernen müssen: Reflexhaftes Anklammern ist etwas, das wir von Natur aus können. Loslassen – vor allem als eigene Entscheidungen und nicht, weil das Schicksal uns dazu nötigt – müssen wir erst lernen. Helfen kann dabei das Staunen über die Verwandlungskraft der Natur, die ein Gegengewicht zum ängstlichen Festhalten am Gewohnten und Vertrauten ist. So schreibt Dorothee Sölle: »Die Seele braucht das Staunen, das immer wieder erneute Freiwerden von Gewohnheiten, Sichtweisen, Überzeugungen, die sich wie Fettschichten, die unberührbar und unempfindlich machen, um uns lagern.«[300] Loslassen bedeutet Freiwerden.

Loslassen ist eine wichtige spirituelle Übung. Da ist zunächst die Angst vor Verlusten wahrzunehmen. Wenn es gelingt, durch diese Angst hindurchzukommen, kann es einen spürbaren Gewinn an Freiheit geben, und man kann vielleicht mutiger werden, Vergangenes hinter sich zu lassen, Sorgen um Zukünftiges zu verringern. »Lerne loslassen – das ist der Schlüssel zum Glück« (Buddha).

Loslassen bedeutet auch anzuerkennen, dass Abschied, Schmerz und Trauer zum Leben dazugehören, dass ich auf mein Sterben zugehe und dabei alles, was mein Leben ausmacht, loslassen muss. »Wir kennen den Zeitpunkt nicht, an dem der Tod uns treffen wird. Wir wissen nicht, was zuerst kommen wird – der morgige Tag oder das nächste Leben«[301], so scherzt der Dalai Lama.

Übung: Loslassen und den Lebensrucksack leichter machen

Was fällt dir ein zum Thema »der Lebensrucksack leichter machen«?

Schreibe einmal auf, was du ehrlich und fest entschlossen loslassen willst, und überlege, wie du dich von diesen Lasten befreien kannst.

Vielleicht willst du auch Dinge wieder hineinpacken, weil du spürst, dass du sie (noch) nicht loslassen willst.

Ars moriendi – vom guten Umgang mit Sterben und Tod

> Nach jedem Tod wird das
> Leben zarter und feiner.
> HERMANN HESSE[302]

Unser Leben ist ein Sein zum Tode. Der Körper kennt das, denn der Tod ist in ihm: Von Geburt an wachsen und sterben täglich viele Körperzellen, werden neue aufgebaut. Sterben, Tod, Geburt vollziehen sich ständig. Seit der Antike sind die Ars vivendi und die Ars moriendi, die Lebenskunst und die Kunst zu sterben, ein wesentlicher Teil der Philosophie eines reflektierten Lebens.

Sich den Tod als Grenze dieses Lebens bewusst zu machen und das Leben im Hinblick darauf immer wieder neu auszurichten – das ist Ars moriendi, die Kunst zu sterben. Es geht darum, dem Tod einen Platz im Leben zu geben, als einem Bestandteil des Lebens. Wenn wir uns dies immer wieder bewusst machen, ordnen sich die Dinge neu, gewinnen oder verlieren sie an Bedeutung. Die Lebenskunst geht mit der Kunst des Sterbens einher.

Wenn der Tod so als Teil des Lebens angenommen und akzeptiert werden kann, als Naturgesetz, verliert er seine Bedrohung. Vergänglichkeit ist dann die Grundlage des Lebens, und das gegenwärtige Leben kann als kostbares Gut bewusst gelebt und wertgeschätzt werden. Dazu eine kleine Geschichte:

Die Schüler baten ihren Meister, er möge ihnen sagen, worin das geistige Leben bestehe, zu dem sie gelangen könnten. Er sagte nur: »Still! Horcht auf die Zikaden!« Und als sie in die Nacht hinaus lauschten, sprach er: »Von einem frühen Tod ist die Zikade nicht geängstigt. Sie singt.«

Zur Ars moriendi gehört auch, mit dem Sterben und dem Tod der anderen umzugehen. Und das kann viel schwerer sein, als sich selbst vom Leben verabschieden zu müssen, wie Mascha Kaléko in einer Gedichtzeile andeutet: »Den eigenen Tod, den stirbt man nur, doch mit dem Tod der anderen muss man leben.«[303] In Bezug auf die unvermeidlichen Verluste, die das Schicksal uns auferlegt, geht es in der Bewältigung vor allem um den Prozess des Trauerns, um Trauerarbeit, damit die in diesen Verlusten erlittenen Verwundungen wieder heilen können

Den Tod als Teil des Lebens akzeptieren

Der Dalai Lama gibt ein Beispiel zum Umgang mit Sterben und Tod. Er erzählte einmal in einem Interview, er meditiere jeden Morgen die fünf Gewissheiten des Buddhismus;

1. Es ist meine Natur, alt zu werden. Es gibt keinen Weg, dem Altwerden zu entgehen.
2. Es ist meine Natur, krank zu werden. Es gibt keinen Weg, dem Krankwerden zu entgehen.
3. Es ist meine Natur, zu sterben. Es gibt keinen Weg, dem Tod zu entgehen.
4. Alles, was mir wertvoll ist, und jeder, den ich liebe, wird sich von Natur aus verändern. Ich werde von allem getrennt werden, dem kann ich nicht entgehen.
5. Mein einziger Besitz ist die Wirkung meiner Taten in Körper, Rede und Geist.

Solange man die Tatsachen, die hier genannt werden, nicht akzeptiert hat, wird das Leben von der unbewussten Angst vor dem Tod bestimmt ist.

Das Akzeptieren der Endlichkeit setzt oft bislang als unwichtig Betrachtetes an die erste Stelle, während die scheinbar wichtigen Dinge an Bedeutung verlieren. Wann, wo und auf welche Weise wir und die Menschen, die wir lieben, einst sterben werden, wissen wir nicht. Aber vielleicht verliert diese Frage auch an Wichtigkeit, wenn wir durch die Beschäftigung ein Bewusstsein dafür gewonnen haben, wie kostbar es ist, das Leben teilen zu können.

Auch die folgende Übung kann im Sinne der Ars moriendi hilfreich sein:

Übung: Wenn es in wenigen Tagen so weit wäre …

1. Stell dir einmal vor, du hast nur noch wenig Zeit zu leben und gehst auf den Tod zu:
   Wie ist dieser Mensch, der du jetzt bist, in seiner Lebenszeit geworden, wie hast du dich in den verschiedenen Lebensphasen verändert und gewandelt?
2. Denk noch einmal in einer Art Lebensrückblick über dein Leben nach:
   Glaubst du, dass du so gelebt hast, wie es deinen Lebensaufgaben und dem Sinn deines Lebens entspricht?
3. Wenn es in wenigen Tagen so weit wäre, dich von diesem Leben zu verabschieden:
   - Welche Lebensträume und Begabungen hast du verwirklichen können?
   - Welche erhielten kein Lebensrecht?
   - Wem möchtest du noch etwas sagen?
   - Mit wem gibt es noch etwas zu klären?
   - Wen möchtest du im Sterben bei dir haben?
   - Für was bist du dankbar?
   - Was an Lebenswünschen, Plänen und Möglichkeiten wird unerfüllt bleiben?
   - Welcher Kummer, welcher Schmerz des bisherigen Lebens ist noch unerlöst?
4. Gibt es angesichts des Todes den Wunsch, noch etwas zu korrigieren oder zu erledigen? Was ist es?
5. Was könnte dir helfen, wenn Angst und Furcht groß werden?

Das Wissen der Tibeter über Sterben und Tod

In verschiedenen Kulturen gibt es die sogenannten Totenbücher, in denen Erfahrungen, Weisheiten und Erkenntnisse zu Sterben und Tod als Menschheitswissen tradiert wurden. Einige enthalten Unterweisungen für die Todesstunde und die Phasen danach, so das Tibetische Totenbuch, das Bardo Thödol.

Das Tibetische Totenbuch enthält altes Wissen aus dem tibetischen Buddhismus und wurde wahrscheinlich im 8. Jh. n. Chr. von Padmasambhava zusammengestellt. Die Texte sollen den Sterbenden bzw. Verstorbenen im Übergang begleiten und ihm Kenntnis der verschiedenen nachtodlichen Phasen, der sog. Bardos, vermitteln, die er zu durchlaufen hat. Der Todesmoment ist aus buddhistischer Sicht von großer Bedeutung, ebenso die Vorbereitung auf den eigenen Tod. In der von Robert F. Thurman übersetzten und kommentierten Ausgabe des Tibetischen Totenbuchs[304] wird dieses Wissen sehr verständlich nahegebracht. Die dort dargestellten Phänomene werden auch in heutigen Forschungen zu außerkörperlichen Erfahrungen und Nahtoderfahrungen untersucht.

Sterben und Tod aus Sicht der Analytischen Psychologie

Werden und Vergehen
ist dieselbe Kurve.
C. G. Jung[305]

Auch in der Analytischen Psychologie ist die Auseinandersetzung mit Endlichkeit, Sterben und Tod ein wichtiges Thema. C. G. Jung sagt: »Der Tod ist seelisch ebenso wichtig wie die Geburt und wie diese ein integrierender Bestandteil des Lebens. [...] Der Tod ist nämlich, psychologisch richtig gesehen, nicht ein Ende, sondern ein Ziel, und darum beginnt das Leben zum Tode, sobald die Mittagshöhe überschritten ist.«[306]

Die Lebenskunst, Ars vivendi, und die Kunst des Sterbens, Ars moriendi, sind beides Bestandteile des lebenslangen seelischen Entwicklungsprozesses, der Individuation. Es gilt, sich mit dem Tod auseinanderzusetzen, weil er zur Ganzheit des Lebens gehört. Der Individuationsprozess ist damit auch eine Vorbereitung auf den Tod. Jung betont: »Es bleibt nur der lebendig, der mit dem Leben sterben will.«[307]

Die Art und Weise, wie viele Menschen altern und auf den Tod zugehen, sieht Jung sehr kritisch: »Darum verholzen so viele Menschen im reifen Alter, sie schauen zurück und klammern sich an die Vergangenheit mit geheimer Todesfurcht im Herzen. Sie entziehen sich dem Lebensprozess wenigstens psychologisch und bleiben darum als Erinnerungssalzsäulen stehen, die sich zwar noch lebhaft an ihre Jugendzeit zurückerinnern, aber kein lebendiges Verhältnis zur Gegenwart finden können. Von der Lebensmitte an bleibt nur der lebendig, der mit dem Leben sterben will. [...] Das Leben der zweiten Lebenshälfte heißt nicht Aufstieg, Entfaltung, Vermehrung, Lebensüberschwang, sondern Tod, denn sein Ziel ist das Ende.«[308]

Den Tod als Ziel des menschlichen Lebens zu sehen, wirft aber gleichwohl die Frage nach einem Jenseits des Todes auf – die uralte Menschheitsfrage. Sich dem zu stellen, hält Jung für unabdingbar: »Der Mensch muß sich darüber ausweisen können, daß er sein möglichstes getan hat, sich eine Auffassung über das Leben nach dem Tode zu bilden, oder sich ein Bild zu machen – und sei es mit dem Eingeständnis seiner Ohnmacht. Wer das nicht tut, hat etwas verloren. Denn was als Fragendes an ihn herantritt, ist uraltes Erbgut der Menschheit, ein Archetypus, reich an geheimem Leben, das sich dem unsrigen hinzufügen möchte, um es ganz zu machen.«[309] Er selbst ist der Überzeugung, »daß unsere Seele in eine Region reicht, die weder der Veränderung in der Zeit noch der Beschränkung durch den Ort verhaftet ist. In jener Seinsform ist unsere Geburt ein Tod und unser Tod eine Geburt.«[310]

Das Wissen der Seele um einen Transformationsprozess im Tod kann auch in den Träumen zum Ausdruck kommen. Träume von Sterben und Tod weisen nach Marie-Louise von Franz auch auf die Transzendenz der Seele hin. Sie resümiert ihre Untersuchung von Träumen Sterbender so: »Die Träume vor dem Tod stehender Menschen zeigen alle, daß das Unbewußte [...] das Bewußtsein nicht auf ein totales Ende vorbereitet, sondern auf eine tiefgreifende Verwandlung und auf eine irgendwie beschaffene Fortsetzung des Lebensprozesses, die aber mit den Mitteln unseres Alltagsbewußtseins nicht vorstellbar ist.«[311] So lautet der sehr eindrückliche Traum einer alten sterbenden Frau am Tage ihres Todes:

»Sie sieht eine brennende Kerze innen auf dem Fensterbrett ihres Spitalraumes brennen und merkt plötzlich, daß die Kerze am Erlöschen ist. Furcht und Angst packen sie vor der großen Dunkelheit, die ihr naht. Plötzlich aber leuchtet dieselbe Kerze wieder auf – auf der anderen Seite des Fensters, und sie erwacht.«[312]

Tod als Transformation

Was heißt nicht mehr zu atmen anderes,
als den Atem von seinen
rastlosen Gezeiten zu befreien,
damit er emporsteigt und sich entfaltet
und ungehindert Gott suchen kann?
KHALIL GIBRAN[313]

Ich bin nicht mein Körper

Die Mysterienkulte und Religionen haben in ihren Einweihungsritualen die Menschen darauf vorbereitet, sich mit weniger Furcht der Todesschwelle nähern zu können und zu erfahren, dass etwas danach weitergeht. Auch die heutige Bewusstseinsforschung vermittelt ein Verständnis davon, dass das Bewusstsein nicht durch Raum und Zeit begrenzt ist.

Besonders die zahlreichen Untersuchungen zu Nahtoderfahrungen verweisen darauf, dass nichtlokales, endloses Bewusstsein unabhängig vom Körper erfahren werden kann.[314] Danach ist der Tod das Ende des physischen Aspekts des Lebens, es bleibt ein Teil des endlosen Bewusstseins.

Bewusste Erfahrungen außerhalb und unabhängig vom Körper sind aber nicht nur in Todesnähe möglich, sondern auch in Visionen und in tiefer Meditation oder in besonderen Grenzerfahrungen und existentiellen Krisen. Auch mit Hilfe bestimmter Übungen ist es möglich, sich diesen Erfahrungen anzunähern.

Gewöhnlich sind wir identifiziert mit dem Körper und dem Ich. Beides erleben wir als real und werden bestimmt von dieser Identifikation. Eine wertvolle Praxis, das Bewusstsein auszuweiten und die Identifikation mit dem physischen Körper und dem Ich zu lösen, ist die Übung der Desidentifikation von Roberto Assagioli,[315] dem Begründer der Psychosynthese. Sie erlaubt es, die Aufmerksamkeit auf das Selbst zu richten, auf das, was uns im Tiefsten ausmacht, jenseits von Körper, Gefühlen, Wünschen und Gedanken.

Assagiolis Übung der Desidentifikation ist im Bereich der Transpersonalen Psychologie und Psychotherapie vielfach aufgegriffen worden; die nachfolgende Version ist in Anlehnung an Ken Wilbers Fassung[316] formuliert.

Übung: Sich auf sein Selbst ausrichten

Es ist hilfreich, sich nach einer meditativen Entspannung jeweils auf die einzelnen Abschnitte zu konzentrieren.

Ich *habe* einen Körper, aber ich *bin* nicht mein Körper.
Ich kann ihn sehen und spüren, er kann gesund oder krank sein, müde oder voller Energie. Manchmal fühlt er sich leicht an oder schwer, vermittelt Lust oder Schmerz. Ich beobachte, wie das Alter meinen Körper verändert. Mit meinem Körper sehe, höre, rieche, schmecke und fühle ich. Er ermöglicht mir, die äußere Welt zu erfahren, aber er ist nicht mein Selbst.
Ich *habe* einen Körper, aber ich *bin* nicht mein Körper.

Ich *habe* Gefühle, aber ich *bin* nicht meine Gefühle.
Ich kann sie wahrnehmen und erleben, kann Angst haben oder wütend sein, Freude empfinden oder trauern. Ich kann meine Gefühle, so unterschiedlich sie sein mögen, spüren, ausleben und ausdrücken, aber auch beobachten und mit ihnen umgehen. Meine Gefühle gehen durch mich hindurch, aber sie sind nicht mein Selbst.
Ich *habe* Gefühle, aber ich *bin* nicht meine Gefühle.

Ich *habe* Wünsche, aber ich *bin* nicht meine Wünsche.
Meine Wünsche werden von meinem äußeren Umfeld oder meiner momentanen Stimmung beeinflusst und können sich erfüllen oder unerfüllt bleiben. Meine Wünsche ziehen durch mein Bewusstsein, aber sie sind nicht mein Selbst.
Ich *habe* Wünsche, aber ich *bin* nicht meine Wünsche.

Ich *habe* Gedanken, aber ich *bin* nicht meine Gedanken.
Ich kann denken und Dinge erkennen, und meine Gedanken können mir helfen, die Welt und mich selbst besser zu erkennen. Meine Gedanken kommen und gehen, aber sie sind nicht mein Selbst.
Ich *habe* Gedanken, aber ich *bin* nicht die Gedanken.

Das, was mich im Tiefsten ausmacht und was ich in Wirklichkeit *bin*, ist jenseits von meinem Körper, meinen Gefühlen, Wünschen und Gedanken. In mir gibt es ein geheimnisvolles Zentrum, mein Selbst. Es ist Bewusstsein, nicht begrenzt und nicht lokal. Ich kann es als höchstes, endloses Bewusstsein, als allumfassend, als das Göttliche in mir, versuchen zu benennen. Es strukturiert und gestaltet meine Entwicklungsprozesse, birgt in sich alle meine Gegensätze, umfasst Vergangenheit, Gegenwärtiges und Zukünftiges und ist auch mein spirituelles Zentrum.

»Das Leben endet nie« (Willigis Jäger)

Es ist Willigis Jäger in seinen zahlreichen Schriften ein besonderes Anliegen, Menschen zu der Erkenntnis zu führen, dass es den Tod nicht gibt und wir im Inneren, als eine Inkarnation des Göttlichen, von DER/DIE/DAS, unvergänglich sind, jenseits von Geburt und Tod. Wesentliches vermag er in klarer Einfachheit auszudrücken. Daher habe ich wichtige Sätze von ihm zu Tod und Sterben zusammengestellt.[317] Sie laden ein zum Bedenken, zur Auseinandersetzung, zur Kontemplation und zur Ein-sicht mit offenem Geist. Welche Resonanz haben sie in dir?

»Gott vollzieht sich als Geborenwerden und Sterben.«[318]

»Das eigentliche Problem, das wir haben, ist nicht das Sterben, sondern unsere Anhänglichkeit an eine bestimmte Form, an diese Form, die wir jetzt haben.«[319]

»Die Mystik des Ostens und des Westens versucht, uns zu unserer wahren Natur zu erwecken, die frei ist von Geburt und Tod.«[320]

»Das tiefste Wesen des Menschen ist ungeboren und unsterblich.«[321]

»Es stirbt aber immer nur die menschliche Hülle. Das Leben selbst geht weiter. In welcher Form und Weise, wissen wir nicht.«[322]

»Warum sollten wir uns für die Zeit nach dem Tod Sorgen machen? Wiederkommen wird immer nur das Eine, die Gottheit, Brahman, Allah.«[323]

»Wir sind eine Epiphanie Gottes. Wir sind Söhne und Töchter Gottes. – Spirituelle Wege lehren uns loszulassen, damit unser wahres unsterbliches Sein aufleuchtet.«[324]

»Der Tod ist ein Öffnen unseres personalen Bewusstseins in ein weites Erkennen unseres wahren Wesens, das wir göttlich nennen können oder Leerheit oder das Numinose.«[325]

»Das ist der eigentliche Auftrag, den ich habe: Gott zu leben in dieser Gestalt und mein Leben zu zelebrieren als Leben Gottes.«[326]

»Gott ist das, was sich vollzieht. Er vollzieht sich auch als unser Sterben. Aber es gibt keinen Tod.«[327]

Stirb, bevor du stirbst – die Sufi-Auffassung vom Sterben

Leben ist ewig, Liebe ist unsterblich.
Der Tod ist nichts als
der Horizont auf unserer Seite.
IRINA TWEEDIE

»Stirb, bevor du stirbst« ist ein zentraler Satz auf dem mystischen Sufi-Weg. Dies ist keine Aufforderung, das Leben gering zu schätzen. Gemeint ist damit die mystische Erfahrung der Auslöschung und des Entwerdens, die in der klassischen Sufi-Literatur *fana* genannt wird. Es ist das Loslassen und die Aufgabe des Ich, und durch das Auslöschen des Ich geschieht *baqa*: das Wiedergeboren- oder Erwachtsein im göttlichen Selbst. Wir können auch sagen: *Fana* ist die Überschreitung der begrenzten, personalen sterblichen Form des Ich hin zum transzendenten Sein. Oder: Das begrenzte Ich muss entgrenzt werden.

Erwachen im Selbst

»Stirb, bevor du stirbst« bedeutet zu entdecken, dass es keinen Tod gibt, sondern die Fortsetzung der Reise, die durch den Tod hindurchgeht. So formuliert Hazrat Inayat Khan: »Es gibt keine Sterblichkeit, außer in der Illusion, die der Mensch sein Leben lang als Angst festhält und als Eindruck, nachdem er diese Erde verlassen hat.«[328]

Zu fragen ist: Was soll denn sterben, wegsterben oder im Sterben verwandelt werden? Gemeint ist alles, woran das Ich sich festmacht und anklammert und den inneren Raum besetzt hält. Es geht darum, so Peter Hüseyin Cunz, ein heutiger Sufi-Lehrer, »nicht mehr jemand sein zu wollen«[329], sondern im Nichts aufzuwachen, anzukommen im Ewigen. Der christliche Mystiker Johannes Tauler versucht es so zu verdeutlichen:

»Sollst du ein Mensch werden und nach dem Willen Gottes, so müssen alle Dinge in dir absterben, darum und daran du haftest. Je mehr die

Kräfte der Seele abgeschieden und vom Äußeren gereinigt sind, je mehr sie geweitet und gebreitet von innen werden, desto mehr wird [...] [die Seele] kräftiger, göttlicher und vollkommener.«[330]

Das Erwachen im Leben ist das Ziel. Todesängste entstehen dann, wenn das wahre Selbst noch nicht erkannt ist. Sie entstehen im eingeengten Bewusstsein, das die Wirklichkeit hinter der Wirklichkeit noch nicht entdeckt hat. Der Sufi-Meister Hazrat Inayat Khan betont: »Unwissenheit über das Selbst verursacht die Angst vor dem Tod. Je mehr wir über das Selbst lernen, desto geringer wird die Angst vor dem Tod, denn wir sehen dann nur noch ein Tor, das wir von einer Phase des Lebens in eine andere passieren. [...] Je spiritueller wir leben, desto geringer wird die Angst vor dem Tod.«[331]

In der tiefsten Angst vor dem Tod steckt auch die Angst, sich im Leben selbst nicht verwirklicht, nicht dem eigenen Selbst gemäß gelebt zu haben. In diesem Sinne kann der spirituelle Weg – mit Entschiedenheit gewählt – auch als ein Prozess verstanden werden, bei dem die oberflächlichen Interessen, Egowünsche und Bestrebungen allmählich absterben, uns nicht weiter antreiben. Lebendiger, aufgewachter und dem Leben als Ganzem zugewandt zu sein, bedeutet auch, dass Vorstellungen und Ideen immer wieder wegfallen. Sie sind einfach nicht mehr interessant, wenn sie nicht mit dem Entwicklungs- und Reifungsprozess des Menschen übereinstimmen.

»Stirb, bevor du stirbst!« ist im Sufismus der zentrale Hinweis zur Vorbereitung auf das Sterben: Im Herzens sich aufzulösen, sich in der Liebe zu verlieren, das bedeutet Entwerden, die Erfahrung von Nichts, das Aufgeben des Ego als Transzendieren zum Selbst.

Es gibt keinen Tod

Sufis setzen der kreatürlichen Angst vor dem Tod die Gewissheit entgegen, dass es für das Wesen, das wir sind, keinen Tod gibt. Deshalb ist das Todesbild der Sufis das der Hochzeitsnacht: »Der Tod [...] bringt den Freund zum Freunde.«[332] Und so konnte auch

Rumi im Dezember 1273, als er, sterbenskrank, sich auf den Tod vorbereitete, seine zahlreichen Schüler und Freunde so trösten:

Wenn sie am Tage des Todes
tief in die Erde mich senken,
Daß mein Herz dann noch auf Erden
weile, darfst du nicht denken!...
Siehst meine Bahre du ziehen.
laß das Wort »Trennung« nicht hören,
Weil mir dann ewig ersehntes
Treffen und Finden gehören!
Klage nicht ›Abschied, ach Abschied!‹,
wenn man ins Grab mich geleitet:
Ist mir doch selige Ankunft
hinter dem Vorhang bereitet![333]

Im Sterben begeben wir uns mit der letzten Hingabe in den innersten Raum der Liebe, den wir aus der Meditation kennen. Eigentlich ist Meditieren ein inneres Loslassen und Sicheinlassen auf das Unbekannte, in gewisser Weise auch ein Einüben in das Sterben, eine Vorbereitung auf das Loslassen im Sterben. In der Stille, wenn wir ganz präsent sind in der Meditation, können wir etwas von diesem Innenraum erfahren, jenseits von Raum und Zeit, im »Herz des Herzens«. Darauf zielt die Meditation, zu erfahren: Es gibt die Wirklichkeit hinter der Wirklichkeit, wir sind darin manchmal wie Fische im Meer, die nach dem Meer fragen. Raum und Zeit, das Denkbare, die Grenzen unseres Verstandes sind Vor-stellungen, die die umfassendere Wirklichkeit verstellen, zustellen. Reines Gewahrsein, reines, lauteres Licht, die LIEBE ist das Eigentliche.

ETWAS, das wir das Göttliche, den Urgrund, das Absolute nennen, hat sich in uns als eine kurze, nur flüchtige menschliche Existenzform inkarniert. Die tiefen Erfahrungen in der Meditation können vielleicht helfen, mit dem in uns, was unvergänglich ist und auch im Tod nicht untergeht, in Kontakt zu kommen, auch wenn es die vertraute Form der menschlichen Existenz verliert. So kann sich in der Meditation der Geist freimachen, auch von der Angst vor der Zukunft. Bei allem, was sich ständig verändert, können wir uns dann am Geschenk des Lebens erfreuen, können wir üben, das Herz immer noch weiter zu öffnen.

Was aber ist mit einem Leben nach dem Tode? So wurde die Dichterin Marie Luise Kaschnitz gefragt. Hier ist ihre Antwort:

Ein Leben nach dem Tode

Glauben Sie fragte man mich
An ein Leben nach dem Tode
Und ich antwortete: ja
Aber dann wußte ich
Keine Auskunft zu geben
Wie das aussehen sollte
Wie ich selber
Aussehen sollte
Dort

Ich wußte nur eines
Keine Hierarchie
Von Heiligen auf goldnen Stühlen sitzend
Kein Niedersturz
Verdammter Seelen
Nur

Nur Liebe frei gewordene
Niemals aufgezehrte
Mich überflutend
...

Mehr also, fragen die Frager
Erwarten Sie nicht nach dem Tode?
Und ich antworte
Weniger nicht.[334]

Zeit, die kostbare Ressource

Heute ist der erste Tag
vom Rest deines Lebens.
UNBEKANNT

Alle Beschäftigung mit der Ars moriendi führt wieder zur Ars vivendi, zur Lebenskunst, in der das Leben uns glückt und wir uns selber glücken. Der akzeptierte Tod ist eine Lebensverstärkung, er kann helfen, intensiver, bewusster zu leben, die Kostbarkeit des Lebens zu empfinden. Im Wissen um den Tod gilt es, immer wieder bewusste Entscheidungen zu treffen – für was ich lebe, was es mir wert ist, dafür Lebenszeit einzusetzen –, damit es ein gutes Leben ist.

Das Wissen um die Vergänglichkeit des gegenwärtigen Lebens kann auch ein anderes Umgehen mit der Zeit bewirken, die als eine kostbare Ressource klarer bewusst ist. Nur die Gegenwart ist die Zeit für bewusstes Leben, für Wandlungen. Zum Leben gehört die Zeit und das eigene Verhältnis zum Rätsel Zeit.

Vielleicht ist dies auch ein guter Zeitpunkt, einmal über das eigene Verhältnis zur Zeit nachzudenken, mit Hilfe der folgenden Fragen.

Übung: Fragen zum Thema Zeit

1. Was kennzeichnet dein Verhältnis zur Zeit?
   - Sie ist immer zu knapp.
   - Sie muss genutzt werden.
   - Sie läuft mir davon, ich laufe hinter ihr her.
   - Zeit haben ist Luxus.
   - Viel freie Zeit ist öde.
   - Zeit ist vor allem Arbeitszeit.
   - Ich habe ständig Zeitdruck.
   - Ich habe immer Zeit.
2. Wofür hast du überhaupt keine Zeit?
3. Was ist die schönste Zeit deines Lebens?

4. Wann vertreibst du (dir) die Zeit? Womit?
5. Hast du die Zeit schon mal totgeschlagen?
   Bist du Wiederholungstäterin oder -täter?
6. Gibt es neben Zeitplänen auch Zeitinseln für dich? Welche?
7. Kennst du Zeitnot?
   Was sind deine Erste-Hilfe-Maßnahmen für diese Fälle?
8. Was machst du am liebsten ganz, ganz langsam?
9. Was fällt dir zu dem Spruch von Ödön von Horváth ein: »Eigentlich bin ich ganz anders, nur komme ich so selten dazu«[335]?
10. Für was ist es im Moment allerhöchste Zeit in deinem Leben?
    Wenn du es erkennst, worauf wartest du?

Schluss

Wenn ich am Ende des Buches nochmals zusammenfasse, was Herzensbildung auf dem Sufi-Weg ausmacht, dann ist es nur dies: ein bewusstes, erwachtes Leben in Verbundenheit mit allem, aus dem Urgrund heraus, wie immer DER/DIE/DAS mit alten und neuen Gottes- und Weltbildern zu beschreiben ist. Das Lebensprinzip der Evolution ist Verbundenheit; alles existiert nur in Beziehung und Resonanz, braucht Kooperation, weil nichts getrennt existieren kann. Isolation, Abgrenzung und Egoismus sind nur Ausdruck einer Unbewusstheit, aus der es zu erwachen gilt, damit das Leben auf diesem Planeten weitergeht.

Die Botschaft dieses Buches ist am Ende ganz einfach in fünf Worte zu fassen, nämlich in der Überzeugung: »Wir leben, um zu lieben.« Wir sind am glücklichsten und glücken uns selbst dann, wenn wir diese Fähigkeit zu lieben, diese Qualitäten der Güte und des Mitgefühls im alltäglichen Leben zulassen und uns mehr trauen, sie aus dem Herzen heraus zu leben.

Damit komme ich nochmals zurück zum Motto, das diesem Buch vorangestellt ist: Es geht um die Kraftfelder der Liebe in einer Welt, die in einem so hohen Maße an Krieg, Gewalt und Terror leidet.

Was bleibt, ist das Mysterium des Lebens selbst, das Mysterium dessen, »was durchscheint durch das, was erscheint«[336] (Pir Vilayat Inayat Khan). Und gewiss findet »das Mysterium am Hauptbahnhof statt« (Josef Beuys) – und anderswo.

Ich habe das Buch begonnen mit dem Dank an Irina Tweedie und meine anderen spirituellen Lehrerinnen und Meister, von denen ich einige genannt habe. Es sind noch mehr, deren mystisches Erbe zu kennen ich als Reichtum und Glück immer wieder dankbar erfahre.

Ich danke all den Menschen – die Liste wäre lang –, die mir auf unterschiedliche Weise ermöglicht haben, dieses Buch zu schreiben, und die an seinem Zustandekommen beteiligt waren, vor allem Karl, meinem Mann, der auf viele gemeinsame Stunden verzichten musste und mir so manches liebevoll geduldig abgenommen hat.

Mein Dank gilt den Menschen, mit denen ich den Lebensort und das gemeinschaftliche Leben teile.

Ich danke den Mitgliedern der Sophia-Gruppe, mit denen ich seit so vielen Jahren auf der spirituellen Reise durch das Leben unterwegs bin.

Und ganz gewiss gilt: Ohne die Hebammenkunst meiner Lektorin Christiane Neuen, die die gesamte Schwangerschaft dieses Buches bis zur Geburt voller Hilfsbereitschaft, mit gutem Rat und Zuspruch begleitet hat, wäre dieses Buch jetzt nicht da. Ihr gilt mein ganz besonderer, von Herzen kommender Dank.

Anhang

Anmerkungen

1 Jäger, Willigis: In jedem Jetzt ist Ewigkeit. Worte für alle Tage. Hg. von Christoph Quarch. Kösel, München 2003, S. 128.
2 Dschelaleddin Rumi, vgl. Harvey, Andrew / Hanut, Eryk: Der Duft der Wüste. Das Herz der Sufi-Mystik. Arbor, Freiamt 2003, S. 31.
3 Sachs, Nelly: Eli. Ein Mysterienspiel vom Leiden Israels. In: dies.: Zeichen im Sand. Die szenischen Dichtungen der Nelly Sachs. Suhrkamp, Frankfurt am Main 1962, S. 82.
4 Ebd.
5 Ebd.
6 Nietzsche, Friedrich: Zarathustras Vorrede. In: Werke. Bd. 2. Hanser, München 1994, S. 284f.
7 Sachs, Eli, S. 82.
8 Ebd.
9 Goethe, Johann Wolfgang von: Auszug aus: Wilhelm Meister. In: Conrady, Karl Otto (Hg.): Das große deutsche Gedichtbuch. Von 1500 bis zur Gegenwart. Neu herausgegeben und aktualisiert von Karl Otto Conrady. 2. Aufl. Artemis & Winkler 1992, München/Zürich 1991, S. 153.
10 Rilke, Rainer Maria: Zweite Duineser Elegie. In: ders.: Die Gedichte. 8. Aufl. Insel, Frankfurt am Main 1996, S. 636.
11 Novalis: Novalis. Auswahl und Einleitung von Walter Rehm. Fischer TB, Frankfurt am Main / Hamburg 1956.
12 Tania Blixen, zitiert nach: Behnken, Heinz, et al. (Hg.): Verstehen durch Stille. Loccumer Brevier. Im Auftrag des Loccumer Arbeitskreises für Meditation herausgegeben von Heinz Behnken, Elisabeth Borries, Kurt Dantzer et al. 4. Aufl. Lutherisches Verlagshaus 2008, S. 294.
13 Darya Khan, zitiert nach: Tweedie, Irina: Der Weg durchs Feuer. Tagebuch einer spirituellen Schulung durch einen Sufi-Meister. Aus dem Englischen von Sabine Reinhardt. Ansata, Interlaken 1989, S. 112.
14 Böll, Heinrich, zitiert nach: Kuschel, Karl-Josef: Gespräch mit Heinrich Böll (1983). In: ders.: Weil wir uns auf dieser Erde nicht ganz zu Hause fühlen. 12 Schriftsteller über Religion und Literatur. Piper, München 1985, S. 65.
15 Rilke, Rainer Maria: Gott spricht zu jedem nur, eh er ihn macht. In: ders.: Die Gedichte, S. 240.
16 Cardenal, Ernesto: Das Buch von der Liebe. Mit einem Vorwort von Thomas Merton. Gütersloher Verlagshaus Mohn, Gütersloh 1987, S. 26f.
17 Vgl. Sölle, Dorothee: Mystik und Widerstand. »Du stilles Geschrei«. Hoffmann und Campe, Hamburg 1997, S. 16.

18 Rilke, Rainer Maria: Briefe. Bd. 1: 1897–1914. Insel, Wiesbaden 1950, S. 119.

19 Sölle, Mystik und Widerstand, S. 35.

20 Anonym: I am calling to you from afar. In: Dunn, Philip (Hg.): Prayer. Language of the Soul. Daybreak, New York 1997, S. 203 [Übersetzung: B. D.].

21 Jäger, Willigis: Perlen der Weisheit. Die schönsten Texte von Willigis Jäger. Hg. von Christoph Quarch und Elisabeth Walcher. Herder, Freiburg im Breisgau, S. 44.

22 Delp, Alfred: Gesammelte Schriften. Bd. 4: Aus dem Gefängnis. Hg. von Roman Bleistein. Knecht, Frankfurt am Main 1984, S. 26.

23 Pascal, Blaise: Gedanken über Gott und den Menschen. Ausgewählt und übersetzt von Wilhelm Willige. Insel, Wiesbaden 1960, S. 62.

24 Rumi: Das Lied der Liebe. Die Weisheit göttlicher Liebe in den Versen des größten Sufi-Dichters. Hg. von Jonathan Star und Shahram Shiva. Aus dem Amerikanischen übertragen von Hans Christian Meiser, S. 123.

25 Rumi, zitiert nach: Schimmel, Annemarie: Rumi. Ich bin Wind und du bist Feuer. Leben und Werk des großen Mystikers. 4. Aufl. Diederichs, München 1984, S. 152f.

26 Shulman, Jason: Gott empfangen. 108 Wegweiser zu den Quellen des Lebens. Aus dem Englischen von Erika Ifang. Goldmann, München 2007, S. 13.

27 Sascha Lobo, zitiert nach: Panzer, Lucie: Herzensbildung. Morgenandacht im Deutschlandfunk, 9.8.2016. https://rundfunk.evangelisch.de/kirche-im-radio/morgenandacht/herzensbildung-8217 [Zugriff: 28.7.2018].

28 Ders.: Netzhass ist gratis. Spiegel Online, http://www.spiegel.de/netzwelt/web/kolumne-von-sascha-lobo-ueber-hass-in-der-digitalen-gesellschaft-a-870799.html [Zugriff: 28.7.2018].

29 Dalai Lama: »Wir sind eine Menschheit auf einem Planeten«. Interview, geführt am 20.1.2018 von Franz Alt für die US-Ausgabe des gemeinsamen Buches »Ethik ist wichtiger als Religion«. http://www.sonnenseite.com/de/franz-alt/kommentare-interviews/dalai-lama-wir-sind-eine-menschheit-auf-einem-planeten.html [Zugriff: 24.6.2018].

30 Scheler, Max: Wesen und Formen der Sympathie. Die deutsche Philosophie der Gegenwart. Hg. von Manfred S. Frings. 6., durchges. Aufl. Francke, Bern/München 1973, S. 20.

31 Meister Ryokan: Alle Dinge sind im Herzen: Poetische Zen-Weisheiten. Herder Spektrum, Freiburg im Breisgau 2006, S. 10f.

32 Vgl. Dalai Lama: Der Appell des Dalai Lama an die Welt. Ethik ist wichtiger als Religion. Mit Franz Alt. Benevento, Wals bei Salzburg 2015, S. 10.

33 Sen Gupta, Karima: Einleitung. In: Inayat Khan, Hazrat: Wanderer auf dem inneren Pfad. Ausgewählt, übersetzt und eingeleitet von Karima Sen Gupta. Verlag Heilbronn, Heilbronn 1996, S. 10.

34 Bhai Sahib, zitiert nach: Tweedie, Der Weg durchs Feuer, S. 33.

35 Vgl. Buber, Martin: Der Weg des Menschen nach der chassidischen Lehre. 19. Aufl. Gütersloher Verlagshaus, Gütersloh 2017, S. 15.

36 Vgl. Dorst, Brigitte: Resilienz. Seelische Widerstandskräfte stärken. 2. Aufl. Patmos, Ostfildern 2018, S. 124 ff.
37 Pascal, Gedanken über Gott und den Menschen, S. 9.
38 Ebd., S. 47.
39 Goethe, Johann Wolfgang von (1790): Torquato Tasso. 3. Aufzug, 2. Auftritt.
40 Hildegard von Bingen, zitiert nach: Riedel, Ingrid: Mystik des Herzens. Meisterinnen innerer Freiheit. Kreuz, Freiburg im Breisgau 2010, S. 30.
41 Jäger, Willigis: Westöstliche Weisheit. Visionen einer integralen Spiritualität. Theseus, Stuttgart 2007, S. 80.
42 Ebd., S. 48.
43 Vgl. Bucher, Anton: Psychologie der Spiritualität. Handbuch. Beltz/PVU, Weinheim/Basel 2007, S. 24–34.
44 Pannikar, Raimon: Vorwort. In: Jäger, Westöstliche Weisheit, S. 8.
45 Skrt. »Yoga« bedeutet wörtlich: »Joch«, vgl. Lexikon der östlichen Weisheitslehren. Buddhismus, Hinduismus, Taoismus, Zen. Sonderauflage. O. W. Barth, Bern/München/Wien 1994, S. 457.
46 Jäger, Westöstliche Weisheit, S. 108.
47 Tacey, David: The Spirituality Revolution. The Emergence of a Contemporary Spirituality. Brunner-Routledge, London 2005.
48 Vgl. Dürckheim, Karlfried Graf: Transzendenz als Erfahrung. In: Zundel, Edith / Fittkau, Bernd (Hg.): Spirituelle Wege und Transpersonale Psychotherapie. Junfermann, Paderborn 1989, S. 278.
49 Jung, C. G.: Gesammelte Werke (GW). 20 Bde. Hg. von Lilly Jung-Merker / Elisabeth Rüf / Leonie Zander et al. Walter, Olten/Düsseldorf 1971 ff. Hier: GW 12, § 14.
50 Vgl. ders, GW 16, § 111.
51 Vgl. Maslow, Abraham: Psychologie des Seins. Ein Entwurf. Kindler, München 1973, S. 11.
52 Grof, Stanislav / Grof, Christina (Hg.): Spirituelle Krisen. Chancen der Selbstfindung. Kösel, München 1990.
53 Vgl. Galuska, Joachim: Grundprinzipien einer transpersonal orientierten Psychotherapie. In: ders. (Hg.): Den Horizont erweitern. Die transpersonale Dimension in der Psychotherapie. Leutner, Berlin 2003, S. 50 f.; ders.: Religiöse und spirituelle Störungen. In: ders. (Hg.): Den Horizont erweitern, S. 182–203.
54 Hofmann, Liane / Heise, Patrizia (Hg.): Spiritualität und spirituelle Krisen. Handbuch zu Theorie, Forschung und Praxis. Schattauer, Stuttgart 2017.
55 Lajoie und Shapiro, zitiert nach: Galuska, Joachim: Einführung. In: ders. (Hg.): Den Horizont erweitern, S. 8.
56 Dürr, Hans-Peter: Teilhaben an einer unteilbaren Welt. Das ganzheitliche Weltbild der Quantenphysik. In: Hüther, Gerald / Spannbauer, Christa (Hg.): Connectedness. Warum wir ein neues Weltbild brauchen. Huber, Bern 2012, S. 26.
57 Ebd., S. 22.

58 Havel, Václav, zitiert nach: Laszlo, Ervin: Weltwende. Wie eine grüne Wirtschaft neue Politik und ein höheres Bewusstsein die Zukunft gestalten. Scorpio, Berlin/München 2011, S. 114.
59 Vgl. Dorst, Brigitte: Lebenskrisen. Die Seele stärken durch Bilder, Geschichten und Symbole. Walter, Mannheim 2010, S. 21–29.
60 Teasdale, Wayne: Das mystische Herz. Spirituelle Brücken bauen. Aus dem Amerikanischen von Christine Bendner. Aurum, Bielefeld 2004, S. 43.
61 Vgl. Staudinger, Ursula M. / Baltes, Paul B.: Interactive minds: A facilitative setting for wisdom-related performance? In: Journal of Personality and Social Psychology 71(4), S. 746–762.
62 Scobel, Gert: Weisheit. Über das, was uns fehlt. DuMont, Köln 2008.
63 Vgl. Dorst, Brigitte: Sophia begegnen – die Wiederkehr weiblicher Weisheit. In: Kast, Verena (Hg.): Inspirationen für ein gutes Leben. Heil sein – heil werden. Herder, Freiburg im Breisgau 2005, S. 127–136.
64 Vgl. Whitmont, Edward C.: Die Rückkehr der Göttin. Von der Kraft des Weiblichen in Individuum und Gesellschaft. Aus dem Amerikanischen übersetzt und redaktionell bearbeitet von Jürgen Saupe. Kösel, München 1989.
65 Neumann, Erich: Die Große Mutter. Eine Phänomenologie der weiblichen Gestaltungen des Unbewußten. 2. Aufl. der Sonderausgabe. Walter, Olten / Freiburg im Breisgau 1987, S. 309.
66 Vgl. Wilber, Ken: Halbzeit der Evolution. 3. Aufl. Goldmann, München 1993, S. 16–28.
67 Hazrat Inayat Khan, zitiert nach: Wedemeyer, Inge von: Vorwort. In: Inayat Khan, Hazrat: Das Lied in allen Dingen. Sufi-Erzählungen und Gleichnisse vom Glück der Harmonie. Ausgewählt, übersetzt und herausgegeben von Inge von Wedemeyer. Herder, Freiburg im Breisgau 1985, S. 12.
68 Ders.: Vom Glück der Harmonie. Herder, Freiburg im Breisgau 1979, S. 8.
69 Bhai Sahib, zitiert nach: Tweedie, Der Weg durchs Feuer, S. 28.
70 Ebd., S. 42.
71 Hazrat Inayat Khan, zitiert nach: Wedemeyer, Vorwort, S. 12.
72 Ebd. Vgl. auch: ders.: The Sufi message of Hazrat Inayat Khan. Bd. 11: Philosophy, Psychology, Mysticism. Publ. for International Headquarters of the Sufi Movement, Geneva. London 1964.
73 Shah, Idries.: Die Hautprobe. Anleitung für den Sufi-Pfad. Aus dem Englischen von Thomas Poppe. Herder, Freiburg im Breisgau u.a. 1984, S. 78.
74 Bhai Sahib, zitiert nach: Tweedie, Der Weg durchs Feuer, S. 88.
75 Ibn Arabi, zitiert nach: Shah, Idries: Die Sufis. Botschaften der Derwische, Weisheit der Magier. 2. Aufl. Diederichs, Düsseldorf/Köln 1981, S. 132.
76 Homepage des Inayati-Ordens (DIO) e.V., http://www.sufiorden.de/index.php/sufiorden.
77 Shah, Die Sufis, S. 8.
78 Attar, Fariduddin: Vogelgespräche. Die berühmte persische Sufi-Erzählung über die Pilgerfahrt nach Innen. Ansata, München 1988.
79 Vgl. Nizami: Leila und Madschnun. Der berühmteste Liebesroman des Morgenlandes. Erstmals aus dem Persischen verdeutscht und mit einem Nachwort versehen von Rudolf Gelpke. Manesse, Zürich 1963.

80 Vgl. Shah, Die Sufis, S. 31 f.
81 Ebd., S. 54.
82 Schimmel, Annemarie: Sufismus. In: Zundel/Fittkau, Spirituelle Wege und Transpersonale Psychotherapie, S. 99.
83 So bemerkt Idries Shah: »Das Wort Sufismus ist übrigens im Osten unbekannt. Es wurde von dem bedeutenden deutschen Gelehrten August Thöluck geprägt.« (Shah, Idries: Das Geheimnis der Derwische. Herder, Freiburg im Breisgau 1995, S. 9 f.). Shah bezieht sich dabei auf: Thöluck, August: Ssufismus sive Theosophia Persarum. Pantheistika, Berlin 1821.
84 Vgl. Schimmel, Sufismus, S. 101 ff.
85 Fromm, Erich: Die Kunst des Liebens. Ullstein, Frankfurt am Main u.a. 1977, S. 53.
86 Abu Said, zitiert nach: Shah, Idries: Der glücklichste Mensch. Das große Buch der Sufi-Weisheit. Herder, Freiburg im Breisgau u.a. 1986, S. 5.
87 Vgl. Inayat Khan, Pir Vilayat: Erwachen. Eine Sufi-Erfahrung. Aus dem Amerikanischen von Karl Friedrich Hörner. Goldmann, München 2000, S. 32; 169.
88 Hadith, zitiert nach: Schimmel, Rumi. Ich bin Wind und du bist Feuer, S. 69.
89 Rumi, vgl. Schimmel, Rumi. Ich bin Wind und du bist Feuer, S. 43.
90 Bhai Sahib, zitiert nach: Tweedie, Der Weg durchs Feuer, S. 160.
91 Vgl. Shah, Die Sufis, S. 52.
92 Sufi-Wort, zitiert nach: Sheikhalaslamzadeh, Ashraf: Sama' oder Erfahrung der Musik im Sufismus. In: Esterbauer, Reinhold (Hg.): Orte des Schönen. Phänomenologische Annäherungen. Für Günther Pöltner zum 60. Geburtstag. Königshausen & Neumann, Würzburg 2003, S. 299.
93 Rūmī, Jalāluddīn: Die Sonne von Tabriz. Gedichte, Aphorismen und Lehrgeschichten des großen Sufi-Meisters. Aus dem Persischen von Cyrus Atabay, Fischer TB, Frankfurt am Main 1997, S. 49.
94 Ya'kub ibn Yusuf, zitiert nach: Matthews, Caitlin: Sophia – Göttin der Weisheit. Walter, Düsseldorf/Solothurn 1993, S. 224.
95 Levine, Stephen / Levine, Ondrea: In Liebe umarmen. Context, Bielefeld 1995, S. 19.
96 Ebd, S. 18.
97 Tweedie, Irina: Wie Phönix aus der Asche. Mein Abenteuer der Selbstfindung auf dem Weg der Sufis – dem »Pfad der Liebe«. Aus dem Englischen von Sabine Reinhardt. O. W. Barth im Scherz Verlag, Bern u.a. 1982, S. 298.
98 Rumi, zitiert nach: Schimmel: Rumi. Ich bin Wind und du bist Feuer, S. 42.
99 Nizami, Leila und Madschnun, S. 9; 11.
100 Ebd., S. 13.
101 Ebd., S. 14 f.
102 Ebd., S. 25 f.
103 Ebd., S. 53–55.
104 Ebd., S. 195.

105 Ebd., S. 244.
106 Ebd., S. 287 f.
107 Ebd., S. 278.
108 Ebd., S. 311.
109 Jung, GW 9/I, § 44.
110 Ders., GW 14/II, § 398.
111 Ders., GW 7, § 67.
112 Ders., GW 12, § 15.
113 Vgl. Dorst, Brigitte: Einleitung. In: dies. (Hg.): C. G. Jung: Schriften zu Spiritualität und Transzendenz. Edition C. G. Jung im Patmos Verlag, Ostfildern 2013, S. 7–24.
114 Jung, GW 10, § 655.
115 Ders.: Briefe. Bd. I: 1906–1945. Hg. von Aniela Jaffé in Zusammenarbeit mit Gerhard Adler. Walter, Olten und Freiburg im Breisgau 1972, S. 86.
116 Ebd., S. 465.
117 Ders., GW 12, § 14.
118 Ders., GW 11, § 148.
119 Ders. GW 11, § 172.
120 Ders., GW 10, § 655.
121 Ders.: Erinnerungen, Träume, Gedanken. Aufgezeichnet und herausgegeben von Aniela Jaffé. Sonderausgabe. Walter, Olten 1984, S. 314.
122 Ebd., S. 341.
123 Ders., GW 12, § 14.
124 Ders., Erinnerungen, S. 327 f.
125 Wirtz, Ursula: Seelenmord. Inzest und Therapie. Kreuz, Zürich 1989, S. 162.
126 Vgl. Dorst, Brigitte: »Das Geheimnis des Lebens ist zwischen Zweien verborgen« (C. G. Jung). Der therapeutische Eros und die heilende Kraft der Liebe. In: Dorst, Brigitte / Neuen, Christiane / Teichert, Wolfgang (Hg.): Liebe – die transformierende Kraft in Beziehungen und Gesellschaft. (Schriftenreihe der Internationalen Gesellschaft für Tiefenpsychologie.) Patmos, Ostfildern 2014, S. 47–70.
127 Kierkegaard, Søren: Religion der Tat. Alfred Kröner, Stuttgart 1952, S. 187.
128 Ebd.
129 Merton, Thomas: Ein Tor zum Himmel ist überall. Inspiration. Herder, Freiburg im Breisgau 2008, S. 23 f.
130 Sölle, Dorothee: Es muß doch mehr als alles geben. Nachdenken über Gott. 2. Aufl. Hoffmann und Campe, Hamburg 1994, S. 116.
131 Meister Eckehart: Predigt zu Lk 21,31 (Predigt 36), vgl.: ders.: Deutsche Predigten und Traktate. Herausgegeben und übersetzt von Josef Quint. Diogenes, Zürich 1979, S. 326 f.
132 Tauler, Johannes: Das Segel ist die Liebe. Erfahrungen eines Gottesfreundes. Ausgewählt, eingeleitet und herausgegeben von Manfred Baumotte. Benziger, Zürich/Düsseldorf 1998, S. 19.
133 Rumi, zitiert nach: Schimmel, Rumi. Ich bin Wind und du bist Feuer, S. 22.

134 Sufi-Wort, zitiert nach: Hofer, Ursula (Hg.): Jahreszeiten der Liebe. Sufi-Weisheiten Tag für Tag. Oneness Center Publishing, Bern, S. 75.
135 Mit eigenen Worten nacherzählt nach: Leggett, Trevor: Encounters in Yoga and Zen. Routledge and Kegan Paul, London 1982, S. 39f.
136 Novalis: Gedichte, Romane. Eingeleitet und erläutert von Emil Staiger. Manesse, Zürich 1968, S. 19f.
137 Teresa von Avila: Die Wohnungen der inneren Burg, 4 M 1,7. In: dies.: »Ich bin ein Weib und obendrein kein Gutes«. Ein Porträt der Heiligen in ihren Texten. Ausgewählt, übersetzt und eingeleitet von Erika Lorenz. Herder, Freiburg im Breisgau 1982, S. 67.
138 Zinsendorf, Nikolaus Ludwig von: Einiger seit 1751. von dem Ordinario Fratum zu London gehaltenen Predigten in Dreyen Haupt-Abtheilungen edirter Erster Band. Zu finden bey dem Seminario Theologico, London und Barby 1756, S. 150.
139 Rumi, zitiert nach: Schimmel, Rumi. Ich bin Wind und du bist Feuer, S. 167.
140 Hazrat Inayat Khan, zitiert nach: d'Albert, Yan: Die 66 Tugenden der Sufis. Über Sanftmut, Vergebung, Achtsamkeit und Gottvertrauen. Lüchow, Stuttgart 2009, S. 41 f.
141 Vgl. Tweedie, Der Weg durchs Feuer, S. 1020f.
142 Schmid, Georg: Die Mystik der Weltreligionen. Eine Einführung. 2. Aufl. Kreuz, Stuttgart 1990.
143 Underhill, Evelyn: Mystik. Eine Studie über die Natur und Entwicklung des religiösen Bewußtseins im Menschen. Aus dem Englischen übertragen von Helene Meyer-Franck / Heinrich Meyer-Benfey. Unveränderter Nachdruck der Ausg. München 1928. Turm Verlag, Bietigheim/Württ. 1973.
144 Vgl. Metzner, Ralph: Zehn klassische Metaphern für die Transformation des Selbst. In: Zundel/Fittkau: Spirituelle Wege und Transpersonale Psychotherapie, S. 439–457.
145 Raimon Pannikar, zitiert nach: Stutz, Pierre: Geborgen und frei. Mystik als Lebensstil. Kösel, München 2008, S. 326.
146 Böhme, Wolfgang: Da geschieht eine selige Stille. Annäherung an Mystik. Patmos, Düsseldorf 2000, S. 105.
147 Johannes vom Kreuz, zitiert nach: Feldmann, Christian: Der nackte Glaube in der Gottesfinsternis – Johannes vom Kreuz. In: Publik Forum Extra: Mystik – die Glut Gottes erfahren, 1999, S. 23.
148 Jäger, Westöstliche Weisheit, S. 107; 109.
149 Meister Eckehart: Predikt zu Lk 21,31 (Predigt 36), vgl.: ders., Deutsche Predigten und Traktate, S. 323.
150 Sölle, Mystik und Widerstand, S. 20.
151 Jäger, Willigis: Die Welle ist das Meer. Mystische Spiritualität. 5. Aufl. Herder, Freiburg im Breigau 2000, S. 7.
152 Ders., Westöstliche Weisheit, S. 83f.
153 Ebd., S. 66; 67.
154 Ders.: Über die Liebe. Kösel, München 2009, S. 27.
155 Inayat Khan, Hazrat, Vom Glück der Harmonie, S. 99.

156 Johannes vom Kreuz, zitiert nach: Feldmann, Der nackte Glaube in der Gottesfinsternis, S. 23.
157 Sölle, Mystik und Widerstand, S. 370.
158 Jäger, Die Welle ist das Meer, S. 32.
159 Dalai Lama: Der Friede beginnt in dir. Zur Überwindung der geistig-moralischen Krise in der heutigen Weltgemeinschaft. O. W. Barth, Bern 1994.
160 Rumi, zitiert nach: Hofer, Jahreszeiten der Liebe, S. 164.
161 Wilber, Ken: Das Wahre, Schöne, Gute. Geist und Kultur im 3. Jahrtausend. Krüger, Frankfurt am Main 1999.
162 Rumi, zitiert nach: Schimmel, Rumi. Ich bin Wind und du bist Feuer, S. 25.
163 Teresa von Avila: Gotteserfahrung und Weg in die Welt. Herausgegeben, eingeleitet und übersetzt von Ulrich Dobhan. 2. Aufl. Walter, Olten / Freiburg im Breisgau 1982, S. 143.
164 Ebd., S. 87.
165 Teresa von Avila, zitiert nach: Lorenz, Erika (Hg.): Weg in die Weite. Die drei Leben der Teresa von Avila. Herder, Freiburg im Breisgau 2003, S. 7.
166 Zitiert nach: Buber, Martin: Die Erzählungen der Chassidim. 11. Aufl. Manesse, Zürich 1990, S. 342.
167 Rumi, zitiert nach: Schimmel, Rumi. Ich bin Wind und du bist Feuer, S. 200f.
168 Mechthild von Magdeburg, zitiert nach: Deutsche Mystik. Hildegard von Bingen, Mechthild von Magdeburg, Meister Eckhart, Johannes Tauler, Rulman Merswin, Heinrich von Nördlingen, Margaretha Ebner, Heinrich Seuse, Christine Ebner, Lieder. Ausgewählt, übertragen und eingeleitet von Louise Gnädinger. Manesse, Zürich 1989, S. 79.
169 Tweedie, Irina: Der Weg durchs Feuer. Tagebuch einer spirituellen Schulung durch einen Sufi-Meister. Aus dem Englischen von Sabine Reinhardt. Ansata, Interlaken 1989.
170 Muktananda, zitiert nach: Walch, Sylvester: Dimensionen der menschlichen Seele. Transpersonale Psychologie und holotropes Atmen. Walter, Düsseldorf/Zürich 2002, S. 329f.
171 Marti, Kurt: grosser gott klein. In: ders.: abendland. gedichte, Luchterhand, Darmstadt/Neuwied 1980, S. 82.
172 Olvedi, Ulli: Wir sind alle ganz normale Mystiker. Östliche Psychologie und der Weg zum Selbst. Vom möglichen Ende des Therapiezeitalters. Pfeiffer, München 1984.
173 Enquist, Per Olov: Das Buch von Blanche und Marie. Aus dem Schwedischen von Wolfgang Butt. Carl Hanser Verlag, München 2005.
174 Bruckner, Pascal / Finkielkraut, Alain: Die neue Liebesunordnung. Hanser, München/Wien 1979.
175 Fromm, Die Kunst des Liebens, S. 21.
176 Beck, Ulrich / Beck-Gernsheim, Elisabeth: Das ganz normale Chaos der Liebe. Suhrkamp, Frankfurt am Main 1990.
177 Jung, Erinnerungen, S. 356.
178 Rilke, Rainer Maria: Sonett an Orpheus XIX. In: ders., Die Gedichte, S. 687.

179 Rosenzweig, Franz: Der Stern der Erlösung. Suhrkamp, Frankfurt am Main 1988, S. 222. Zitiert nach: Riedel, Ingrid: Stark wie der Tod ist die Liebe. Das Hohelied. Mit Bildern von Renate Gier. Patmos, Ostfildern 2013, S. 17.

180 Illous, Eva: Warum Liebe weh tut. Eine soziologische Erklärung. Aus dem Englischen von Michael Adrian. Suhrkamp, Berlin.

181 Ebd., S. 39.

182 Vgl. Jäger, Über die Liebe, S. 107.

183 Ders.: Erwachen zum Menschsein. Der mystische Weg führt in die Einheit der Liebe. In: Quarch, Christoph / Hartlieb, Gabriele (Hg.): Eine Mystik, viele Stimmen. Leben aus der Spiritualität des Herzens. Text und Meditationen von Paul Knitter, Jörg Zink, Dalai Lama, Thich Nhat Hanh, Dorothee Sölle, Kathy Galloway, Willigis Jäger, M. Mojtahed Schabestari, Ruth Lapide. Herder, Freiburg im Breisgau u.a. 2004, S. 119.

184 Ebd., S. 121.

185 Ornish, Dean: Die revolutionäre Therapie: Heilen mit Liebe. Aus dem Amerikanischen von Beate Gorman. Mosaik, München 1999.

186 Ram Dass: Versprechen und Fallgruben auf dem spirituellen Weg. In: Grof/Grof, Spirituelle Krisen, S. 225.

187 Jäger, Erwachen zum Menschsein, S. 131.

188 Sölle, Dorothee: Sympathie. Theologisch-politische Traktate. Kreiz, Stuttgart/Berlin 1978, S. 285.

189 Beck/Beck-Gernsheim: Das ganz normale Chaos der Liebe, S. 231.

190 Nizami, Leila und Madschnun, S. 48.

191 Rumi: Offenes Geheimnis. Eine Auswahl aus seinem poetischen Werk. Nach der Übersetzung von John Moyne und Coleman Barks ins Deutsche übertragen von Peter Kobbe. Droemer Knaur, München 1994, S. 40.

192 Cardenal, Das Buch von der Liebe, S. 47.

193 Sölle, Sympathie, S. 285.

194 Rumi, zitiert nach: Schimmel, Rumi. Ich bin Wind und du bist Feuer, S. 171.

195 Fromm, Die Kunst des Liebens, S. 108 f.

196 Hafis, vgl. ders.: Ghaselen des Hafis. Übertragen von Friedrich Rückert. Gesammelt und herausgegeben von Herman Kreyenborg. Hyperion, Leipzig 1926.

197 Wolke des Nichtwissens und Briefe persönlicher Führung. Anleitung zur Meditation. Neu übertragen und herausgegeben von Willi Massa. 2. Aufl. Herder, Freiburg im Breisgau 2003.

198 Shafak, Elif: Die vierzig Geheimnisse der Liebe. Aus dem Englischen von Michaela Grabinger. Kein & Aber, Zürich/Berlin 2013, S. 105.

199 Sölle, Es muss doch mehr als alles geben, S. 39 f.

200 Sölle, Dorothee: Beschenkt werden und Handeln gehören zusammen. Die mystische Dimension der Liebe. In: Quarch/Hartlieb, Eine Mystik, viele Stimmen, S. 91.

201 Tweedie, Der Weg des Herzens, S. 129.

202 Rumi, Dschelaluddin: Das Mathnawi. Ausgewählte Geschichten. Übertragen von Annemarie Schimmel. Sphinx, Basel 1994, S. 28 f.

203 Ders., S. 23.
204 Halladsch, zitiert nach: Schimmel, Annemarie: Gärten der Erkenntnis. Das Buch der vierzig Sufi-Meister. 3. Aufl. Diederichs, München 1991, S. 52.
205 Shah, Die Sufis, S. 33.
206 Abu Said, zitiert nach: Harvey/Hanut: Der Duft der Wüste, S. 144.
207 Rumi, zitiert nach: Shah, Die Sufis, S. 254.
208 Angelus Silesius: Cherubinischer Wandersmann. In: ders.: Der Himmel ist in dir. Ausgewählt und eingeleitet von Gerhard Wehr. 2. aktualisierte Aufl. Benziger, Zürich, I, 289, S. 83.
209 Laotse, zitiert nach: Jäger, Erwachen zum Menschsein, S. 129f.
210 Zink, Jörg: Was bleibt, stiften die Liebenden. Kreuz, Stuttgart 2005, S. 108f.
211 Novalis, Gedichte, Romane, S. 19f.
212 Ermann, Michael: Träume und Träumen. Hundert Jahre »Traumdeutung«. Kohlhammer, Stuttgart 2005, S. 63.
213 Jung, GW 8, § 509.
214 Riedel, Ingrid: Träume. Wegweiser in neue Lebensphasen. Kreuz, Stuttgart 1997, S. 23.
215 Rieß, Giesela: Traumbild Feuer. Von der elementaren Wandlungskraft. Walter, Olten / Freiburg im Breisgau 1986, S. 11.
216 Bhai Sahib, zitiert nach: Tweedie, Der Weg durchs Feuer, S. 31.
217 Jung, GW 10, § 304.
218 Ders., GW 11, § 148.
219 Ders., zitiert nach: Jacobi, Jolande: Der Weg zur Individuation. Walter, Olten 1971.
220 Jung, C. G.: Das Rote Buch. Liber Novus. Herausgegeben und eingeleitet von Sonu Shamdasani. Vorwort von Ulrich Hoerni. Einleitung, Hinweise des Herausgebers zur Edition, Anmerkungsapparat und Danksagung aus dem Englischen von Christian Hermes. Philemon Series. Patmos, Düsseldorf 2009, S. 233.
221 Rumi, zitiert nach: Schimmel, Rumi. Ich bin Wind und du bist Feuer, S. 42.
222 Vgl. Dorst, Brigitte: Lernen und Lehren durch Sufi-Geschichten. In: Kontemplation und Mystik 2/2002, S. 7–17.
223 Die in diesem Kapitel wiedergegebenen Sufi-Geschichten sind mir seit langem vertraut. Bei einigen weiß ich nicht mehr die genaue Quelle; ich erzähle sie aus dem Gedächtnis. Wo ich die Quelle auffinden konnte, habe ich sie angegeben.
Sammlungen von Sufi-Geschichten finden sich zum Beispiel in folgenden Büchern von Idries Shah:
- Denker des Ostens. Studien in experimenteller Philosophie. Deutsch von Erika Ifang. Rowohlt, Reinbek bei Hamburg 1988.
- Die drei Wahrheiten. Weisheitsgeschichten der Sufis. Herder Spektrum, Freiburg im Breisgau 2007.
- Die fabelhaften Heldentaten des vollendeten Narren und Meisters Mulla Nasrudin. Mit Zeichnungen von Richard Williams. Aus dem Engli-

schen von Inge von Wedemeyer. Herder Spektrum, Freiburg im Breisgau 1984.

- Das Geheimnis der Derwische. Sufigeschichten. Aus dem Englischen von Inge von Wedemeyer. Herder Spektrum, Freiburg im Breisgau 1995.
- Die Hautprobe. Anleitung zum Sufi-Pfad. Aus dem Englischen von Thomas Poppe. Herder, Freiburg im Breisgau 1984.
- Karawane der Träume. Lehren und Legenden des Ostens. Aus dem Englischen von René und Clivia Taschner. Sphinx, Basel 1982.
- Die Weisheit der Narren. Meistergeschichten der Sufis. Aus dem Englischen von Ursula Schottelius. Herder, Freiburg im Breisgau 1983.
- Das Zauberkloster. Alte und neue Sufi-Geschichten. Aus dem Englischen von Sabine Reinhardt. Rowohlt, Reinbek bei Hamburg 1986.

224 Shah, Die Sufis, S. 41.
225 In: Fischer, Ron: Spione des Herzens. Die Sufi-Tradition im Westen. Droemer Knaur, München 1989, S. 159–160.
226 Mit eigenen Worten nacherzählt nach: Shah, Die Sufis, S. 221 f.
227 Hesse, Hermann: Die Märchen. Suhrkamp, Frankfurt am Main 2006, S. 146.
228 Kast, Verena: Die Dynamik der Symbole. Grundlagen der Jungschen Psychotherapie. Walter, Olten 1990, S. 26. Zur Symbolisierung in der Psychotherapie vgl.: Dorst, Brigitte: Therapeutisches Arbeiten mit Symbolen. Wege in die innere Bilderwelt. 2., aktualisierte und erweiterte Auflage. Kohlhammer, Stuttgart 2015.
229 Jung, GW 6, § 374.
230 Rilke, Rainer Maria: Es winkt zu Fühlung fast aus allen Dingen. In: ders.: Die Gedichte, S. 879.
231 Angelus Silesius, Cherubinischer Wandersmann, I, 82, S. 58.
232 Ebd., I, 289, S. 83.
233 Ebd., I, 108, S. 61.
234 Ebd., III, 87, S. 91.
235 Rumi, zitiert nach: Schimmel, Annemarie: Stern und Blume. Die Bilderwelt persischer Poesie. Harrassowitz, Wiesbaden 1984, S. 142.
236 Ders., Das Meer des Herzens geht in tausend Wogen. Ghaselen. Aus dem Persischen von Friedrich Rückert. 3. Aufl. Dağyeli, Berlin 2002, S. 24.
237 Ders., zitiert nach: Schimmel, Stern und Blume, S. 142.
238 Mir Dard, zitiert nach: Schimmel, Annemarie: Mystische Dimensionen des Islam. 2. Aufl. Diederichs, München 1992, S. 543.
239 Al Ghasâli: Das Elixier der Glückseligkeit. Aus den persischen und arabischen Quellen in Auswahl übertragen von Hellmut Ritter. 4. Aufl. Diederichs, München 1989, S. 37.
240 Rūmī, Die Sonne von Tabriz, S. 49.
241 Ders., Das Lied der Liebe, S. 101 f.
242 Vgl. Rumi, Das Meer des Herzens geht in tausend Wogen, S. 24.
243 Ders., Das Lied der Liebe, S. 163.
244 Ders., zitiert nach: Schimmel, Rumi. Ich bin Wind und du bist Feuer, S. 25.
245 Ders., Das Lied der Liebe, S. 72.

246 Attar, Vogelgespräche, S. 51.
247 Rumi, Das Lied der Liebe, S. 100.
248 Vgl. Bauer, Joachim: Warum ich fühle was du fühlst. Intuitive Kommunikation und das Geheimnis der Spiegelneurone. 23. Aufl. Heyne, München 2016.
249 Zitiert nach Schimmel, Rumi. Ich bin Wind und du bist Feuer, S. 113.
250 Inayat Khan, Hazrat: Vom Glück der Harmonie, S. 99.
251 Al Ghasali, zitiert nach: Al Habib, André Ahmed: Sufismus. Das mystische Herz des Islam. Eine Einführung. Maurer, Freiburg im Breisgau 2005, S. 66.
252 Jung, Erinnerungen, S. 328.
253 Mit eigenen Worten formuliert nach: de Mello, Anthony: Warum der Vogel singt. Geschichten für ein richtiges Leben. Herder, Freiburg im Breisgau 1984.
254 Tweedie, Irina: Wie Phönix aus der Asche. Mein Abenteuer der Selbstfindung auf dem Weg der Sufis – dem »Pfad der Liebe«. Aus dem Englischen von Sabine Reinhardt. O. W. Barth im Scherz Verlag, Bern u.a. 1982.
255 Dies.: Der Weg durchs Feuer. Tagebuch einer spirituellen Schulung durch einen Sufi-Meister. Aus dem Englischen von Sabine Reinhardt. Ansata, Interlaken 1988.
256 Bhai Sahib, zitiert nach: ebd., S. 40.
257 Inayat Khan, Hazrat: Wanderer auf dem inneren Pfad, S. 11.
258 Ibn Arabi, vgl. Hofer, Jahreszeiten der Liebe, S. 69.
259 Buber, Der Weg des Menschen nach der chassidischen Lehre, S. 15.
260 Hildegard von Bingen, zitiert nach: Riedel, Ingrid: Hildegard von Bingen. Prophetin der kosmischen Weisheit. Kreuz, Stuttgart 1994, S. 18.
261 Jung, C. G.: Briefe. Bd. III: 1956–1961. Hg. von Aniela Jaffé in Zusammenarbeit mit Gerhard Adler. Walter, Olten / Freiburg im Breisgau 1973, S. 328.
262 Vgl. Kabir: One Hundred Poems of Kabir. Translated by Rabindranath Tagore, assisted by Evelyn Underhill. Macmillan and Co., London 1915, S. 2.
263 Rabia, zitiert nach: Buber, Martin: Ekstatische Konfessionen. Gesammelt von Martin Buber. Veränderte Neuausgabe. Insel, Leipzig 1921, S. 32.
264 Schimmel, Mystische Dimensionen des Islam, S. 66.
265 Sölle, Mystik und Widerstand, S. 58.
266 Vgl. Smith, Margaret: Rabiʿa the Mystic and Her Fellow-Saints in Islam. Being the life and teaching of Rābiʿa al-ʿAdawiyya Al-Qaysiyya of Baṣra, Sufi saint, ca. A. H. 99–185, A. D. 717–801, together with some account of the place of the women saints in Islām with a survey of sources, references, a concise bibliography, and indexes. Philo Press, Amsterdam 1974, S. 5–7.
267 Attar: Vogelgespräche.
268 Erzählt von Martin Buber, in: ders., Ekstatische Konfessionen, S. 32.
269 In zahlreichen Legenden wird Rabia mit dem berühmten Theologen und Asketen Hassan von Basra als einer Art Gegenspieler in Verbindung gebracht. Dieser starb jedoch bereits 728 vor Christus.
270 Erzählt von Martin Buber, in: ders., Ekstatische Konfessionen, S. 32.

271 Ebd.
272 Vgl. Smith, Rabiʿa the Mystic, S. 28.
273 Vgl. ebd., S. 35 f.
274 Vgl. ebd., S. 58.
275 Rabia, zitiert nach: Schimmel, Mystische Dimensionen des Islam, S. 68.
276 Erzählt von Annemarie Schimmel, in: dies.: Meine Seele ist eine Frau. Das Weibliche im Islam. Kösel, München 1995, S. 32.
277 Rumi, zitiert nach: Buber, Ekstatische Konfessionen, S. 47.
278 Ders., zitiert nach: Thylmann, Linde: Statt einer Einleitung: Ein Brief an die Herausgeber (und Leser dieses Buches). In: dies. (Hg.): Gesänge des tanzenden Gottesfreundes. Aus der Dichtung des persischen Mystikers Rumi. Mit Ornamenten von Karl Thylmann. Übertragen und geschrieben von Linde Thylmann. 2. Aufl. Herder, Freiburg im Breisgau u.a. 1981, S. 10.
279 Ders., Die Sonne von Tabriz, S. 21 f.
280 Schimmel, Rumi. Ich bin Wind und du bist Feuer, S. 25.
281 Rumi, zitiert nach: ebd., S. 23.
282 Ders., zitiert nach: Schimmel, Mystische Dimensionen des Islam, S. 457.
283 Ders., zitiert nach: ebd., S. 454.
284 Sheikhalaslamzadeh, Sama' oder Erfahrung der Musik im Sufismus, S. 306.
285 Harvey, Andrew: Die Lehren des Rumi. Weisheiten des Herzens. Aus dem Englischen von Giovanni und Ditte Bandini. dtv, München 2001, S. 11 f.
286 Rumi, Das Lied der Liebe, S. 123.
287 Ebd., S. 125.
288 Ebd., S. 135.
289 Ebd., S. 181.
290 Ders., zitiert nach: Schimmel, Rumi. Ich bin Wind und du bist Feuer, S. 167.
291 Ebd., S. 201.
292 Ebd., S. 179.
293 Ders.: Das Meer des Herzens geht in tausend Wogen, S. 55.
294 Ebd., S. 56.
295 Goethe, Johann Wolfgang von: Selige Sehnsucht. In: Conrady, Karl Otto (Hg.): Das große deutsche Gedichtbuch. Von 1500 bis zur Gegenwart. Neu herausgegeben und aktualisiert von Karl Otto Conrady. 2. Aufl. Artemis & Winkler 1992, München/Zürich 1991, S. 162.
296 Rilke, Rainer Maria: Der Tod ist groß. In: ders., Die Gedichte, S. 423.
297 Assmann, Jan: Der Tod als Thema der Kulturtheorie. Todesbilder und Todesriten im Alten Ägypten. Suhrkamp, Frankfurt am Main 2000.
298 Flammer, Ernesto: Die Angst vor dem Sterben verstehen. In: Beutel, Helmut / Tausch, Daniela (Hg.): Sterben – eine Zeit des Lebens. Quell Verlag, Stuttgart 1989, S. 80. Flammer zitiert am Schluss Sätze von Jiddu Krishnamurti, aus: Einbruch in die Freiheit. Ullstein, Frankfurt am Main 1985.
299 Kaschnitz, Marie Luise: Dein Schweigen – meine Stimme. Classen, Hamburg 1962, S. 306.
300 Sölle, Mystik und Widerstand, S. 125.

301 Dalai Lama: Das kleine Buch vom rechten Leben. Herder, Freiburg im Breisgau 1998, S. 122.
302 Hesse, Hermann: Brief vom 5.7.1922. In: ders.: Briefwechsel 1921–1927 mit Hugo Ball und Emmy Ball-Hennings. Herausgegeben und kommentiert von Bärbel Reetz. Suhrkamp, Berlin 2016, S. 144.
303 Kaléko, Mascha: Memento. In: dies.: Verse für Zeitgenossen. Herausgegeben und mit einem Nachwort versehen von Gisela Zoch-Westphal. Rowohlt, Reinbek bei Hamburg 1995.
304 Thurman, Robert A. F. (Hg.): Das tibetische Totenbuch oder Das große Buch der natürlichen Befreiung durch Verstehen im Zwischenzustand. Neu übersetzt und kommentiert von Robert A. F. Thurman. Mit einem Vorwort des Dalai Lama. Krüger, Frankfurt am Main 1996.
305 Jung, GW 8, § 800.
306 Ders., GW 13, § 68.
307 Ders., GW 8, § 800.
308 Ebd.
309 Ders., Erinnerungen, S. 305.
310 Ders.: Briefe. Bd. 2: 1946–1955. Hg. von Aniela Jaffé in Zusammenarbeit mit Gerhard Adler. Walter, Olten / Freiburg im Breisgau 1972, S. 205.
311 Franz, Marie-Louise von: Traum und Tod. Was uns die Träume Sterbender sagen. Walter, Zürich/Düsseldorf 1999, S. 187.
312 Ebd., S. 88.
313 Gibran, Khalil: Vom Tod. In: ders.: Der Prophet. Aus dem Englischen von Karin Graf. 2. Aufl. Walter, Düsseldorf/Zürich 2005, S. 93.
314 Vgl. Van Lommel, Pim: Endloses Bewusstsein. Neue medizinische Fakten zur Nahtoderfahrung. Patmos, Düsseldorf 2009.
315 Vgl. Assagioli, Roberto: Die Schule des Willens. Methoden der Psychotherapie und Selbsttherapie. Junfermann, Paderborn 1982, S. 183 ff.
316 Vgl. Wilber, Ken: Mut und Gnade. In einer Krankheit zum Tode bewährt sich eine große Liebe – das Leben und Sterben der Treya Wilber. Scherz, Bern/München/Wien 1992, S. 152.
317 Die Zitate sind aus: Jäger, Willigis: Das Leben endet nie. Über das Ankommen im Jetzt. Herder, Freiburg im Breisgau 2010.
318 Ebd., S. 84.
319 Ebd., S. 103.
320 Ebd., S. 84.
321 Ebd.
322 Ebd., S. 122.
323 Ebd., S. 101.
324 Ebd., S. 90.
325 Ebd., S. 122.
326 Ebd., S. 89.
327 Ebd., S. 97.
328 Inayat Khan, Hazrat: Wanderer auf dem inneren Pfad, S. 119.
329 Cunz, Peter Hüseyin: Stirb bevor du stirbst! – Endlichkeit und Ewigkeit bei den Sufis. Referat an der Ausstellung »Noch einmal leben« zu Palliativ-

Pflege, gehalten am 11. November 2011 in Zürich. http://www.mevlana.ch/stirb-bevor-du-stirbst. [Zugriff: 31.7.2018].

330 Johannes Tauler, zitiert nach: Zink, Jörg: Die Goldene Schnur. Anleitungen zu einem inneren Weg. Kreuz, Stuttgart 1999, S. 129.

331 Inayat Khan, Hazrat: Wanderer auf dem inneren Pfad, S. 120.

332 Yahya, zitiert nach: Schimmel, Mystische Dimensionen des Islam, S. 85.

333 Rumi, zitiert in: Schimmel, Rumi. Ich bin Wind und du bist Feuer, S. 7.

334 Kaschnitz, Marie Luise: Ein Leben nach dem Tode. In: Dies.: Gesammelte Werke. Bd. 5: Die Gedichte. Insel, Frankfurt am Main 1985, S. 504 f.

335 Horvath, Ödön von: Zur schönen Aussicht. In: ders.: Gesammelte Werke Bd. 3. 2. Aufl. Suhrkamp, Frankfurt am Main 1978, S. 67.

336 Inayat Khan, Pir Vilayat: Das, was durchscheint, durch das, was erscheint. Sufismus erleben. edition nada, Bad Bevensen 1998.

Literatur

Al Ghasâli: Das Elixier der Glückseligkeit. Aus den persischen und arabischen Quellen in Auswahl übertragen von Hellmut Ritter. 4. Aufl. Diederichs, München 1989.

Al Habib, André Ahmed: Sufismus. Das mystische Herz des Islam. Eine Einführung. Maurer, Freiburg im Breisgau 2005.

Angelus Silesius: Cherubinischer Wandersmann. In: ders.: Der Himmel ist in dir. Ausgewählt und eingeleitet von Gerhard Wehr. 2. aktualisierte Aufl. Benziger, Zürich, I, 289, S. 49–115.

Assagioli, Roberto: Die Schule des Willens. Methoden der Psychotherapie und Selbsttherapie. Junfermann, Paderborn 1982.

Assmann, Jan: Der Tod als Thema der Kulturtheorie. Todesbilder und Todesriten im Alten Ägypten. Suhrkamp, Frankfurt am Main 2000.

Attar, Fariduddin: Vogelgespräche. Die berühmte persische Sufi-Erzählung über die Pilgerfahrt nach Innen. Ansata, München 1988.

Bauer, Joachim: Warum ich fühle was du fühlst. Intuitive Kommunikation und das Geheimnis der Spiegelneurone. 23. Aufl. Heyne, München 2016.

Beck, Ulrich / Beck-Gernsheim, Elisabeth: Das ganz normale Chaos der Liebe. Suhrkamp, Frankfurt am Main 1990.

Behnken, Heinz, et al. (Hg.): Verstehen durch Stille. Loccumer Brevier. Im Auftrag des Loccumer Arbeitskreises für Meditation herausgegeben von Heinz Behnken, Elisabeth Borries, Kurt Dantzer et al. 4. Aufl. Lutherisches Verlagshaus 2008.

Böhme, Wolfgang: Da geschieht eine selige Stille. Annäherung an Mystik. Patmos, Düsseldorf 2000.

Bruckner, Pascal / Finkielkraut, Alain: Die neue Liebesunordnung. Hanser, München/Wien 1979.

Buber, Martin: Ekstatische Konfessionen. Gesammelt von Martin Buber. Veränderte Neuausgabe. Insel, Leipzig 1921.

–: Die Erzählungen der Chassidim. 11. Aufl. Manesse, Zürich 1990.

–: Der Weg des Menschen nach der chassidischen Lehre. 19. Aufl. Gütersloher Verlagshaus, Gütersloh 2017.

Bucher, Anton: Psychologie der Spiritualität. Handbuch. Beltz/PVU, Weinheim/Basel 2007.

Cardenal, Ernesto: Das Buch von der Liebe. Mit einem Vorwort von Thomas Merton. Gütersloher Verlagshaus Mohn, Gütersloh 1987.

Conrady, Karl Otto (Hg.): Das große deutsche Gedichtbuch. Von 1500 bis zur Gegenwart. Neu herausgegeben und aktualisiert von Karl Otto Conrady. 2. Aufl. Artemis & Winkler 1992, München/Zürich 1991.

Cunz, Peter Hüseyin: Stirb bevor du stirbst! – Endlichkeit und Ewigkeit bei den Sufis. Referat an der Ausstellung »Noch einmal leben« zu Palliativ-Pflege, gehalten am 11. November 2011 in Zürich. http://www.mevlana.ch/stirb-bevor-du-stirbst [Zugriff: 31.7.2018].

d'Albert, Yan: Die 66 Tugenden der Sufis. Über Sanftmut, Vergebung, Achtsamkeit und Gottvertrauen. Lüchow, Stuttgart 2009.

Dalai Lama: Der Appell des Dalai Lama an die Welt. Ethik ist wichtiger als Religion. Mit Franz Alt. Benevento, Wals bei Salzburg 2015.

–: Der Friede beginnt in dir. Zur Überwindung der geistig-moralischen Krise in der heutigen Weltgemeinschaft. O. W. Barth, Bern 1994.

–: Das kleine Buch vom rechten Leben. Herder, Freiburg im Breisgau 1998.

–: »Wir sind eine Menschheit auf einem Planeten«. Interview, geführt am 20.1.2018 von Franz Alt für die US-Ausgabe des gemeinsamen Buches »Ethik ist wichtiger als Religion«. http://www.sonnenseite.com/de/franz-alt/kommentare-interviews/dalai-lama-wir-sind-eine-menschheit-auf-einem-planeten.html [Zugriff: 24.6.2018].

de Mello, Anthony: Warum der Vogel singt. Geschichten für ein richtiges Leben. Herder, Freiburg im Breisgau 1984.

Delp, Alfred: Gesammelte Schriften. Bd. 4: Aus dem Gefängnis. Hg. von Roman Bleistein. Knecht, Frankfurt am Main 1984.

Dorst, Brigitte (Hg.): C. G. Jung: Schriften zu Spiritualität und Transzendenz. Edition C. G. Jung im Patmos Verlag, Ostfildern 2013.

–: »Das Geheimnis des Lebens ist zwischen Zweien verborgen« (C. G. Jung). Der therapeutische Eros und die heilende Kraft der Liebe. In: Dorst, Brigitte / Neuen, Christiane / Teichert, Wolfgang (Hg.): Liebe – die transformierende Kraft in Beziehungen und Gesellschaft. (Schriftenreihe der Internationalen Gesellschaft für Tiefenpsychologie.) Patmos, Ostfildern 2014, S. 47–70.

–: Lebenskrisen. Die Seele stärken durch Bilder, Geschichten und Symbole. Walter, Mannheim 2010.

–: Lernen und Lehren durch Sufi-Geschichten. In: Kontemplation und Mystik 2/2002, S. 7–17.

–: Resilienz. Seelische Widerstandskräfte stärken. 2. Aufl. Patmos, Ostfildern 2018.

–: Sophia begegnen – die Wiederkehr weiblicher Weisheit. In: Kast, Verena (Hg.): Inspirationen für ein gutes Leben. Heil sein – heil werden. Herder, Freiburg im Breisgau 2005, S. 127–136.

–: Therapeutisches Arbeiten mit Symbolen. Wege in die innere Bilderwelt. 2., aktualisierte und erweiterte Auflage. Kohlhammer, Stuttgart 2015.

Dunn, Philip (Hg.): Prayer. Language of the Soul. Daybreak, New York 1997.

Dürckheim, Karlfried Graf: Transzendenz als Erfahrung. In: Zundel, Edith / Fittkau, Bernd (Hg.): Spirituelle Wege und Transpersonale Psychotherapie. Junfermann, Paderborn 1989, S. 277–289.

Dürr, Hans-Peter: Teilhaben an einer unteilbaren Welt. Das ganzheitliche Weltbild der Quantenphysik. In: Hüther, Gerald / Spannbauer, Christa (Hg.): Connectedness. Warum wir ein neues Weltbild brauchen. Huber, Bern 2012, S. 15–28.

Enquist, Per Olov: Das Buch von Blanche und Marie. Aus dem Schwedischen von Wolfgang Butt. Carl Hanser Verlag, München 2005.

Ermann, Michael: Träume und Träumen. Hundert Jahre »Traumdeutung«. Kohlhammer, Stuttgart 2005.

Feldmann, Christian: Der nackte Glaube in der Gottesfinsternis – Johannes vom Kreuz. In: Publik Forum Extra: Mystik – die Glut Gottes erfahren, 1999.

Fischer, Ron: Spione des Herzens. Die Sufi-Tradition im Westen. Droemer Knaur, München 1989.

Flammer, Ernesto: Die Angst vor dem Sterben verstehen. In: Helmut Beutel / Daniela Tausch (Hg.): Sterben – eine Zeit des Lebens. Quell Verlag, Stuttgart 1989.

Franz, Marie-Louise von: Traum und Tod. Was uns die Träume Sterbender sagen. Walter, Zürich/Düsseldorf 1999.

Fromm, Erich: Die Kunst des Liebens. Ullstein, Frankfurt am Main u.a. 1977.

Galuska, Joachim: Einführung. In: ders. (Hg.): Den Horizont erweitern, S. 7–12.

–: Grundprinzipien einer transpersonal orientierten Psychotherapie. In: ders. (Hg.): Den Horizont erweitern, S. 38–62.

– (Hg.): Den Horizont erweitern. Die transpersonale Dimension in der Psychotherapie. Leutner, Berlin 2003.

–: Religiöse und spirituelle Störungen. In: ders. (Hg.): Den Horizont erweitern, S. 182–203.

Gibran, Khalil: Der Prophet. Aus dem Englischen von Karin Graf. 2. Aufl. Walter, Düsseldorf/Zürich 2005.

Gnädinger, Louise (Hg.): Deutsche Mystik. Hildegard von Bingen, Mechthild von Magdeburg, Meister Eckhart, Johannes Tauler, Rulman Merswin, Heinrich von Nördlingen, Margaretha Ebner, Heinrich Seuse, Christine Ebner, Lieder. Ausgewählt, übertragen und eingeleitet von Louise Gnädinger. Manesse, Zürich 1989.

Grof, Stanislav / Grof, Christina (Hg.): Spirituelle Krisen. Chancen der Selbstfindung. Kösel, München 1990.

Hafis: Ghaselen des Hafis. Übertragen von Friedrich Rückert. Gesammelt und herausgegeben von Herman Kreyenborg. Hyperion, Leipzig 1926.

Harvey, Andrew: Die Lehren des Rumi. Weisheiten des Herzens. Aus dem Englischen von Giovanni und Ditte Bandini. dtv, München 2001.

Harvey, Andrew / Hanut, Eryk: Der Duft der Wüste. Das Herz der Sufi-Mystik. Arbor, Freiamt 2003.

Hesse, Hermann: Briefwechsel 1921–1927 mit Hugo Ball und Emmy Ball-Hennings. Herausgegeben und kommentiert von Bärbel Reetz. Suhrkamp, Berlin 2016.

Hesse, Hermann: Die Märchen. Suhrkamp, Frankfurt am Main 2006.

Hofer, Ursula (Hg.): Jahreszeiten der Liebe. Sufi-Weisheiten Tag für Tag. Oneness Center Publishing, Bern.

Hofmann, Liane / Heise, Patrizia (Hg.): Spiritualität und spirituelle Krisen. Handbuch zu Theorie, Forschung und Praxis. Schattauer, Stuttgart 2017.

Horvath, Ödön von: Zur schönen Aussicht. In: ders.: Gesammelte Werke Bd. 3. 2. Aufl. Suhrkamp, Frankfurt am Main 1978.

Hüther, Gerald / Spannbauer, Christa (Hg.): Connectedness. Warum wir ein neues Weltbild brauchen. Huber, Bern 2012.

Illous, Eva: Warum Liebe weh tut. Eine soziologische Erklärung. Aus dem Englischen von Michael Adrian. Suhrkamp, Berlin.

Inayat Khan, Hazrat: Das Lied in allen Dingen. Sufi-Erzählungen und Gleich-

nisse vom Glück der Harmonie. Ausgewählt, übersetzt und herausgegeben von Inge von Wedemeyer. Herder, Freiburg im Breisgau 1979.
–: The Sufi message of Hazrat Inayat Khan. Bd. 11: Philosophy, Psychology, Mysticism. Publ. for International Headquarters of the Sufi Movement, Geneva. London 1964.
–: Vom Glück der Harmonie. Herder, Freiburg im Breisgau 1979.
Inayat Khan, Pir Vilayat: Das, was durchscheint, durch das, was erscheint. Sufismus erleben. edition nada, Bad Bevensen 1998.
–: Erwachen. Eine Sufi-Erfahrung. Aus dem Amerikanischen von Karl Friedrich Hörner. Goldmann, München 2000.
Jacobi, Jolande: Der Weg zur Individuation. Walter, Olten 1971.
Jäger, Willigis: Erwachen zum Menschsein. Der mystische Weg führt in die Einheit der Liebe. In: Quarch, Christoph / Hartlieb, Gabriele (Hg.): Eine Mystik, viele Stimmen. Leben aus der Spiritualität des Herzens. Text und Meditationen von Paul Knitter, Jörg Zink, Dalai Lama, Thich Nhat Hanh, Dorothee Sölle, Kathy Galloway, Willigis Jäger, M. Mojtahed Schabestari, Ruth Lapide. Herder, Freiburg im Breisgau u.a. 2004, S. 114–132.
–: In jedem Jetzt ist Ewigkeit. Worte für alle Tage. Hg. von Christoph Quarch. Kösel, München 2003.
–: Das Leben endet nie. Über das Ankommen im Jetzt. Herder, Freiburg im Breisgau 2010.
–: Perlen der Weisheit. Die schönsten Texte von Willigis Jäger. Hg. von Christoph Quarch und Elisabeth Walcher. Herder, Freiburg im Breisgau.
–: Die Welle ist das Meer. Mystische Spiritualität. 5. Aufl. Herder, Freiburg im Breigau 2000.
–: Westöstliche Weisheit. Visionen einer integralen Spiritualität. Theseus, Stuttgart 2007.
Jung, C. G.: Briefe. Bd. I: 1906–1945. Hg. von Aniela Jaffé in Zusammenarbeit mit Gerhard Adler. Walter, Olten und Freiburg im Breisgau 1972.
–: Briefe. Bd. 2: 1946–1955. Hg. von Aniela Jaffé in Zusammenarbeit mit Gerhard Adler. Walter, Olten / Freiburg im Breisgau 1972.
–: Briefe. Bd. III: 1956–1961. Hg. von Aniela Jaffé in Zusammenarbeit mit Gerhard Adler. Walter, Olten / Freiburg im Breisgau 1973.
–: Erinnerungen, Träume, Gedanken. Aufgezeichnet und herausgegeben von Aniela Jaffé. Sonderausgabe. Walter, Olten 184.
–: Gesammelte Werke (GW). 20 Bde. Hg. von Lilly Jung-Merker / Elisabeth Rüf / Leonie Zander et al. Walter, Olten/Düsseldorf 1971 ff.
–: Das Rote Buch. Liber Novus. Herausgegeben und eingeleitet von Sonu Shamdasani. Vorwort von Ulrich Hoerni. Einleitung, Hinweise des Herausgebers zur Edition, Anmerkungsapparat und Danksagung aus dem Englischen von Christian Hermes. Philemon Series. Patmos, Düsseldorf 2009.
Kabir: One Hundred Poems of Kabir. Translated by Rabindranath Tagore, assisted by Evelyn Underhill. Macmillan and Co., London 1915.
Kaléko, Mascha: Verse für Zeitgenossen. Herausgegeben und mit einem Nachwort versehen von Gisela Zoch-Westphal. Rowohlt, Reinbek bei Hamburg 1995.

Kaschnitz, Marie Luise: Gesammelte Werke. Bd. 5: Die Gedichte. Insel, Frankfurt am Main 1985.
–: Dein Schweigen – meine Stimme. Classen, Hamburg 1962.
Kast, Verena: Die Dynamik der Symbole. Grundlagen der Jungschen Psychotherapie. Walter, Olten 1990.
Kierkegaard, Søren: Religion der Tat. Alfred Kröner, Stuttgart 1952.
Krishnamurti, Jiddu: Einbruch in die Freiheit. Ullstein, Frankfurt am Main 1985.
Kuschel, Karl-Josef: Gespräch mit Heinrich Böll (1983). In: ders.: Weil wir uns auf dieser Erde nicht ganz zu Hause fühlen. 12 Schriftsteller über Religion und Literatur. Piper, München 1985, S. 64–76.
Laszlo, Ervin: Weltwende. Wie eine grüne Wirtschaft neue Politik und ein höheres Bewusstsein die Zukunft gestalten. Scorpio, Berlin/München 2011.
Leggett, Trevor: Encounters in Yoga and Zen. Routledge and Kegan Paul, London 1982.
Levine, Stephen / Levine, Ondrea: In Liebe umarmen. Context, Bielefeld 1995.
Lexikon der östlichen Weisheitslehren. Buddhismus, Hinduismus, Taoismus, Zen. Sonderauflage. O. W. Barth, Bern/München/Wien 1994.
Lobo, Sascha.: Netzhass ist gratis. Spiegel Online http://www.spiegel.de/netzwelt/web/kolumne-von-sascha-lobo-ueber-hass-in-der-digitalen-gesellschaft-a-870799.html [Zugriff: 28.7.2018].
Lorenz, Erika (Hg.): Weg in die Weite. Die drei Leben der Teresa von Avila. Herder, Freiburg im Breisgau 2003.
Marti, Kurt: abendland. gedichte, Luchterhand, Darmstadt/Neuwied 1980.
Maslow, Abraham: Psychologie des Seins. Ein Entwurf. Kindler, München 1973.
Massa, Willi (Hg.): Wolke des Nichtwissens und Briefe persönlicher Führung. Anleitung zur Meditation. Neu übertragen und herausgegeben von Willi Massa. 2. Aufl. Herder, Freiburg im Breisgau 2003.
Matthews, Caitlin: Sophia – Göttin der Weisheit. Walter, Düsseldorf/Solothurn 1993.
Meister Eckehart: Deutsche Predigten und Traktate. Herausgegeben und übersetzt von Josef Quint. Diogenes, Zürich 1979.
Meister Ryokan: Alle Dinge sind im Herzen: Poetische Zen-Weisheiten. Herder Spektrum, Freiburg im Breisgau 2006.
Merton, Thomas: Ein Tor zum Himmel ist überall. Inspiration. Herder, Freiburg im Breisgau 2008.
Metzner, Ralph: Zehn klassische Metaphern für die Transformation des Selbst. In: Zundel/Fittkau: Spirituelle Wege und Transpersonale Psychotherapie, S. 439–457.
Neumann, Erich: Die Große Mutter. Eine Phänomenologie der weiblichen Gestaltungen des Unbewußten. 2. Aufl. der Sonderausgabe. Walter, Olten/Freiburg im Breisgau 1987.
Nietzsche, Friedrich: Zarathustras Vorrede. In: Werke. Bd. 2. Hanser, München 1994.
Nizami: Leila und Madschnun. Der berühmteste Liebesroman des Morgenlan-

des. Erstmals aus dem Persischen verdeutscht und mit einem Nachwort versehen von Rudolf Gelpke. Manesse, Zürich 1963.
Novalis: Gedichte, Romane. Eingeleitet und erläutert von Emil Staiger. Manesse, Zürich 1968.
–: Novalis. Auswahl und Einleitung von Walter Rehm. Fischer TB, Frankfurt am Main / Hamburg 1956.
Olvedi, Ulli: Wir sind alle ganz normale Mystiker. Östliche Psychologie und der Weg zum Selbst. Vom möglichen Ende des Therapiezeitalters. Pfeiffer, München 1984.
Ornish, Dean: Die revolutionäre Therapie: Heilen mit Liebe. Aus dem Amerikanischen von Beate Gorman. Mosaik, München 1999.
Panzer, Lucie: Herzensbildung. Morgenandacht im Deutschlandfunk, 9.8.2016. https://rundfunk.evangelisch.de/kirche-im-radio/morgenandacht/herzensbildung-8217 [Zugriff: 28.7.2018].
Pascal, Blaise: Gedanken über Gott und den Menschen. Ausgewählt und übersetzt von Wilhelm Willige. Insel, Wiesbaden 1960.
Ram Dass: Versprechen und Fallgruben auf dem spirituellen Weg. In: Grof/ Grof, Spirituelle Krisen, S. 204–226.
Riedel, Ingrid: Hildegard von Bingen. Prophetin der kosmischen Weisheit. Kreuz, Stuttgart 1994.
–: Mystik des Herzens. Meisterinnen innerer Freiheit. Kreuz, Freiburg im Breisgau 2010.
–: Stark wie der Tod ist die Liebe. Das Hohelied. Mit Bildern von Renate Gier. Patmos, Ostfildern 2013.
–: Träume. Wegweiser in neue Lebensphasen. Kreuz, Stuttgart 1997.
Rieß, Giesela: Traumbild Feuer. Von der elementaren Wandlungskraft. Walter, Olten / Freiburg im Breisgau 1986.
Rilke, Rainer Maria: Briefe. Bd. 1: 1897–1914. Insel, Wiesbaden 1950.
–: Die Gedichte. 8. Aufl. Insel, Frankfurt am Main 1996.
–: Die Sonette an Orpheus XIX. In: ders., Die Gedichte, S. 671–692.
–: Zweite Duineser Elegie. In: ders.: Die Gedichte, S. 633–636.
Rosenzweig, Franz: Der Stern der Erlösung. Suhrkamp, Frankfurt am Main 1988.
Rumi: Das Lied der Liebe. Die Weisheit göttlicher Liebe in den Versen des größten Sufi-Dichters. Hg. von Jonathan Star und Shahram Shiva. Aus dem Amerikanischen übertragen von Hans Christian Meiser.
–, Dschelaluddin: Das Mathnawi. Ausgewählte Geschichten. Übertragen von Annemarie Schimmel. Sphinx, Basel 1994.
–, Mewlana Dschelaleddin: Das Meer des Herzens geht in tausend Wogen. Ghaselen. Aus dem Persischen von Friedrich Rückert. 3. Aufl. Dağyeli, Berlin 2002.
–: Offenes Geheimnis. Eine Auswahl aus seinem poetischen Werk. Nach der Übersetzung von John Moyne und Coleman Barks ins Deutsche übertragen von Peter Kobbe. Droemer Knaur, München 1994.
–, Jalāluddīn: Die Sonne von Tabriz. Gedichte, Aphorismen und Lehrgeschichten des großen Sufi-Meisters. Aus dem Persischen von Cyrus Atabay, Fischer TB, Frankfurt am Main 1997.

Sachs, Nelly: Eli. Ein Mysterienspiel vom Leiden Israels. In: dies.: Zeichen im Sand. Die szenischen Dichtungen der Nelly Sachs. Suhrkamp, Frankfurt am Main 1962.
Scheler, Max: Wesen und Formen der Sympathie. Die deutsche Philosophie der Gegenwart. Hg. von Manfred S. Frings. 6., durchges. Aufl. Francke, Bern/München 1973.
Schimmel, Annemarie: Gärten der Erkenntnis. Das Buch der vierzig Sufi-Meister. 3. Aufl. Diederichs, München 1991.
–: Meine Seele ist eine Frau. Das Weibliche im Islam. Kösel, München 1995, S. 32.
–: Mystische Dimensionen des Islam. 2. Aufl. Diederichs, München 1992.
–: Rumi. Ich bin Wind und du bist Feuer. Leben und Werk des großen Mystikers. 4. Aufl. Diederichs, München 1984.
–: Stern und Blume. Die Bilderwelt der persischen Poesie. Harrassowitz, Wiesbaden 1984.
–: Sufismus. In: Zundel/Fittkau, Spirituelle Wege und Transpersonale Psychotherapie, S. 99–107.
Schmid, Georg: Die Mystik der Weltreligionen. Eine Einführung. 2. Aufl. Kreuz, Stuttgart 1990.
Scobel, Gert: Weisheit. Über das, was uns fehlt. DuMont, Köln 2008.
Sen Gupta, Karima: Einleitung. In: Inayat Khan, Hazrat: Wanderer auf dem inneren Pfad. Ausgewählt, übersetzt und eingeleitet von Karima Sen Gupta. Verlag Heilbronn, Heilbronn 1996, S. 17–16.
Shafak, Elif: Die vierzig Geheimnisse der Liebe. Aus dem Englischen von Michaela Grabinger. Kein & Aber, Zürich/Berlin 2013.
Shah, Idries: Denker des Ostens. Studien in experimenteller Philosophie. Deutsch von Erika Ifang. Rowohlt, Reinbek bei Hamburg 1988.
–: Die drei Wahrheiten. Weisheitsgeschichten der Sufis. Herder Spektrum, Freiburg im Breisgau 2007.
–: Die fabelhaften Heldentaten des vollendeten Narren und Meisters Mulla Nasrudin. Mit Zeichnungen von Richard Williams. Aus dem Englischen von Inge von Wedemeyer. Herder Spektrum, Freiburg im Breisgau 1984.
–: Das Geheimnis der Derwische. Sufigeschichten. Aus dem Englischen von Inge von Wedemeyer. Herder Spektrum, Freiburg im Breisgau 1995.
–: Der glücklichste Mensch. Das große Buch der Sufi-Weisheit. Herder, Freiburg im Breisgau u.a. 1986
– : Die Hautprobe. Anleitung zum Sufi-Pfad. Aus dem Englischen von Thomas Poppe. Herder, Freiburg im Breisgau 1984.
–: Karawane der Träume. Lehren und Legenden des Ostens. Aus dem Englischen von René und Clivia Taschner. Sphinx, Basel 1982.
–: Die Sufis. Botschaften der Derwische, Weisheit der Magier. 2. Aufl. Diederichs, Düsseldorf/Köln 1981.
–: Die Weisheit der Narren. Meistergeschichten der Sufis. Aus dem Englischen von Ursula Schottelius. Herder, Freiburg im Breisgau 1983.
–: Das Zauberkloster. Alte und neue Sufi-Geschichten. Aus dem Englischen von Sabine Reinhardt. Rowohlt, Reinbek bei Hamburg 1986.

Sheikhalaslamzadeh, Ashraf: Sama' oder Erfahrung der Musik im Sufismus. In: Esterbauer, Reinhold (Hg.): Orte des Schönen. Phänomenologische Annäherungen. Für Günther Pöltner zum 60. Geburtstag. Königshausen & Neumann, Würzburg 2003, S. 287–312.
Shulman, Jason: Gott empfangen. 108 Wegweiser zu den Quellen des Lebens. Aus dem Englischen von Erika Ifang. Goldmann, München 2007.
Smith, Margaret: Rabi'a the Mystic and Her Fellow-Saints in Islam. Being the life and teaching of Rābi'a al-'Adawiyya Al-Qaysiyya of Baṣra, Sufi saint, ca. A. H. 99–185, A. D. 717–801, together with some account of the place of the women saints in Islām with a survey of sources, references, a concise bibliography, and indexes. Philo Press, Amsterdam 1974.
Sölle, Dorothee: Beschenkt werden und Handeln gehören zusammen. Die mystische Dimension der Liebe. In: Quarch/Hartlieb, Eine Mystik, viele Stimmen, S. 83–93.
–: Es muß doch mehr als alles geben. Nachdenken über Gott. 2. Aufl. Hoffmann und Campe, Hamburg 1994.
–: Mystik und Widerstand. »Du stilles Geschrei«. Hoffmann und Campe, Hamburg 1997.
–: Sympathie. Theologisch-politische Traktate. Kreiz, Stuttgart/Berlin 1978.
Staudinger, Ursula M. / Baltes, Paul B.: Interactive minds: A facilitative setting for wisdom-related performance? In: Journal of Personality and Social Psychology 71(4), S. 746–762.
Stutz, Pierre: Geborgen und frei. Mystik als Lebensstil. Kösel, München 2008.
Tacey, David: The Spirituality Revolution. The Emergence of a Contemporary Spirituality. Brunner-Routledge, London 2005.
Tauler, Johannes: Das Segel ist die Liebe. Erfahrungen eines Gottesfreundes. Ausgewählt, eingeleitet und herausgegeben von Manfred Baumotte. Benziger, Zürich/Düsseldorf 1998.
Teasdale, Wayne: Das mystische Herz. Spirituelle Brücken bauen. Aus dem Amerikanischen von Christine Bendner. Aurum, Bielefeld 2004.
Teresa von Avila: Gotteserfahrung und Weg in die Welt. Herausgegeben, eingeleitet und übersetzt von Ulrich Dobhan. 2. Aufl. Walter, Olten / Freiburg im Breisgau 1982.
–: »Ich bin ein Weib und obendrein kein Gutes«. Ein Porträt der Heiligen in ihren Texten. Ausgewählt, übersetzt und eingeleitet von Erika Lorenz. Herder, Freiburg im Breisgau 1982.
Thöluck, August: Ssufismus sive Theosophia Persarum. Pantheistika, Berlin 1821.
Thurman, Robert A. F. (Hg.): Das tibetische Totenbuch oder Das große Buch der natürlichen Befreiung durch Verstehen im Zwischenzustand. Neu übersetzt und kommentiert von Robert A. F. Thurman. Mit einem Vorwort des Dalai Lama. Krüger, Frankfurt am Main 1996.
Thylmann, Linde (Hg.): Gesänge des tanzenden Gottesfreundes. Aus der Dichtung des persischen Mystikers Rumi. Mit Ornamenten von Karl Thylmann. Übertragen und geschrieben von Linde Thylmann. 2. Aufl. Herder, Freiburg im Breisgau u.a. 1981.

Tweedie, Irina: Der Weg durchs Feuer. Tagebuch einer spirituellen Schulung durch einen Sufi-Meister. Aus dem Englischen von Sabine Reinhardt. Ansata, Interlaken 1989.
–: Wie Phönix aus der Asche. Mein Abenteuer der Selbstfindung auf dem Weg der Sufis – dem »Pfad der Liebe«. Aus dem Englischen von Sabine Reinhardt. O. W. Barth im Scherz Verlag, Bern u.a. 1982.
Underhill, Evelyn: Mystik. Eine Studie über die Natur und Entwicklung des religiösen Bewußtseins im Menschen. Aus dem Englischen übertragen von Helene Meyer-Franck / Heinrich Meyer-Benfey. Unveränderter Nachdruck der Ausg. München 1928. Turm Verlag, Bietigheim/Württ. 1973.
Van Lommel, Pim: Endloses Bewusstsein. Neue medizinische Fakten zur Nahtoderfahrung. Patmos, Düsseldorf 2009.
Walch, Sylvester: Dimensionen der menschlichen Seele. Transpersonale Psychologie und holotropes Atmen. Walter, Düsseldorf/Zürich 2002.
Wedemeyer, Inge von: Vorwort. In: Inayat Khan, Hazrat: Das Lied in allen Dingen. Sufi-Erzählungen und Gleichnisse vom Glück der Harmonie. Ausgewählt, übersetzt und herausgegeben von Inge von Wedemeyer. Herder, Freiburg im Breisgau 1985, S. 19–13.
Whitmont, Edward C.: Die Rückkehr der Göttin. Von der Kraft des Weiblichen in Individuum und Gesellschaft. Aus dem Amerikanischen übersetzt und redaktionell bearbeitet von Jürgen Saupe. Kösel, München 1989.
Wilber, Ken: Halbzeit der Evolution. 3. Aufl. Goldmann, München 1993.
–: Mut und Gnade. In einer Krankheit zum Tode bewährt sich eine große Liebe – das Leben und Sterben der Treya Wilber. Scherz, Bern/München/Wien 1992.
–: Das Wahre, Schöne, Gute. Geist und Kultur im 3. Jahrtausend. Krüger, Frankfurt am Main 1999.
Wirtz, Ursula: Seelenmord. Inzest und Therapie. Kreuz, Zürich 1989.
Zink, Jörg: Die Goldene Schnur. Anleitungen zu einem inneren Weg. Kreuz, Stuttgart 1999.
–: Was bleibt, stiften die Liebenden. Kreuz, Stuttgart 2005.
Zinsendorf, Nikolaus Ludwig von: Einiger seit 1751. von dem Ordinario Fratum zu London gehaltenen Predigten in Dreyen Haupt-Abtheilungen edirter Erster Band. Zu finden bey dem Seminario Theologico, London und Barby 1756.
Zundel, Edith / Fittkau, Bernd (Hg.): Spirituelle Wege und Transpersonale Psychotherapie. Junfermann, Paderborn 1989.

Zitatnachweis

S. 142–144 Aus: Jörg Zink, Was bleibt, stiften die Liebenden. © Verlag Herder GmbH / Kreuz Verlag, Stuttgart 2005, S. 108 f. Mit freundlicher Genehmigung von der Herder Verlag GmbH.

S. 214 f. *Liebe, Wenn ich …; Du fragst …; Leg deine Seele …; Es gibt nur …:* Copyright © der deutschsprachigen Ausgabe 2005 Knaur MensSana Verlag. Übersetzt von Dr. Hans-Christian Meiser. Ein Imprint der Verlagsgruppe Droemer Knaur GmbH & Co. KG, München. Originalausgabe: RUMI: A GARDEN BEYOND PARADISE. © Jonathan Star.

S. 215 *Und denke …; Alles ist der Geliebte …; Ich bin Wind und du bist …* Aus: Schimmel, Annemarie: Rumi. Ich bin Wind und du bist Feuer. Leben und Werke des großen Mystikers © Chalice Verlag, Xanten 2017.

S. 221 *Auferstehung*, aus: Marie Luise Kaschnitz, Gesammelte Werke in sieben Bänden, Band 5: Die Gedichte. © MLK-Erbengemeinschaft Berlin/München.

S. 231 Aus: Jäger, Willigis: »Das Leben endet nie. Über das Ankommen im Jetzt.« Theseus in Kamphausen Media GmbH, 2005

S. 235 *Ein Leben nach dem Tode*, aus: Marie Luise Kaschnitz, Gesammelte Werke in sieben Bänden, Band 5: Die Gedichte. © Insel Verlag, Frankfurt am Main 1985. Alle Rechte bei und vorbehalten durch Insel Verlag Berlin.